高速公路旅客周转量

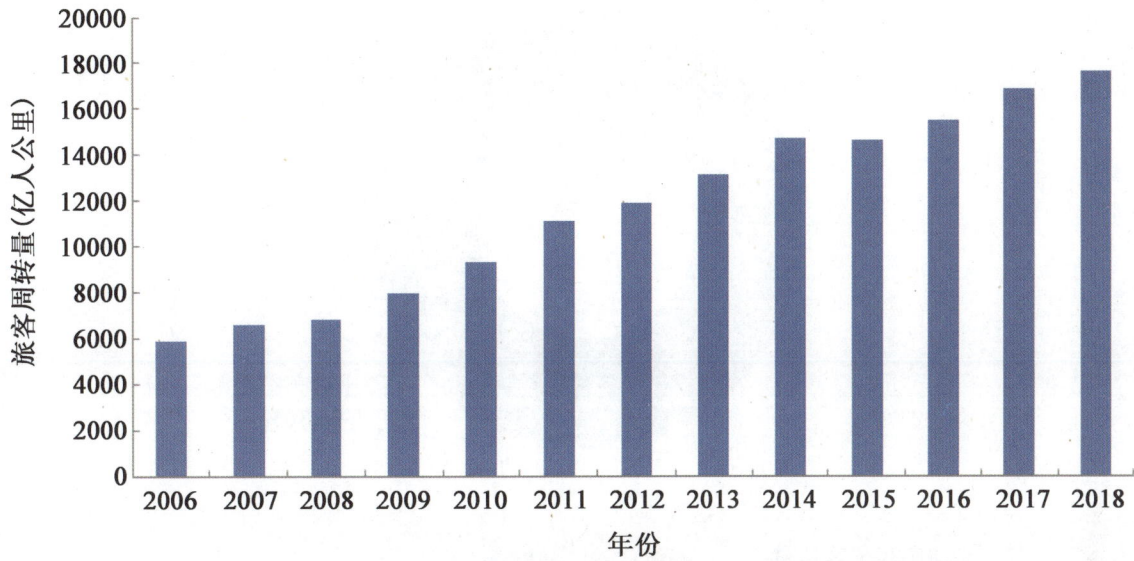

高速公路旅客周转量柱状图，横轴为年份（2006—2018），纵轴为旅客周转量（亿人公里）。

高速公路≥20座客车旅客周转量在全社会营业性客车旅客周转量中所占的比例

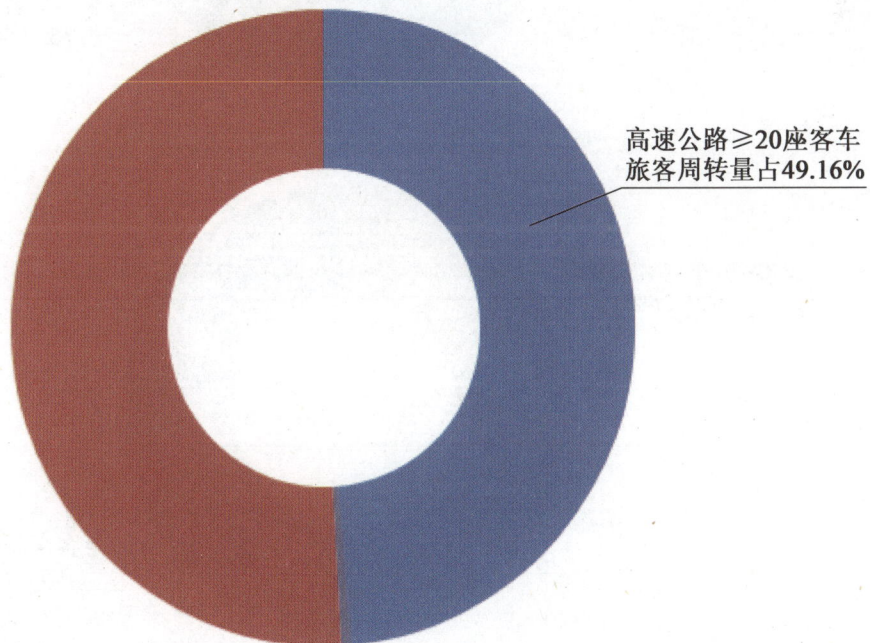

高速公路≥20座客车旅客周转量占49.16%

客车组成结构

≥8座客车车数
占3.70%

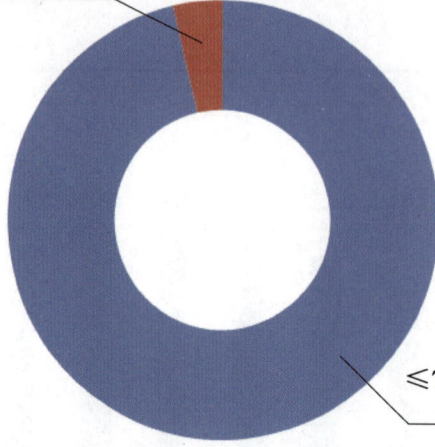

≤7座客车车数
占96.30%

≥8座客车客运量
占23.22%

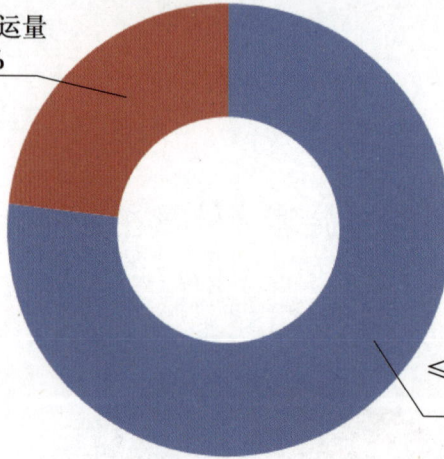

≤7座客车客运量
占76.78%

≥8座客车旅客周转量
占28.26%

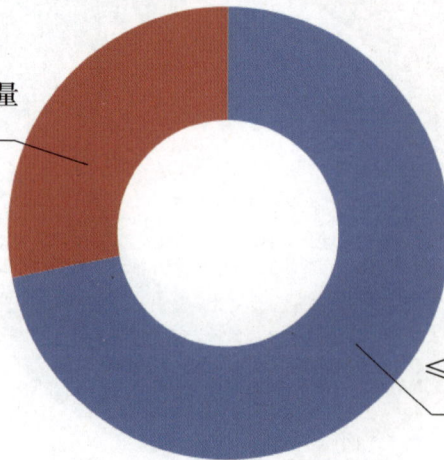

≤7座客车旅客周转量
占71.74%

高速公路货物周转量

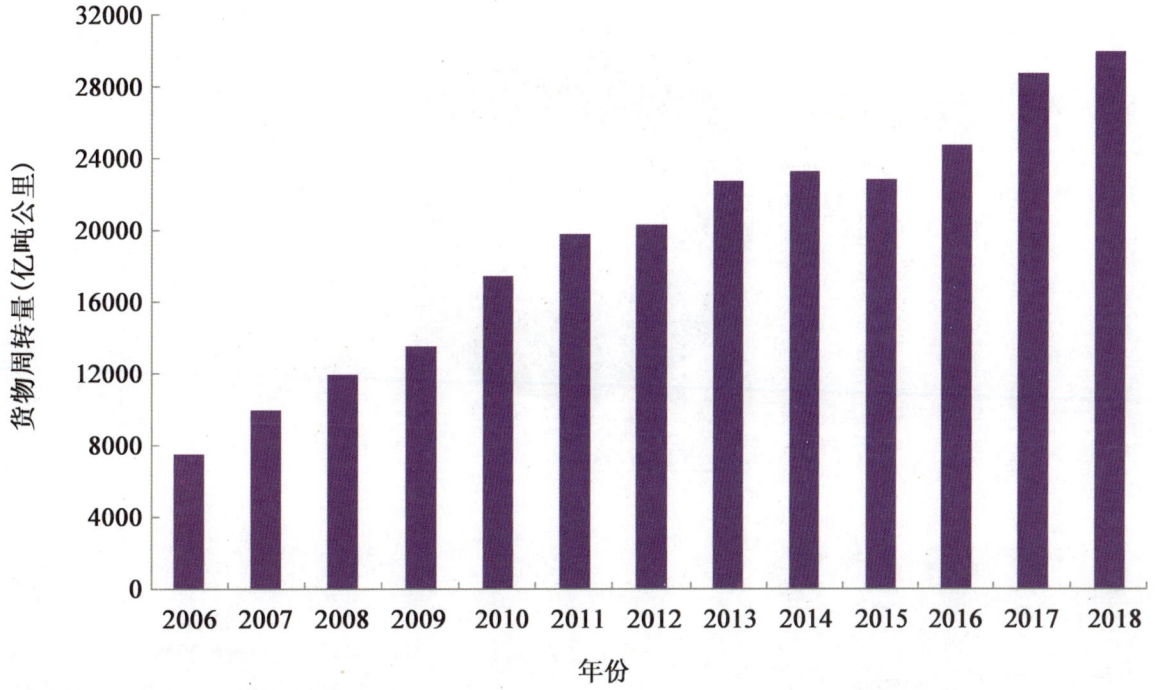

高速公路货物周转量在全社会营业性货车货物周转量中所占的比例

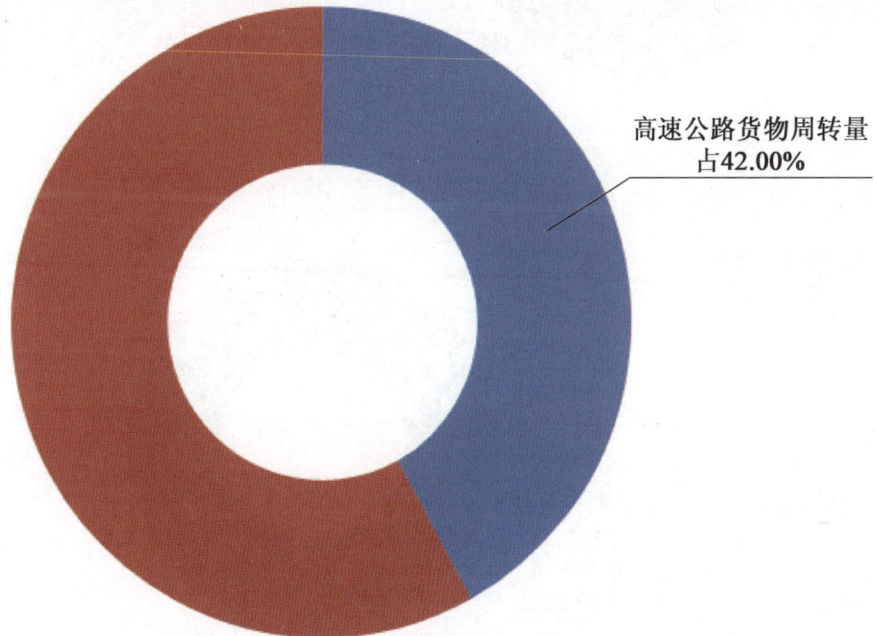

高速公路货物周转量占42.00%

货车组成结构

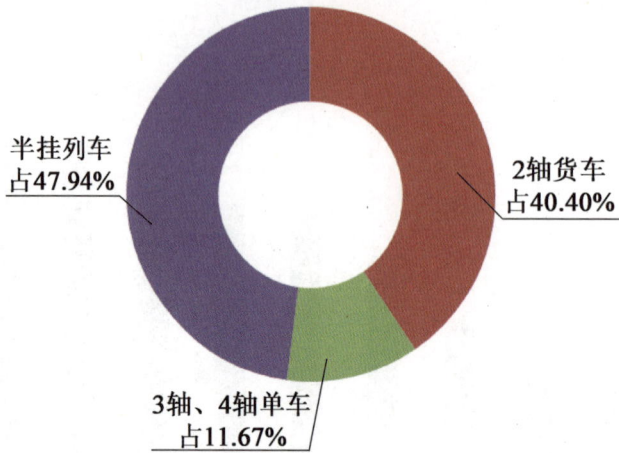

半挂列车
占47.94%

2轴货车
占40.40%

3轴、4轴单车
占11.67%

行驶量构成

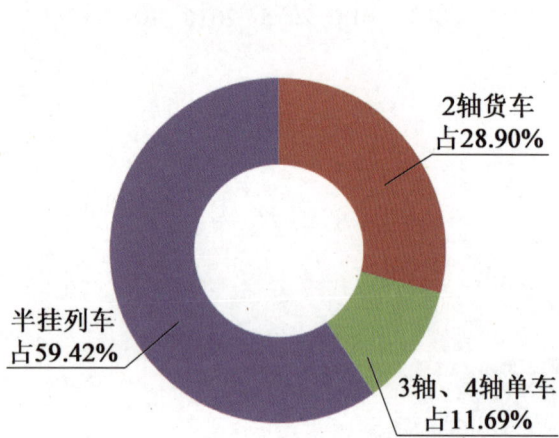

2轴货车
占28.90%

3轴、4轴单车
占11.69%

半挂列车
占59.42%

周转量构成

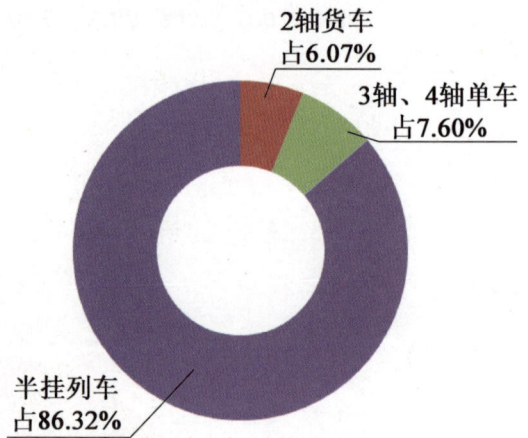

2轴货车
占6.07%

3轴、4轴单车
占7.60%

半挂列车
占86.32%

高速公路行驶量

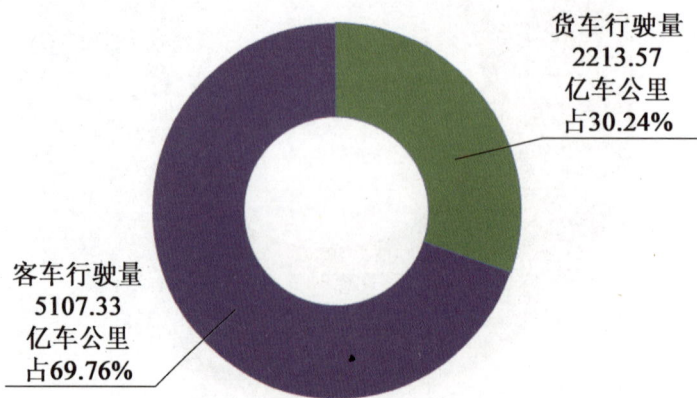

货车行驶量
2213.57
亿车公里
占30.24%

客车行驶量
5107.33
亿车公里
占69.76%

2018

中国高速公路
运输量统计调查分析报告

陈荫三　　肖润谋　　李　彬　　闫晟煜　著

人民交通出版社股份有限公司
China Communications Press Co.,Ltd.

内 容 提 要

2018 年底,我国高速公路通车里程达 142593 公里(不含香港、澳门特别行政区和台湾省),同比增长 4.50%。2018 年高速公路通车里程虽占公路总里程的 2.94%,但承担了 42.00% 的全社会营业性货车货物周转量,49.16% 的全社会营业性客车旅客周转量。本报告由长安大学运输科学研究院撰写,发布了 2018 年中国高速公路运输量数据,分析了我国高速公路近年来运输结构的变化,也对高速公路运输量和国内生产总值的关系等问题展开讨论。

本报告可以作为高速公路的规划、设计,以及相关科研工作的基础资料,也可以作为高速公路建设、管理、运营和养护工作决策的依据。

图书在版编目(CIP)数据

2018 中国高速公路运输量统计调查分析报告 / 陈荫三等著. — 北京 : 人民交通出版社股份有限公司,2019.9

ISBN 978-7-114-15770-7

Ⅰ. ①2… Ⅱ. ①陈… Ⅲ. ①高速公路—运输量—调查报告—中国—2018 Ⅳ. ①U492.2

中国版本图书馆 CIP 数据核字(2019)第 173353 号

2018 Zhongguo Gaosu Gonglu Yunshuliang Tongji Diaocha Fenxi Baogao

书 名:2018 中国高速公路运输量统计调查分析报告
著 作 者:陈荫三 肖润谋 李 彬 闫晟煜
责任编辑:刘 博
责任校对:张 贺 宋佳时
责任印制:张 凯
出版发行:人民交通出版社股份有限公司
地 址:(100011)北京市朝阳区安定门外外馆斜街 3 号
网 址:http://www.ccpress.com.cn
销售电话:(010)59757973
总 经 销:人民交通出版社股份有限公司发行部
经 销:各地新华书店
印 刷:中国电影出版社印刷厂
开 本:880×1230 1/16
印 张:13
字 数:402 千
版 次:2019 年 9 月 第 1 版
印 次:2019 年 9 月 第 1 次印刷
书 号:ISBN 978-7-114-15770-7
定 价:80.00 元

目录 *Mulu*

第1章 高速公路运输态势分析

截至 2018 年底,我国高速公路通车里程 142593 公里(不含香港、澳门特别行政区和台湾省,下同),同比增长 4.50%。

2018 年我国高速公路行驶量 7320.90 亿车公里,同比增长 7.62%。实现货物周转量 29924.00 亿吨公里,同比增长 4.25%。实现旅客周转量 17669.71 亿人公里,同比增长 4.64%。

2018 年我国高速公路通车里程占公路总里程的 2.94%,高速公路完成的货物周转量占全社会营业性货车货物周转量的 42.00%,同比降低 0.99 个百分点。高速公路上≥20 座客车实现的旅客周转量占全社会营业性客车旅客周转量的 49.16%,同比降低 2.61 个百分点。

2018 年每万元国内生产总值(按现价计算)的高速公路货运量 2.0521 吨,同比减少 0.0087 吨。2018 年我国平均每人在高速公路上乘车次数为 17.6118 次,同比增加 1.0914 次。

1.1 高速公路交通状况

2018 年我国高速公路车道里程 633310 公里,日均车道交通量为 3167 辆次,其中货车 958 辆次,客车 2209 辆次。

2018 年我国高速公路行驶量 7320.90 亿车公里,其中货车行驶量 2213.57 亿车公里,客车行驶量 5107.33 亿车公里。

我国高速公路历年行驶量状况、日均车道交通量变化情况见表 1-1。乘用车数量增长持续强劲,日均客车车道交通量涨幅明显。各省(自治区、直辖市)日均车道交通量分布见图 1-1 和图 1-2。

我国高速公路交通状况   表 1-1

年份(年)	2011	2012	2013	2014	2015	2016	2017	2018
车道里程(公里)	375866	424588	461284	495614	548421	579471	604285	633310
行驶量(亿车公里)	3240.26	3633.75	4229.61	4827.14	5277.28	5993.42	6802.60	7320.90
日均车道交通量(辆次)	2361	2327	2495	2649	2699	2900	3223	3167
货车(辆次)	888	818	855	849	803	854	974	958
客车(辆次)	1473	1509	1640	1800	1896	2046	2249	2209

2018 年我国高速公路日均货车车道交通量 958 辆次。高于 958 辆次的有海南(2214 辆次)、上海(1856 辆次)、浙江(1792 辆次)、江苏(1638 辆次)、山东(1634 辆次)、北京(1439 辆次)、广东(1297 辆次)、山西(1282 辆次)、天津(1279 辆次)、河北(1180 辆次)、陕西(1163 辆次)、河南(1059 辆次)、江西(1019 辆次)、安徽(999 辆次)共计 14 个省(直辖市)。

2018 年我国高速公路日均客车车道交通量 2209 辆次。高于 2209 辆次的有北京(6698 辆次)、上海(5025 辆次)、江苏(4585 辆次)、广东(4349 辆次)、海南(4077 辆次)、浙江(3955 辆次)、重庆(3302 辆次)、四川(2807 辆次)、安徽(2687 辆次)、山东(2477 辆次)、河南(2413 辆次)共计 11 个省(直辖市)。

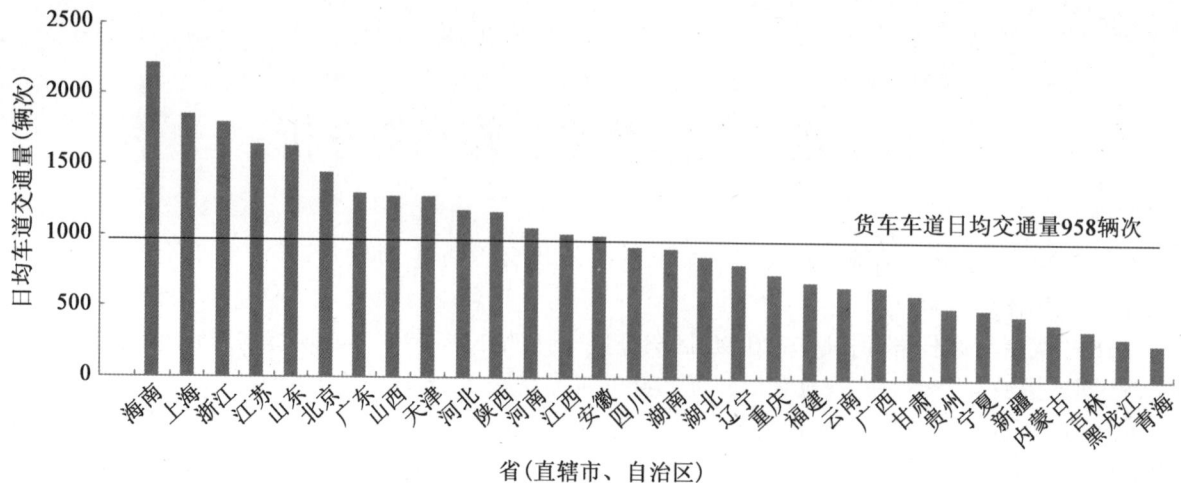

图1-1　日均货车车道交通量分布

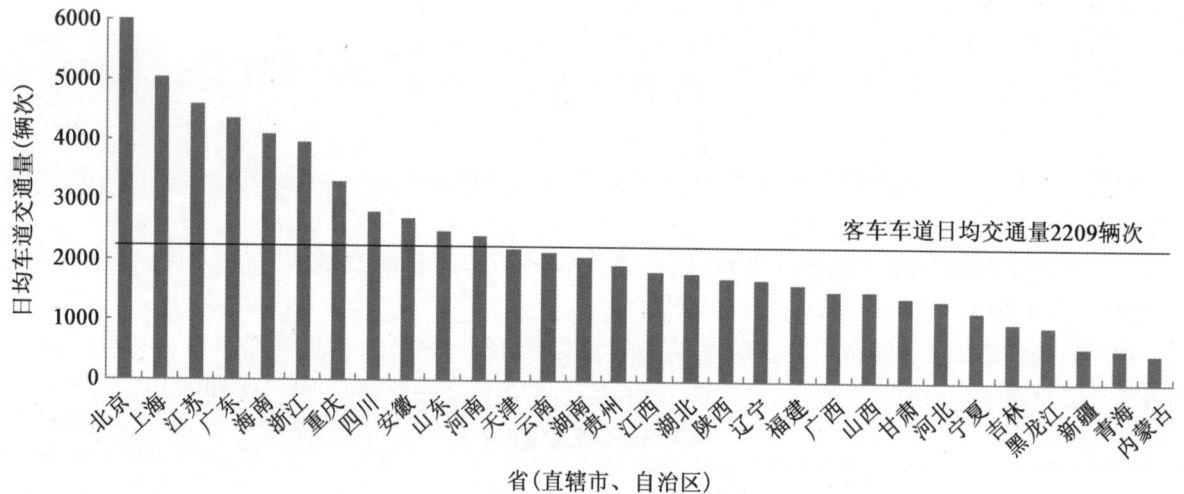

图1-2　日均客车车道交通量分布

1.2　高速公路旅客运输状况

2018年,我国高速公路旅客周转量达到17669.71亿人公里,相当于铁路旅客周转量的124.90%。2006—2018年旅客周转量增长趋势见表1-2和图1-3。

2006—2018年旅客周转量增长趋势(以2006年为100%)　　　　　表1-2

运输方式	2006年		2010年		2011年		2012年		2013年	
	亿人公里	%	亿人公里	%	亿人公里	%	亿人公里	%	亿人公里	%
铁路	6622	100.0	8762	132.3	9612	145.2	9812	148.2	10596	160.0
高速公路	5901	100.0	9293	157.5	11087	187.9	11916	201.9	13112	222.2

运输方式	2014年		2015年		2016年		2017年		2018年	
	亿人公里	%	亿人公里	%	亿人公里	%	亿人公里	%	亿人公里	%
铁路	11605	175.2	11960	180.6	12579	190.0	13456	203.2	14147	213.6
高速公路	14695	249.0	14609	247.6	15473	262.2	16886	286.2	17670	299.4

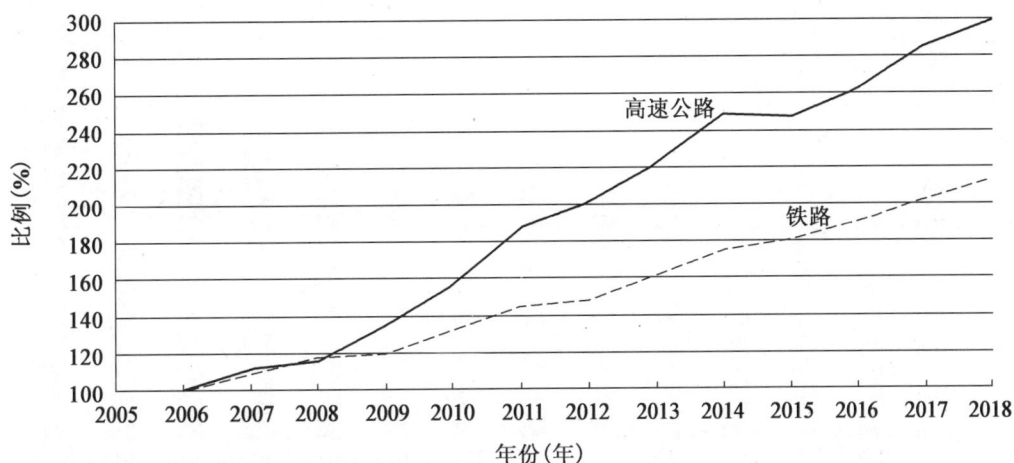

图 1-3　2006—2018 年旅客周转量增长趋势（以 2006 年旅客周转量为基数）

1.2.1　乘用车出行持续快速增长

2018 年高速公路乘用车旅客周转量占高速公路旅客周转的比例为 71.74%,同比增长 6.58 个百分点。乘用车出行比例持续大幅增长,见表 1-3 和图 1-4。

高速公路客运中≤7 座客车客运比例 表 1-3

年份(年)	2006	2010	2011	2012	2013	2014	2015	2016	2017	2018
旅客周转量比例(%)	29.75	45.09	47.10	49.99	55.64	59.18	54.37	62.91	65.16	71.74
客运量比例(%)	41.07	56.56	60.09	63.64	66.55	68.24	66.78	69.77	72.12	76.78

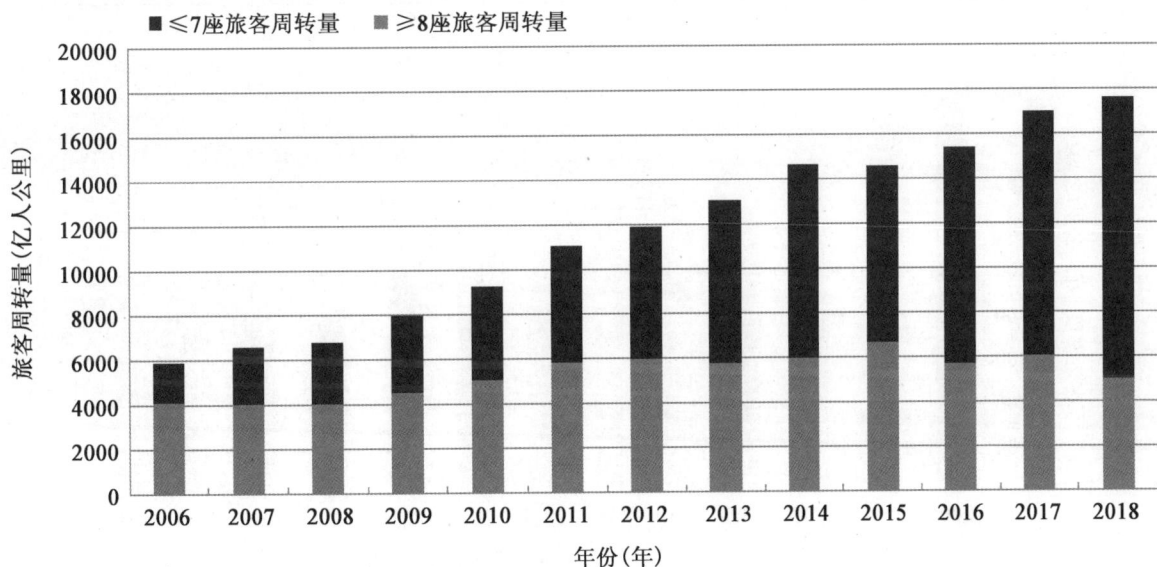

图 1-4　2006—2018 年高速公路旅客周转量

2018 年高速公路上乘用车旅客运输密度(以下简称客运密度)为 888.93 万人公里/公里,比 2017 年增长 10.23%,见表 1-4 和图 1-5。

高速公路客运中≤7 座客车客运密度 表 1-4

年份(年)	2006	2008	2010	2011	2012	2013	2014	2015	2016	2017	2018
客运密度(万人公里/公里)	387.20	465.82	565.40	614.79	619.18	698.70	776.89	738.27	787.95	806.38	888.93

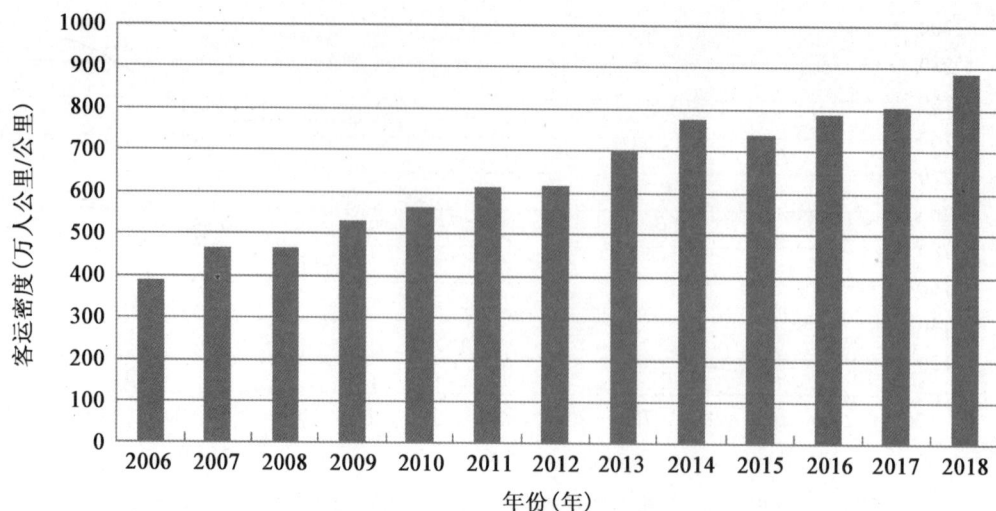

图 1-5　2006—2018 年高速公路≤7 座客车客运密度

1.2.2　≥20 座客车旅客运输量继续下滑

2018 年高速公路≥20 座客车旅客周转量占高速公路旅客周转量的比例同比下降 9.77%。客运密度为 319.92 万人公里/公里,同比下降 13.66%,见表 1-5 和图 1-6。

高速公路客运中≥20 座客车客运密度　　　　　　　表 1-5

年份(年)	2006	2010	2011	2012	2013	2014	2015	2016	2017	2018
客运密度(万人公里/公里)	914.32	688.47	651.16	576.32	517.87	498.29	428.74	379.32	370.52	319.92

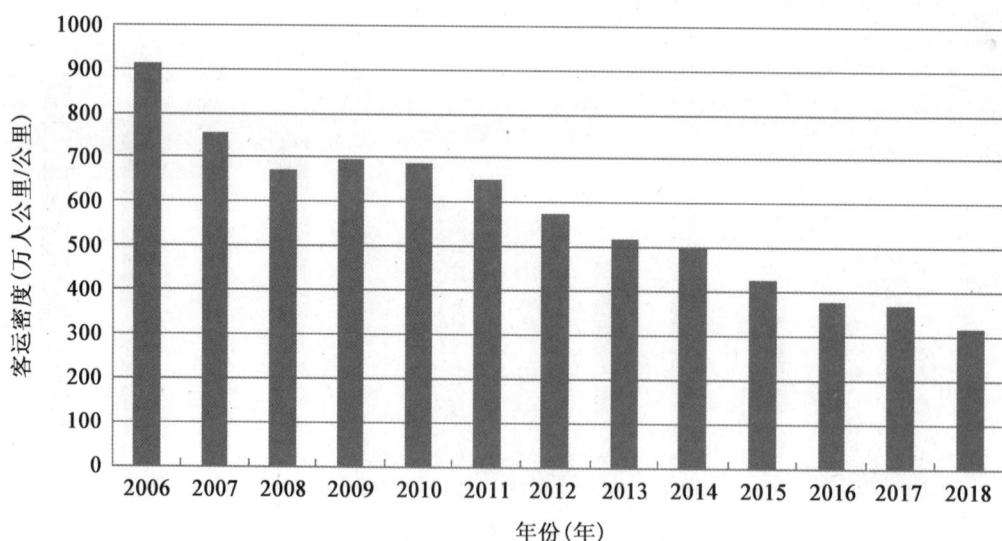

图 1-6　2006—2018 年高速公路≥20 座客车客运密度

1.3　高速公路货物运输

2018 年高速公路货物周转量 29924.00 亿吨公里,同比增长 4.25%。高速公路货物周转量占全社会营业性货车货物周转量的 42.00%,比 2017 年降低 0.99 个百分点。高速公路货物周转量相当于铁路货物周转量的 103.83%,下降 2.63 个百分点;相当于内河和沿海水运货物周转量的 63.50%,下降 2.45

个百分点。

2006—2018 年货物周转量变化趋势如表 1-6、图 1-7 和图 1-8 所示。

2006—2018 年货物周转量趋势（以 2006 年为 100%） 表 1-6

运输方式	2006 年		2010 年		2011 年		2012 年		2013 年	
	亿吨公里	%	亿吨公里	%	亿吨公里	%	亿吨公里	%	亿吨公里	%
铁路	21954	100.0	27644	125.9	29130	132.7	29187	132.9	29174	132.9
内河和沿海水运	12908	100.0	22428	173.8	26068	202.0	28295	219.2	30730	238.1
高速公路	7458	100.0	17452	234.0	19802	265.5	20275	271.9	22720	304.6

运输方式	2014 年		2015 年		2016 年		2017 年		2018 年	
	亿吨公里	%	亿吨公里	%	亿吨公里	%	亿吨公里	%	亿吨公里	%
铁路	27530	125.4	23754	108.2	23792	108.4	26962	122.8	28821	131.3
内河和沿海水运	36839	285.4	37536	290.8	39264	304.2	43527	337.2	47126	365.1
高速公路	23253	311.8	22863	306.6	24709	331.3	28705	384.9	29924	401.2

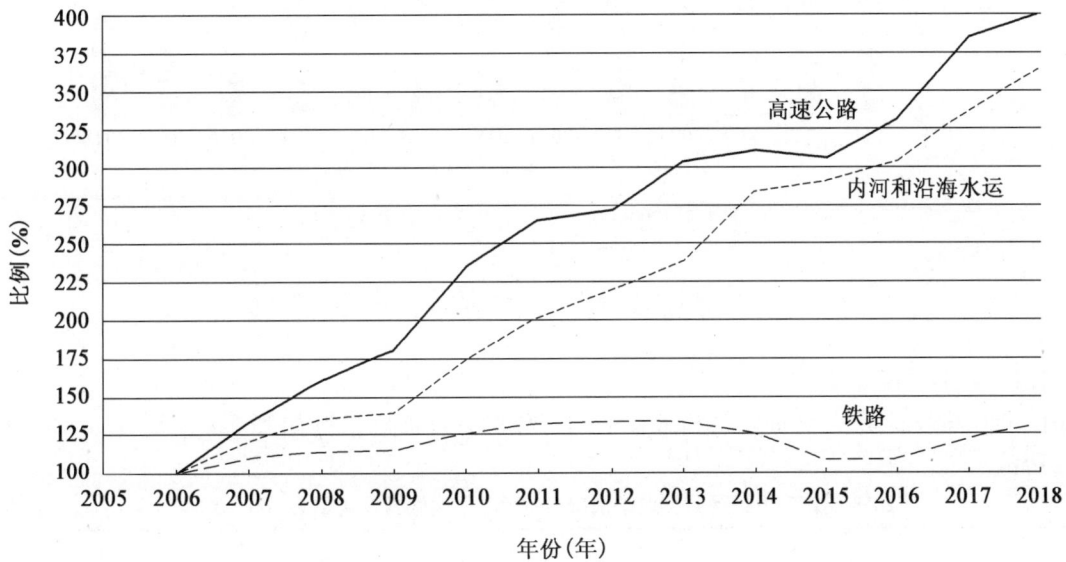

图 1-7 货物周转量增长趋势（以 2006 年货物周转量为基数）

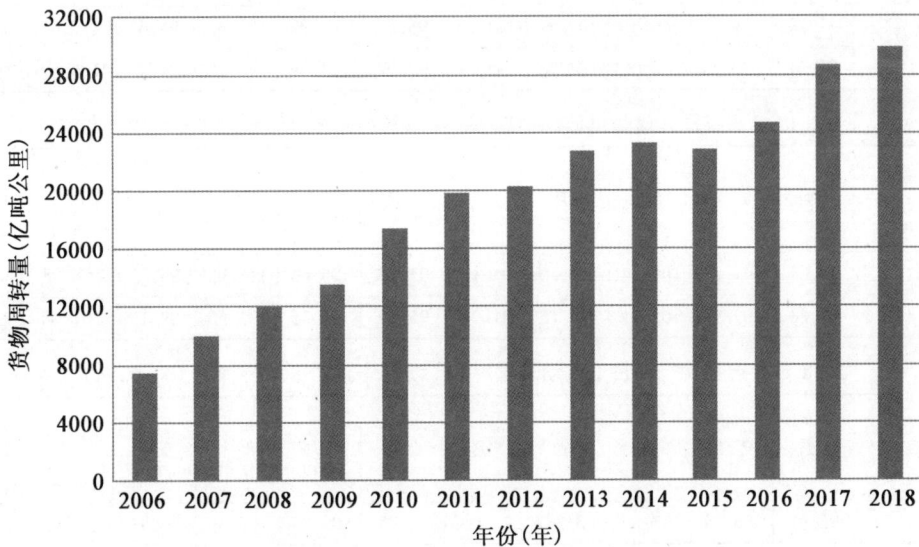

图 1-8 2006—2018 年高速公路货物周转量

2018 年高速公路货物运输密度(以下简称货运密度)为 2098.56 万吨公里/公里,比 2017 年降低 1.86%,见表 1-7 和图 1-9。

高速公路货运密度　　　　　　　　　　　　　　表 1-7

年份(年)	2006	2010	2011	2012	2013	2014	2015	2016	2017	2018
货运密度(万吨公里/公里)	1645.09	2354.76	2331.07	2107.61	2175.49	2077.38	1937.51	1920.02	2138.32	2098.56

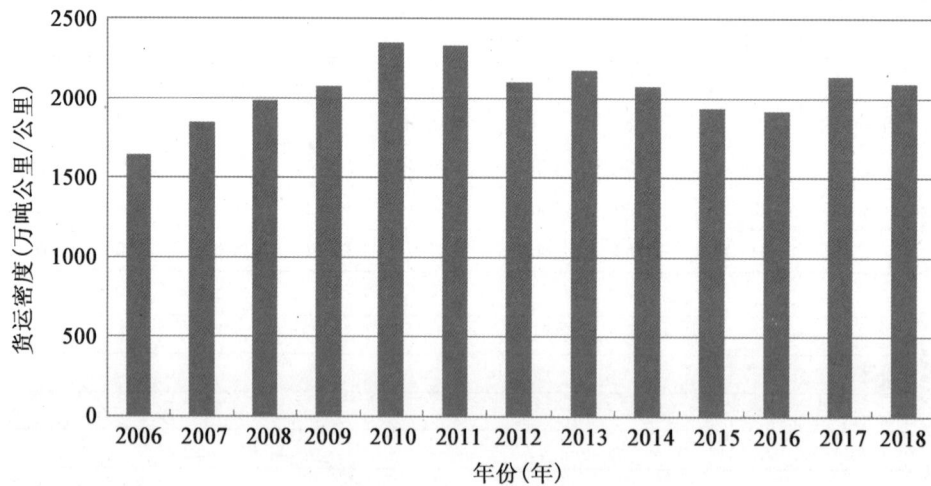

图 1-9　2006—2018 年高速公路货运密度

1.4　高速公路运输量的月度波动

1.4.1　客运月度波动

2018 年旅客发送量、旅客周转量和旅客平均行程的月度波动情况如表 1-8 ~ 表 1-10 和图 1-10 ~ 图 1-12所示。

2018 年旅客发送量月度波动情况(%)(以月均旅客发送量为 100.00%)　　　表 1-8

旅客发送量波动情况＼月份	1 月	2 月	3 月	4 月	5 月	6 月	7 月	8 月	9 月	10 月	11 月	12 月
高速公路	77.78	111.73	97.30	107.57	101.33	96.58	102.32	107.42	98.65	117.63	91.52	90.18
铁路	87.34	92.73	98.18	102.76	95.39	98.97	114.76	122.10	100.46	108.33	89.52	89.47

2018 年旅客周转量月度波动情况(%)(以月均旅客周转量为 100.00%)　　　表 1-9

旅客周转量波动情况＼月份	1 月	2 月	3 月	4 月	5 月	6 月	7 月	8 月	9 月	10 月	11 月	12 月
高速公路	74.87	141.88	105.34	100.76	95.18	93.85	105.63	115.95	95.83	106.98	82.82	80.91
铁路	83.23	109.98	105.11	98.16	91.04	95.09	125.35	133.50	99.13	101.68	79.65	78.08

2018 年旅客平均行程月度波动情况(%)(以月均旅客平均行程为 100.00%)　　　表 1-10

平均运距波动情况＼月份	1 月	2 月	3 月	4 月	5 月	6 月	7 月	8 月	9 月	10 月	11 月	12 月
高速公路	95.91	126.54	107.87	93.34	93.60	96.83	102.87	107.56	96.81	90.62	90.17	89.40
铁路	91.86	114.32	103.21	92.08	92.00	92.61	105.29	105.39	95.12	90.48	85.77	84.12

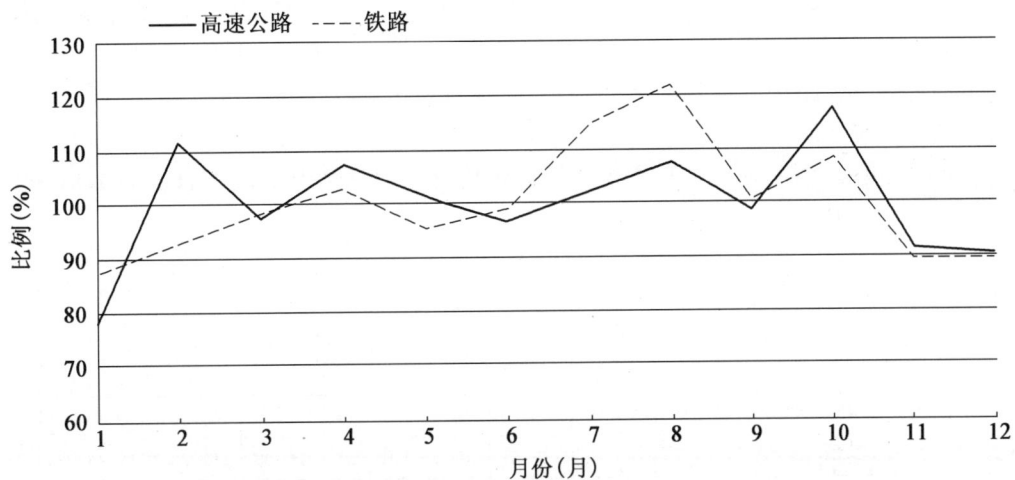

图 1-10　2018 年高速公路与铁路旅客发送量月度波动情况(以月均值为 100%)

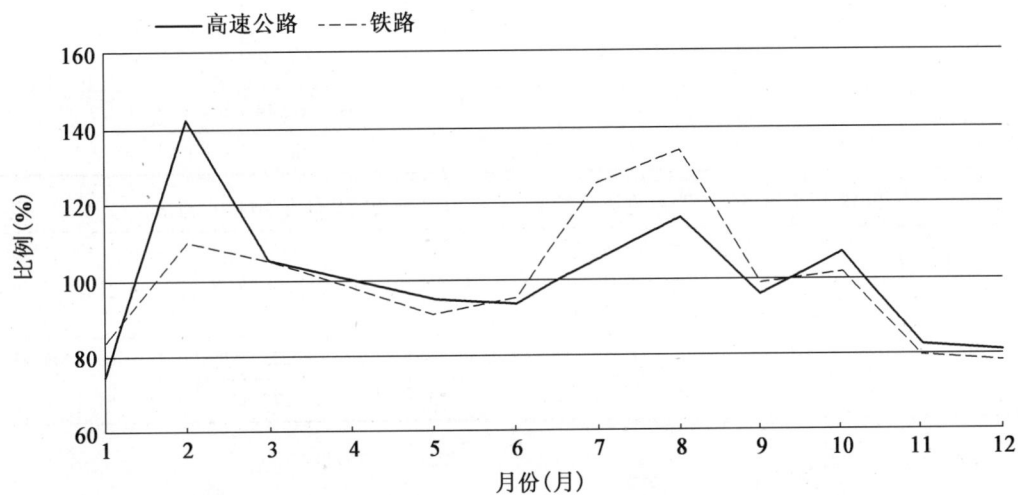

图 1-11　2018 年高速公路与铁路旅客周转量月度波动情况(以月均值为 100%)

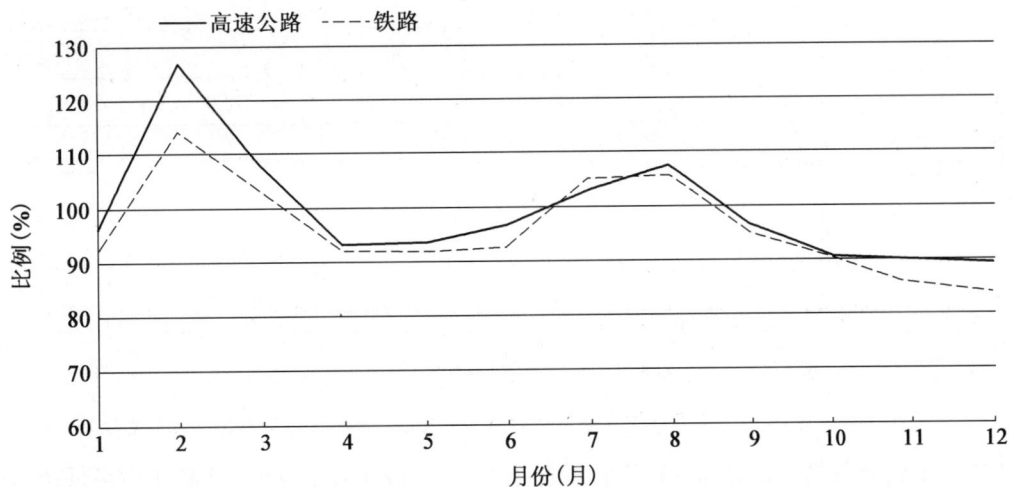

图 1-12　2018 年高速公路与铁路旅客平均行程月度波动情况(以月均值为 100%)

由于"十一"国庆假期中短途出行需求旺盛,因此高速公路上旅客发送量峰值出现在10月份,其次是在2月春节假期。而铁路出行需求在暑期集中爆发,因此8月份铁路旅客发送量和旅客周转量均为年度最大值。受春节返乡因素影响,高速公路上旅客周转量峰值出现在2月份。旅客平均行程方面,同样受到春运影响,高速公路和铁路平均行程的峰值均出现在2月份,而最小值也都出现在12月份。

1.4.2 货运月度波动

2018年货物发送量、货物周转量和货物平均运距的月度波动情况如表1-11~表1-13和图1-13~图1-15所示。

2018年货物发送量月度波动情况(%)(以月均货物发送量为100.00%) 表1-11

月份 货物发送量 波动情况	1月	2月	3月	4月	5月	6月	7月	8月	9月	10月	11月	12月
高速公路	88.42	43.90	97.23	104.59	115.15	107.44	108.14	111.59	109.78	110.70	102.76	100.30
铁路	110.49	99.01	110.52	99.37	110.23	107.19	109.67	109.68	111.28	115.36	114.13	112.72

2018年货物周转量月度波动情况(%)(以月均货物周转量为100.00%) 表1-12

月份 货物周转量 波动情况	1月	2月	3月	4月	5月	6月	7月	8月	9月	10月	11月	12月
高速公路	98.80	48.57	103.46	105.11	109.93	100.30	102.59	108.44	107.32	107.50	104.55	103.42
铁路	100.26	86.12	101.33	90.86	100.31	99.08	100.79	100.89	103.04	106.91	106.41	104.00

2018年货物平均运距月度波动情况(%)(以月均货物周转量为100.00%) 表1-13

月份 平均运距 波动情况	1月	2月	3月	4月	5月	6月	7月	8月	9月	10月	11月	12月
高速公路	103.20	102.19	98.28	92.82	88.17	86.22	87.62	89.75	90.29	89.69	93.97	95.24
铁路	99.38	95.26	100.42	100.14	99.66	101.23	100.66	100.75	101.42	101.51	102.12	101.05

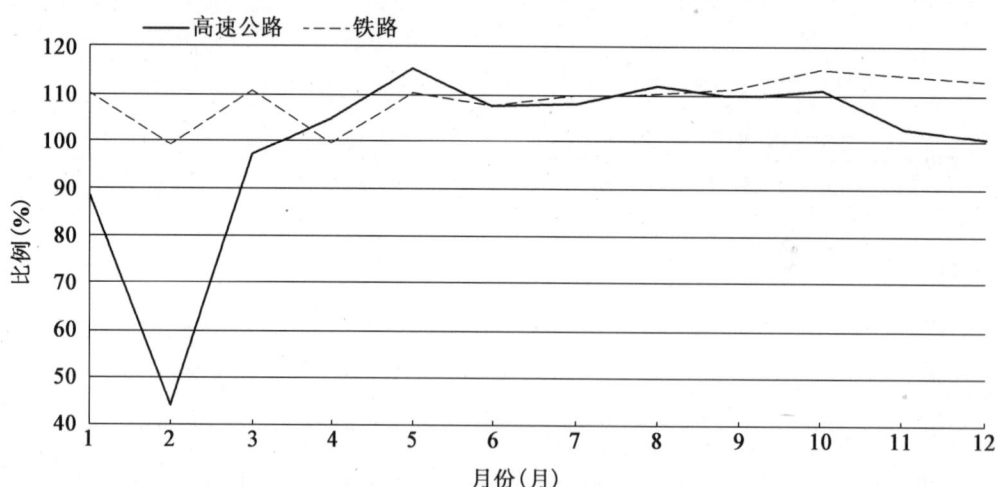

图1-13 2018年高速公路与铁路货物发送量月度波动情况(以月均值为100%)

2018年高速公路货物发送量和货物周转量均在2月份(农历春节期间)达到年内最低值,在3月份触底反弹后基本保持平稳。铁路货物发送量和货物周转量也在2月份(农历春节期间)达到年内最低值,但是相对高速公路全年波动较小。高速公路平均运距峰值出现在1月份,而6月份最小。铁路货物平均运距2月份最低,但是全年相对较为平稳。

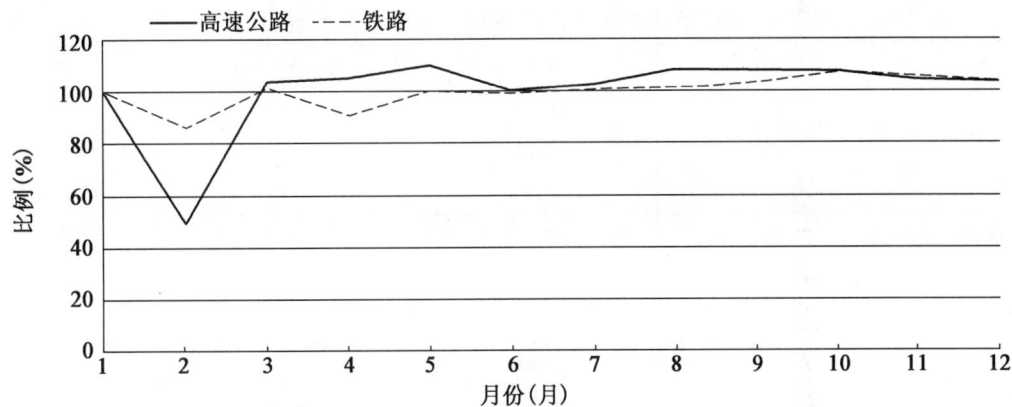

图 1-14　2018 年高速公路与铁路货物周转量月度波动情况（以月均值为 100%）

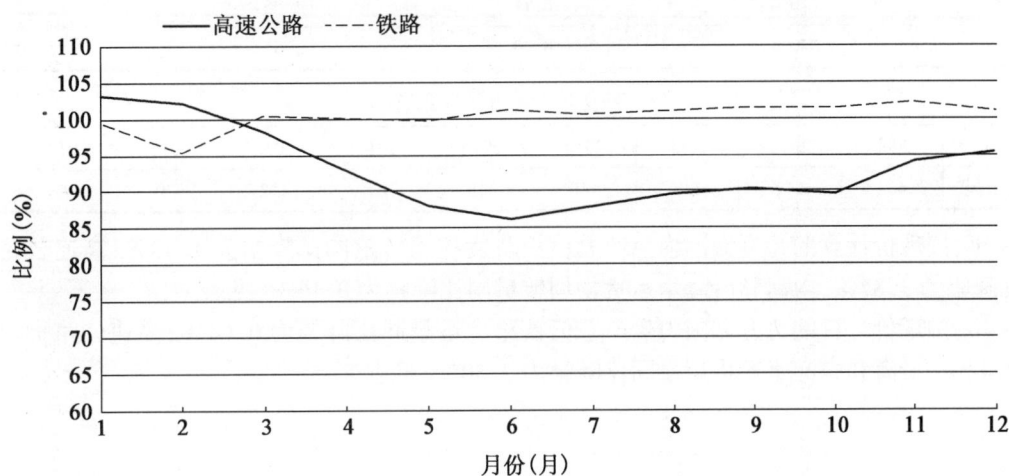

图 1-15　2018 年高速公路与铁路货物平均运距月度波动情况（以月均值为 100%）

1.5　货运运输量和国内生产总值的关联

　　2018 年,按现价计算的每万元国内生产总值的干线货物周转量为 1180.39 吨公里,比 2017 年下降 1.57%,见表 1-14。按现价计算的每万元国内生产总值的干线货运量为 3.20 吨,比 2017 年下降 0.66%,见表 1-15。干线货物运距为 369 公里,比 2017 年下降 0.85%,见表 1-16。

每万元国内生产总值(按现价计算)的货物周转量　　　　　　　　　表 1-14

年份(年)	铁路(吨公里)	沿海和内河水运(吨公里)	高速公路(吨公里)	干线运输合计(吨公里)
2006	1035.95	609.08	351.95	1996.98
2008	835.00	579.14	398.46	1812.60
2010	681.27	558.86	434.99	1675.12
2011	617.74	552.81	414.91	1585.46
2012	562.02	544.85	390.42	1497.29
2013	510.35	540.22	399.41	1449.98
2014	432.55	578.82	365.35	1376.72
2015	351.01	554.68	337.85	1243.54
2016	319.73	527.65	332.05	1179.44
2017	325.97	526.25	347.05	1199.27
2018	321.33	525.43	333.63	1180.39

每万元国内生产总值(按现价计算)的货运量　　　　　　　表1-15

年份(年)	铁路(吨)	沿海和内河水运(吨)	高速公路(吨)	干线运输合计(吨)
2006	1.36	0.91	2.05	4.32
2008	1.10	0.83	1.95	3.88
2010	0.90	0.80	2.09	3.79
2011	0.83	0.77	2.02	3.62
2012	0.75	0.76	1.89	3.40
2013	0.70	0.86	1.91	3.47
2014	0.60	0.82	1.81	3.23
2015	0.50	0.80	1.88	3.18
2016	0.45	0.75	1.98	3.18
2017	0.45	0.71	2.06	3.22
2018	0.45	0.70	2.05	3.20

干线平均货物运输距离　　　　　　　表1-16

年份(年)	2006	2010	2011	2012	2013	2014	2015	2016	2017	2018
平均运距(公里)	462	442	438	440	418	426	412	370	372	369

　　2018年,按现价计算的每万元国内生产总值铁路货物周转量同比降幅为1.43%,高速公路货物周转量同比降幅为3.87%,内河和沿海水运货物周转量同比降幅为0.16%,见表1-14。

　　2018年,按现价计算的每万元国内生产总值铁路货运量同比降幅为0.64%,高速公路货运量同比降幅为0.42%,沿海和内河水运货运量同比降幅为2.50%,见表1-15。

第2章 运输结构主要数据

2.1 高速公路运输与国民经济

(1)每万元国内生产总值(按现价计算)的高速公路货运量 2.0521 吨。

(2)每万元国内生产总值(按现价计算)的高速公路货物周转量 333.63 吨公里。

(3)全国平均每人高速公路乘车次数 17.6118 人次。

(4)全国平均每人高速公路乘行距离 1266.3013 公里。

2.2 高速公路基础设施

(1)通车里程 142593 公里。

(2)车道里程 633310 公里。

(3)平均车道数 4.4414 条。

2018 年部分省(直辖市)高速公路平均车道数见表 2-1。

2018 年部分省(直辖市)高速公路平均车道数　　　　表 2-1

区　域	平均车道数	区　域	平均车道数
上海	5.8933	河北	4.8154
天津	5.6471	河南	4.7925
北京	5.2121	辽宁	4.7556
广东	5.1295	陕西	4.6209
江苏	5.0464	福建	4.5765
浙江	4.8928	云南	4.5180

2.3 高速公路交通状况

(1)行驶量 7320.90 亿车公里,同比增长 7.62%。

(2)货车行驶量在行驶总量中所占比例为 30.24%,同比减少 0.66 个百分点。

2018 年各省(自治区、直辖市)高速公路行驶量见表 2-2,部分省(自治区、直辖市)高速公路客货车车流量见表 2-3、表 2-4。

2018 年各省(自治区、直辖市)高速公路行驶量(亿车公里)　　　　表 2-2

区　域	货　车	客　车	合　计	区　域	货　车	客　车	合　计
北京	30.5211	142.0216	172.5427	内蒙古	40.2777	48.8292	89.1069
天津	33.2626	57.2556	90.5182	辽宁	60.5209	128.3963	188.9172
河北	150.9430	174.6253	325.5683	吉林	17.7902	49.5551	67.3453
山西	113.9648	133.7049	247.6697	黑龙江	19.6590	62.2235	81.8825

续上表

区 域	货 车	客 车	合 计	区 域	货 车	客 车	合 计
上海	33.3591	90.3208	123.6799	广西	56.7842	131.9608	188.7450
江苏	142.1017	397.8150	539.9167	海南	30.4006	55.9853	86.3859
浙江	141.4764	312.2634	453.7398	重庆	36.0070	160.3355	196.3425
安徽	73.9715	199.0083	272.9798	四川	101.5579	308.9620	410.5199
福建	59.2223	140.2340	199.4563	贵州	49.2064	187.6265	236.8329
江西	91.4865	163.8073	255.2938	云南	56.0757	183.9662	240.0419
山东	156.5193	237.2988	393.8181	陕西	107.3924	159.2923	266.6847
河南	122.2300	278.5325	400.7625	甘肃	37.3670	87.8520	125.2190
湖北	82.3850	173.2664	255.6514	宁夏	13.0789	30.8315	43.9104
湖南	93.0512	209.3128	302.3640	青海	12.6497	27.1492	39.7989
广东	218.5706	733.1132	951.6838	新疆	31.7373	41.7803	73.5176

2018 年部分省(自治区、直辖市)高速公路客车车流量(万辆次)　　　表 2-3

区域车流量		穿 越	到 达	发 送	省 内	合 计
北京	自然车流量	125	2534	2955	48999	54613
	折算车流量	126	2559	2981	49341	55007
天津	自然车流量	702	1858	1884	5208	9652
	折算车流量	707	1876	1903	5248	9734
河北	自然车流量	793	2529	2997	17218	23537
	折算车流量	796	2542	3021	17275	23634
山西	自然车流量	120	899	1082	14284	16385
	折算车流量	121	914	1097	14426	16558
辽宁	自然车流量	70	532	700	14744	16046
	折算车流量	70	538	708	14862	16178
吉林	自然车流量	73	373	437	5455	6338
	折算车流量	73	379	443	5514	6409
黑龙江	自然车流量	1	147	114	6595	6857
	折算车流量	1	149	115	6690	6955
上海	自然车流量	125	5531	6015	23252	34923
	折算车流量	125	5617	6099	23531	35372
江苏	自然车流量	1286	5845	6190	44176	57497
	折算车流量	1307	5957	6305	44988	58557
浙江	自然车流量	659	3687	4140	40094	48580
	折算车流量	670	3762	4216	40543	49191
安徽	自然车流量	1405	2758	3369	12262	19794
	折算车流量	1430	2821	3432	12448	20131
福建	自然车流量	48	576	691	24353	25668
	折算车流量	49	588	704	24592	25933
江西	自然车流量	513	1468	1758	12010	15749
	折算车流量	522	1504	1795	12136	15957

续上表

区域车流量		穿　越	到　达	发　送	省　内	合　计
山东	自然车流量	322	1725	1685	25483	29215
	折算车流量	327	1758	1718	25884	29687
河南	自然车流量	761	1742	2188	33660	38351
	折算车流量	771	1783	2230	34037	38821
湖北	自然车流量	482	1161	1500	20983	24126
	折算车流量	490	1183	1523	21211	24407
湖南	自然车流量	409	1447	1748	22114	25718
	折算车流量	417	1485	1783	22398	26083
广西	自然车流量	431	879	872	14379	16561
	折算车流量	434	920	913	14636	16903
重庆	自然车流量	322	1439	1656	17412	20829
	折算车流量	324	1465	1683	17622	21094
四川	自然车流量	179	1462	1721	53909	57271
	折算车流量	181	1482	1742	54193	57598
贵州	自然车流量	224	958	1148	25368	27698
	折算车流量	226	975	1165	25623	27989
云南	自然车流量	6	434	505	30349	31294
	折算车流量	6	443	513	30744	31706
陕西	自然车流量	105	675	857	26019	27656
	折算车流量	106	685	867	26362	28020
甘肃	自然车流量	47	512	535	7679	8773
	折算车流量	48	521	544	7821	8934
宁夏	自然车流量	152	256	315	3123	3846
	折算车流量	155	262	321	3172	3910
青海	自然车流量	0	146	631	4574	5351
	折算车流量	0	149	638	4644	5431

2018 年部分省(自治区、直辖市)高速公路货车车流量(万辆次)　　　　表 2-4

区域车流量		穿　越	到　达	发　送	省　内	合　计
北京	自然车流量	25	536	732	10148	11441
	折算车流量	46	812	1182	12473	14513
天津	自然车流量	741	1172	1040	2105	5058
	折算车流量	2577	3526	2999	4933	14035
河北	自然车流量	806	3185	3008	12169	19168
	折算车流量	2451	9473	9064	31024	52012
山西	自然车流量	502	1997	1959	6820	11278
	折算车流量	1907	7293	7154	21707	38061
辽宁	自然车流量	156	517	550	3862	5085
	折算车流量	556	1549	1758	9003	12866
吉林	自然车流量	83	339	264	1162	1848
	折算车流量	281	1097	836	2953	5167

续上表

区域车流量		穿越	到达	发送	省内	合计
黑龙江	自然车流量	1	134	87	1812	2034
	折算车流量	3	435	279	4088	4805
上海	自然车流量	120	1670	1671	5915	9376
	折算车流量	246	2858	2807	8720	14631
江苏	自然车流量	644	2563	2698	9587	15492
	折算车流量	2134	7180	7636	22800	39750
浙江	自然车流量	368	1999	2009	12857	17233
	折算车流量	1168	5351	5396	25901	37816
安徽	自然车流量	860	1161	1141	3113	6275
	折算车流量	2781	3346	3290	8284	17701
福建	自然车流量	41	492	489	6054	7076
	折算车流量	141	1454	1437	12009	15041
江西	自然车流量	535	838	847	3837	6057
	折算车流量	1902	2570	2608	9771	16851
山东	自然车流量	484	2267	2338	9115	14204
	折算车流量	1650	7411	7557	23490	40108
河南	自然车流量	852	1516	1533	8064	11965
	折算车流量	2834	4743	4784	21031	33392
湖北	自然车流量	620	960	958	5420	7958
	折算车流量	2110	2916	2918	12440	20384
湖南	自然车流量	640	836	819	4183	6478
	折算车流量	2302	2533	2491	8988	16314
广西	自然车流量	121	527	538	4189	5375
	折算车流量	393	1563	1576	9082	12614
重庆	自然车流量	153	593	597	4004	5347
	折算车流量	498	1608	1616	7953	11675
四川	自然车流量	180	772	775	9848	11575
	折算车流量	584	2203	2205	19983	24975
贵州	自然车流量	180	393	387	4309	5269
	折算车流量	579	989	979	6948	9495
云南	自然车流量	1	274	262	6381	6918
	折算车流量	1	754	722	11925	13402
陕西	自然车流量	449	994	1012	6345	8800
	折算车流量	1629	3403	3444	16015	24491
甘肃	自然车流量	66	328	300	2021	2715
	折算车流量	235	1009	922	4780	6946
宁夏	自然车流量	113	266	244	1048	1671
	折算车流量	412	985	898	3363	5658
青海	自然车流量	0	126	274	1298	1698
	折算车流量	0	404	760	3497	4661

2.4 高速公路旅客运输

(1)2018年我国高速公路旅客运量245.75亿人次,同比增长7.01%。2018年部分省(自治区、直辖市)高速公路客运量见表2-5。

2018年部分省(自治区、直辖市)高速公路客运量(万人次)　　　　表2-5

省(自治区、直辖市)	穿越旅客数	进省旅客数	出省旅客数	省内旅客数	合　计
天津	2219	6107	6241	16393	30960
河北	2624	8463	9714	55677	76478
山西	354	2894	3350	41310	47908
辽宁	258	2007	2618	51846	56729
吉林	258	1491	1687	20379	23815
黑龙江	3	600	476	26773	27852
上海	350	19423	20624	73022	113419
江苏	3653	17430	18346	131179	170608
浙江	2270	13091	14092	117080	146533
安徽	5257	10973	12610	42544	71384
福建	153	2281	2607	79628	84669
江西	1916	5964	6694	37167	51741
山东	1068	6222	6116	83484	96890
河南	2647	7081	8419	113281	131428
湖北	1656	4132	4983	62431	73202
湖南	1722	6643	7264	80176	95805
广东	36	6302	7769	467691	481798
广西	1289	4678	4643	51241	61851
重庆	975	5099	5687	54230	65991
四川	753	6480	7244	196273	210750
贵州	691	3321	3768	76024	83804
云南	16	1464	1636	94491	97607
陕西	325	2358	2822	89419	94924
甘肃	146	1865	1945	28843	32799
宁夏	617	1103	1281	12158	15159
青海	0	539	2124	16248	18911

注:河北省不含京津塘高速公路河北段、京承高速公路;江苏省为联网路段;重庆市不含绕城高速段;陕西省不含铜川—西安路段。

(2)2018年我国高速公路旅客周转量17669.71亿人公里,同比增加4.64%。2018年各省(自治区、直辖市)高速公路旅客周转量见表2-6。

2018年各省(自治区、直辖市)高速公路旅客周转量(亿人公里)　　　　表2-6

省(自治区、直辖市)	旅客周转量	省(自治区、直辖市)	旅客周转量
北京	458.2821	内蒙古	166.8813
天津	193.6780	辽宁	467.1301
河北	573.7115	吉林	188.0406
山西	399.1057	黑龙江	255.9192

续上表

省(自治区、直辖市)	旅客周转量	省(自治区、直辖市)	旅客周转量
上海	294.6248	广西	536.1925
江苏	1234.1611	海南	315.0506
浙江	1005.4108	重庆	488.8262
安徽	733.2717	四川	1203.4265
福建	482.3188	贵州	600.3649
江西	573.4091	云南	612.4654
山东	842.7155	陕西	578.0315
河南	1001.3731	甘肃	317.3467
湖北	557.0018	宁夏	121.1425
湖南	883.3252	青海	99.6241
广东	2350.8822	新疆	136.0008

(3)2018 年我国高速公路客运密度 1239.17 万人公里/公里,同比下降 1.46%。

(4)2018 年我国高速公路旅客平均行程 71.90 公里,同比下降 1.45%。

(5)2018 年我国高速公路省(自治区、直辖市)内旅客平均行程 57.47 公里,同比增长 1.63%。

(6)2018 年我国高速公路跨省(自治区、直辖市)的旅客平均行程 256.80 公里,同比下降 6.75%。

(7)2018 年我国高速公路客车平均行驶速度 85.19 公里/小时,同比下降 1.82%。

2018 年我国高速公路各车型客车平均行驶速度见表 2-7。

2018 年我国高速公路各车型客车平均行驶速度　　　表 2-7

车　　型	座　位　数	平均行驶速度(公里/小时)	样本数(万辆)
Ⅰ	≤7	85.46	412205
Ⅱ	8～19	77.78	5391
Ⅲ	20～39	79.15	5583
Ⅳ	≥40	79.20	6103

与 2017 年相比,Ⅰ、Ⅱ、Ⅲ、Ⅳ型客车平均行驶速度均有所下降。

(8)高速公路客运结构分析如下:

①≤7 座客运车辆在客车车流量中的比例为 96.30%,同比增长 0.60 个百分点;

②乘坐≤7 座客运车辆人数在客运量中的比例为 76.78%,同比增长 4.81 个百分点;

③≤7 座客运车辆完成的旅客周转量在总旅客周转量中的比例为 71.74%,同比增长 7.44 个百分点;

④客运车辆平均座位数和乘坐率见表 2-8;

⑤轿车平均乘坐人数 2.39 人。

各型客车平均座位数和乘坐率　　　表 2-8

车　　型	座　位　数	平均座位数	乘坐率(%)
Ⅰ	≤7	5.242	45.62
Ⅱ	8～19	12.255	48.17
Ⅲ	20～39	35.326	61.14
Ⅳ	≥40	50.978	56.44

2.5 高速公路货物运输

(1)2018年我国高速公路完成货运量184.06亿吨,同比增长7.98%。其中部分省(自治区、直辖市)高速公路货运量,见表2-9。

2018年部分省(自治区、直辖市)高速公路货运量(万吨)　　　　表2-9

省(自治区、直辖市)	穿越货物量	进省货物量	出省货物量	省内货物量	合　计
天津	14069	18421	11100	16405	59995
河北	14358	47497	47738	121729	231322
山西	9945	28121	39391	88262	165719
辽宁	3364	8546	10194	33843	55947
吉林	1673	6830	4690	12659	25852
黑龙江	16	2200	1535	11547	15298
上海	1466	16222	16454	61555	95697
江苏	10723	32337	33450	81825	158335
浙江	6158	26910	23161	88209	144438
安徽	14416	16965	14495	33189	79065
福建	816	7225	7381	30483	45905
江西	10247	13319	13985	42982	80533
山东	9705	41592	37906	86367	175570
河南	17258	29441	21418	89498	157615
湖北	10999	13380	14109	42219	80707
湖南	13197	13513	10852	24741	62303
广东	549	23094	22669	179855	226167
广西	2225	8021	9546	39153	58945
重庆	2747	7442	6775	21614	38578
四川	3210	11024	9189	50136	73559
贵州	3142	4730	3431	16149	27452
陕西	8611	13650	17693	48813	88767
甘肃	1556	5714	5976	22112	35358
宁夏	1890	4709	3446	9184	19229
青海	0	2400	3514	16658	22572

注:河北省不含京津塘高速公路河北段、京承高速公路;江苏省为联网路段;重庆市不含绕城高速段;陕西省不含铜川—西安路段。

(2)2018年我国高速公路完成货物周转量29924.00亿吨公里,同比增加4.25%。其中各省(自治区、直辖市)高速公路货物周转量见表2-10。

2018年各省(自治区、直辖市)高速公路货物周转量(亿吨公里)　　　　表2-10

省(自治区、直辖市)	货物周转量	省(自治区、直辖市)	货物周转量
北京	164.56	河北	2115.40
天津	478.56	山西	1762.00

续上表

省(自治区、直辖市)	货物周转量	省(自治区、直辖市)	货物周转量
内蒙古	797.17	湖南	1412.63
辽宁	962.10	广东	2415.17
吉林	273.46	广西	786.14
黑龙江	210.21	海南	137.34
上海	382.36	重庆	503.38
江苏	1712.42	四川	1088.36
浙江	1749.78	贵州	467.06
安徽	1086.04	云南	729.40
福建	654.24	陕西	1497.39
江西	1506.68	甘肃	633.43
山东	2437.84	宁夏	167.74
河南	1940.84	青海	198.44
湖北	1040.63	新疆	613.28

(3)2018年我国高速公路货运密度2098.56万吨公里/公里,同比下降1.86%。

(4)2018年我国高速公路货物平均运距162.58公里,同比下降3.16%。

(5)2018年我国高速公路省(自治区、直辖市)内货物平均运距77.71公里,同比增长1.10%。

(6)2018年我国高速公路跨省(自治区、直辖市)货物平均运距445.48公里,同比下降5.07%。

(7)2018年我国高速公路货车平均行驶速度64.23公里/小时,同比下降1.12%。

2018年各型货车平均行驶速度见表2-11。与2017年相比,各型货车平均行驶速度均有小幅下降。

2018年各型货车平均行驶速度　　　　　　　　　　表2-11

车型	轴型	平均行驶速度(公里/小时)	样本数(万辆)
单车	2轴4胎	73.24	11334
	2轴6胎	65.59	33652
	3轴和4轴	62.66	13212
半挂列车	3～6轴	61.78	51979

(8)高速公路路网货运分析如下:

①货车轴型构成见表2-12。

2018年高速公路货车主要轴型　　　　　　　　　　表2-12

轴型		车流量占比(%)	行驶量占比(%)	周转量占比(%)
2轴4胎		10.34	6.05	0.17
2轴6胎		30.05	22.85	5.91

轴　　型		车流量占比（%）	行驶量占比（%）	周转量占比（%）
3轴、4轴单车		4.53	4.99	2.06
		6.21	6.01	5.23
		0.92	0.70	0.31
半挂列车		0.31	0.27	0.10
		0.04	1.46	0.04
		1.37	1.66	1.22
		1.23	1.89	1.37
		0.26	0.29	0.20
		14.40	16.14	25.75
		30.32	37.70	57.65

注:表中占比数据由天津、河北、山西、黑龙江、江苏、江西、安徽、福建、山东、河南、湖北、湖南、重庆、贵州、陕西、宁夏合计16个省（自治区、直辖市）数据整理所得。这些省（自治区、直辖市）高速公路里程占全国高速公路通车里程的57.33%。

同2017年相比，2018年我国高速公路货车车流量比例的变化情况见表2-13，3轴和3轴以上货车行驶量占比为71.10%，同比增长了1.67个百分点（表2-14）；完成的货物周转量占比达到93.93%，同比下降0.25个百分点（表2-15）。

高速公路货车车流量比例的变化（%）　　　　　　表2-13

轴　　型	2011年	2012年	2013年	2014年	2015年	2016年	2017年	2018年
2轴4胎单车	11.44	12.40	12.84	13.28	11.95	11.68	10.65	10.34
2轴6胎单车	30.84	30.34	31.16	29.17	33.50	30.60	30.50	30.05
3轴、4轴单车	15.17	14.78	15.24	15.65	14.56	13.35	12.30	11.67
半挂列车	42.55	42.47	40.76	41.90	39.99	44.37	46.55	47.94

注:表列数据来源同表2-12。

高速公路货车行驶量比例的变化（%）　　　　　　　表 2-14

轴型	2011 年	2012 年	2013 年	2014 年	2015 年	2016 年	2017 年	2018 年
2 轴 4 胎单车	6.76	7.30	7.47	7.74	6.86	6.84	6.29	6.04
2 轴 6 胎单车	22.49	23.57	24.01	23.13	25.99	25.01	24.28	22.85
3 轴、4 轴单车	14.74	13.94	14.19	15.11	14.57	13.82	12.55	11.69
半挂列车	56.01	55.19	54.33	54.02	52.58	54.33	56.88	59.42

注:表列数据来源同表 2-12。

高速公路货车完成的货物周转量比例的变化（%）　　　　　　表 2-15

轴型	2011 年	2012 年	2013 年	2014 年	2015 年	2016 年	2017 年	2018 年
2 轴 4 胎单车	0.69	0.71	0.64	0.58	0.23	0.22	0.18	0.17
2 轴 6 胎单车	5.54	7.76	7.47	7.25	5.91	5.95	5.64	5.91
3 轴、4 轴单车	11.46	11.07	10.88	10.67	9.99	9.44	8.20	7.60
半挂列车	82.31	80.46	81.01	81.50	83.87	84.47	85.98	86.32

注:表列数据来源同表 2-12。

②货车空驶状况见表 2-16。

高速公路路网空车走行率为 31.09%,同比增长了 4.28 个百分点。

高速公路空车走行率及其变化　　　　　　　　表 2-16

轴型	年份（年）	省内运输（%）	跨省运输（%）	总量（%）
2 轴单车	2018	53.19	33.31	45.99
	2017	47.84	28.93	40.77
	2016	52.46	30.17	43.74
	2015	48.96	29.98	41.88
	2014	45.30	29.67	39.73
	2013	41.39	28.34	36.78
	2012	33.92	21.41	29.37
	2011	35.30	26.13	31.65
	2010	37.60	29.10	33.30
	2009	34.77	24.95	30.48
	2008	32.78	18.84	26.33
	2007	36.17	15.03	24.95
	2006	36.01	15.87	26.52
3 轴、4 轴单车	2018	41.12	13.64	24.91
	2017	37.79	14.36	23.80
	2016	36.32	13.46	21.59
	2015	36.14	14.42	22.29
	2014	48.18	21.91	32.09
	2013	42.14	17.66	26.96
	2012	37.64	13.04	22.61
	2011	34.44	12.30	20.23
	2010	34.17	12.42	17.93
	2009	35.03	9.46	16.95
	2008	36.40	10.81	18.05

续上表

轴 型	年份(年)	省内运输(%)	跨省运输(%)	总量(%)
3轴、4轴单车	2007	33.24	8.38	15.00
	2006	32.82	9.38	17.73
半挂列车	2018	51.36	15.68	25.73
	2017	41.85	12.85	21.39
	2016	31.77	7.03	12.77
	2015	27.53	5.73	10.66
	2014	37.17	10.85	18.55
	2013	36.51	10.88	17.59
	2012	35.34	10.15	17.04
	2011	43.27	10.84	18.48
	2010	31.34	13.14	14.90
	2009	34.14	7.90	14.73
	2008	42.67	10.16	18.37
	2007	28.74	10.37	15.28
	2006	35.02	9.28	13.93
合计	2018	50.82	18.27	31.09
	2017	43.80	15.67	26.81
	2016	39.62	10.13	19.42
	2015	36.45	9.08	17.70
	2014	42.11	15.34	26.01
	2013	39.54	14.57	24.15
	2012	35.00	12.41	21.22
	2011	38.33	13.55	22.24
	2010	34.42	16.37	20.05
	2009	34.56	11.68	19.84
	2008	36.71	12.37	20.97
	2007	33.30	11.37	18.93
	2006	35.33	10.97	20.13

注:1. 空车走行率 = 空车行驶量/重车行驶量;
   2. 表列数据来源同表2-12。

③货车超限运输状况如表2-17所示。

按国家强制标准《道路车辆外廓尺寸、轴荷及质量限值》(GB 1589—2016)规定的限值,超限率(超限车数/货车总数)为11.47%,比2017年下降1.63个百分点;其中超限30%以上的货车比例为0.88%,比2016年下降0.04个百分点。

2018年高速公路各类货车车流量比例(%) 表2-17

标 准	空 车	不超限重车	超限 0~30%	超限 30%~50%	超限 50%~100%	超限 >100%	超限合计
按GB 1589标准	30.13	58.40	10.59	0.53	0.30	0.05	100.00

注:表列数据来源同表2-12。

2.6　县乡区域发送客货量比例

2018 年我国县乡区域发送货物量占发送货物总量的 70.78%，同比增加 1.39 个百分点。

2018 年我国县乡区域发送旅客量占发送旅客总量的 59.76%，同比增加 0.43 个百分点。

2.7　省（自治区、直辖市）的穿越车流状况

2018 年部分省份和地区穿越货车车流量见表 2-18。

2018 年部分省份和地区穿越货车车流　　　　表 2-18

省份或地区	穿越货车行驶量（万车公里）	货车总行驶量（万车公里）	穿越货车比例（%）
河南	320875	1222300	26.25
冀南和冀西北	115811	1262406	9.17
湖南	321117	930512	34.51
冀东	26387	244274	10.80
湖北	225504	823850	27.37
山西	205357	1139648	18.02
吉林	25276	177902	14.21
江西	345490	914865	37.76
安徽	231420	739715	31.28
贵州	76529	492064	15.55

第3章　部分高速公路干线日均运输密度

3.1　京哈高速公路(G1)日均运输密度

3.1.1　2018 年京哈高速公路(G1)日均客运密度分布如表 3-1 和图 3-1 所示。

2018 年京哈高速公路(G1)日均客运密度 　　　　　　表 3-1

路　　段	路段起止点	客运密度 (人公里/公里)	路段起止点	客运密度 (人公里/公里)
北京段	六环—香河	82658	香河—六环	70526
河北段	香河—丰润	14903	丰润—香河	15190
	丰润—秦皇岛	25242	秦皇岛—丰润	24931
	秦皇岛—万家主线(冀辽界)	9178	万家主线(冀辽界)—秦皇岛	15421
辽宁段	万家主线(辽冀界)—葫芦岛	26551	葫芦岛—万家主线(辽冀界)	26213
	葫芦岛—锦州	32637	锦州—葫芦岛	32869
	锦州—沈阳	34535	沈阳—锦州	33651
	沈阳—毛家店(辽吉界)	22937	毛家店(辽吉界)—沈阳	19983
吉林段	五里坡(吉辽界)—长春	20483	长春—五里坡(吉辽界)	17036
	长春—拉林河(吉黑界)	17854	拉林河(吉黑界)—长春	7503
黑龙江段	拉林河(黑吉界)—哈尔滨	13172	哈尔滨—拉林河(黑吉界)	10928

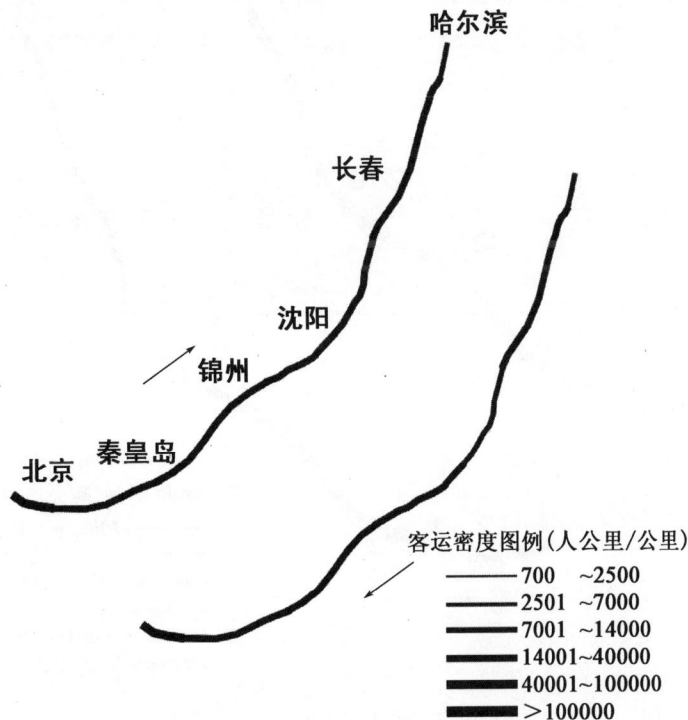

客运密度图例(人公里/公里)

———　700 ～2500
———　2501 ～7000
———　7001 ～14000
———　14001～40000
———　40001~100000
———　>100000

图 3-1　2018 年京哈高速公路(G1)日均客运密度

3.1.2 **2018 年京哈高速公路(G1)日均货运密度分布如表 3-2 和图 3-2 所示。**

2018 年京哈高速公路(G1)日均货运密度　　　　　　表 3-2

路　　段	路段起止点	货运密度 (吨公里/公里)	路段起止点	货运密度 (吨公里/公里)
北京段	六环—香河	34161	香河—六环	30781
河北段	香河—丰润	52675	丰润—香河	53359
	丰润—秦皇岛	85683	秦皇岛—丰润	90281
	秦皇岛—万家主线(冀辽界)	70613	万家主线(冀辽界)—秦皇岛	153829
辽宁段	万家主线(辽冀界)—葫芦岛	175778	葫芦岛—万家主线(辽冀界)	201163
	葫芦岛—锦州	182058	锦州—葫芦岛	203614
	锦州—沈阳	155284	沈阳—锦州	125785
	沈阳—毛家店(辽吉界)	80430	毛家店(辽吉界)—沈阳	45713
吉林段	五里坡(吉辽界)—长春	93812	长春—五里坡(吉辽界)	58151
	长春—拉林河(吉黑界)	53194	拉林河(吉黑界)—长春	15375
黑龙江段	拉林河(黑吉界)—哈尔滨	36776	哈尔滨—拉林河(黑吉界)	20289

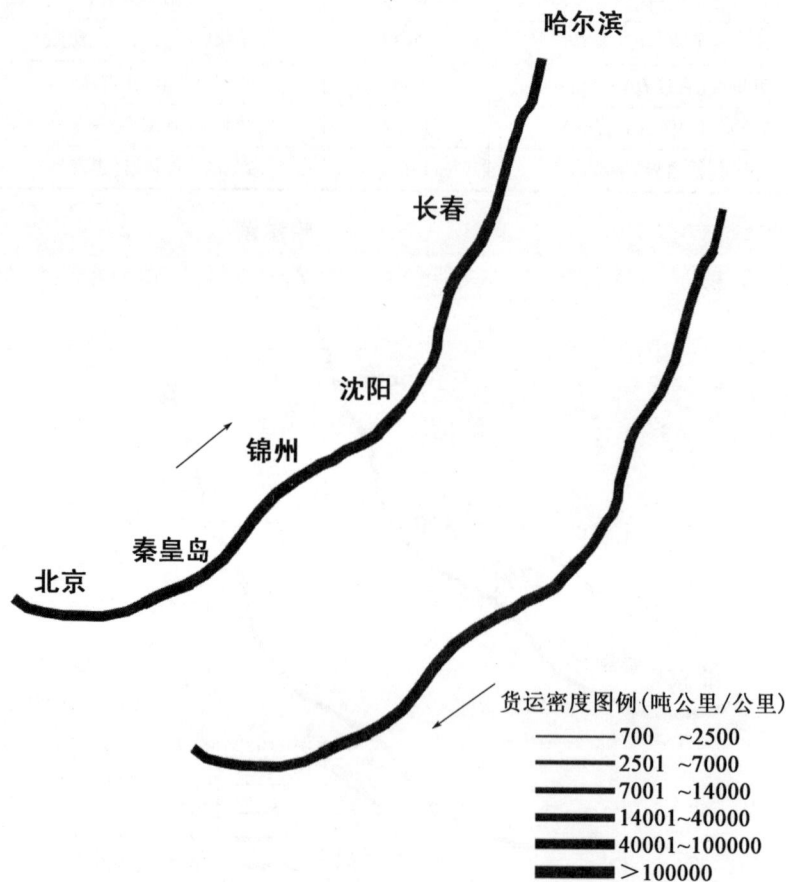

图 3-2　2018 年京哈高速公路(G1)日均货运密度

3.2　京沪高速公路(G2)日均运输密度

3.2.1　2018年京沪高速公路(G2)日均客运密度分布如表3-3和图3-3所示。

2018年京沪高速公路(G2)日均客运密度　　　　　　表3-3

路　段	路段起止点	客运密度 (人公里/公里)	路段起止点	客运密度 (人公里/公里)
北京段	大羊坊—廊坊	65111	廊坊—大羊坊	66574
河北段	廊坊—泗村店	22695	泗村店—廊坊	22473
天津段	泗村店—汉沽	25632	汉沽—泗村店	25661
	汉沽—独流	26753	独流—汉沽	26412
	独流—九宣闸(津冀界)	10849	九宣闸(津冀界)—独流	9591
河北段	青县主线(冀津界)—沧州	26105	沧州—青县主线(冀津界)	26157
	沧州—吴桥(冀鲁界)	15852	吴桥(冀鲁界)—沧州	15266
山东段	京福鲁冀(德州)—齐河	23654	齐河—京福鲁冀(德州)	23366
	齐河—济南	42508	济南—齐河	42628
	济南—泰安	46999	泰安—济南	47622
	泰安—京沪鲁苏	23374	京沪鲁苏—泰安	24720
江苏段	苏鲁省界—淮安	21917	淮安—苏鲁省界	20992
	淮安—江都	51739	江都—淮安	51222
	江都—江阴	33282	江阴—江都	33883
	江阴—无锡	37424	无锡—江阴	39307
	无锡—苏州北	154458	苏州北—无锡	151283
	苏州北—花桥主线(苏沪界)	104727	花桥主线(苏沪界)—苏州北	99520
上海段	安亭主线(沪苏界)—江桥	127652	江桥—安亭主线(沪苏界)	131534

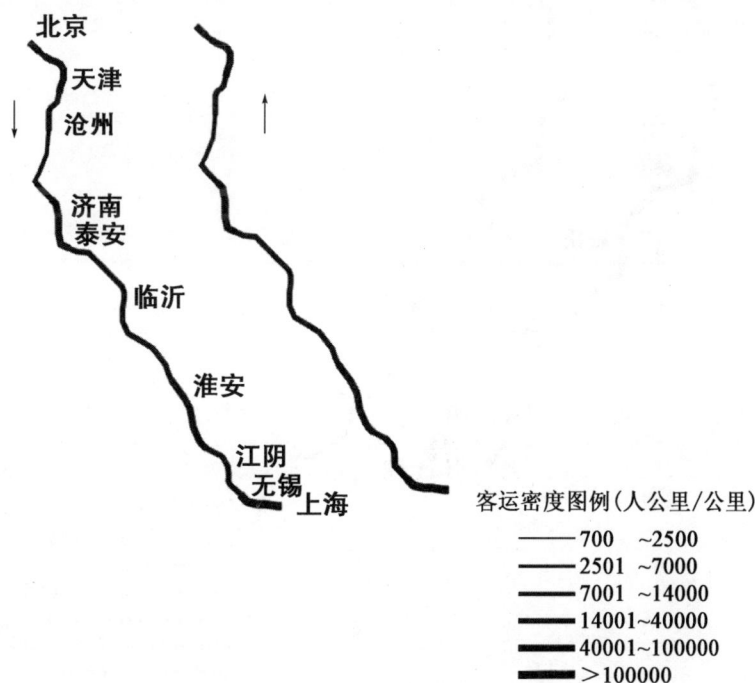

图3-3　2018年京沪高速公路(G2)日均客运密度

3.2.2 **2018 年京沪高速公路(G2)日均货运密度分布如表 3-4 和图 3-4 所示。**

2018 年京沪高速公路(G2)日均货运密度   表 3-4

路 段	路段起止点	货运密度 (吨公里/公里)	路段起止点	货运密度 (吨公里/公里)
北京段	大羊坊—廊坊	24375	廊坊—大羊坊	30166
河北段	廊坊—泗村店	65304	泗村店—廊坊	65491
天津段	泗村店—汉沽	65082	汉沽—泗村店	71242
	汉沽—独流	88691	独流—汉沽	88861
	独流—九宣闸(津冀界)	29525	九宣闸(津冀界)—独流	30630
河北段	青县主线(冀津界)—沧州	122955	沧州—青县主线(冀津界)	103843
	沧州—吴桥(冀鲁界)	51491	吴桥(冀鲁界)—沧州	42045
山东段	京福鲁冀(德州)—齐河	158205	齐河—京福鲁冀(德州)	120683
	齐河—济南	327928	济南—齐河	238371
	济南—泰安	271574	泰安—济南	201151
	泰安—京沪鲁苏	165852	京沪鲁苏—泰安	138258
江苏段	苏鲁省界—淮安	96818	淮安—苏鲁省界	118566
	淮安—江都	87265	江都—淮安	89868
	江都—江阴	27115	江阴—江都	28881
	江阴—无锡	15791	无锡—江阴	22727
	无锡—苏州北	165678	苏州北—无锡	175197
	苏州北—花桥主线(苏沪界)	82196	花桥主线(苏沪界)—苏州北	81167
上海段	安亭主线(沪苏界)—江桥	65447	江桥—安亭主线(沪苏界)	65981

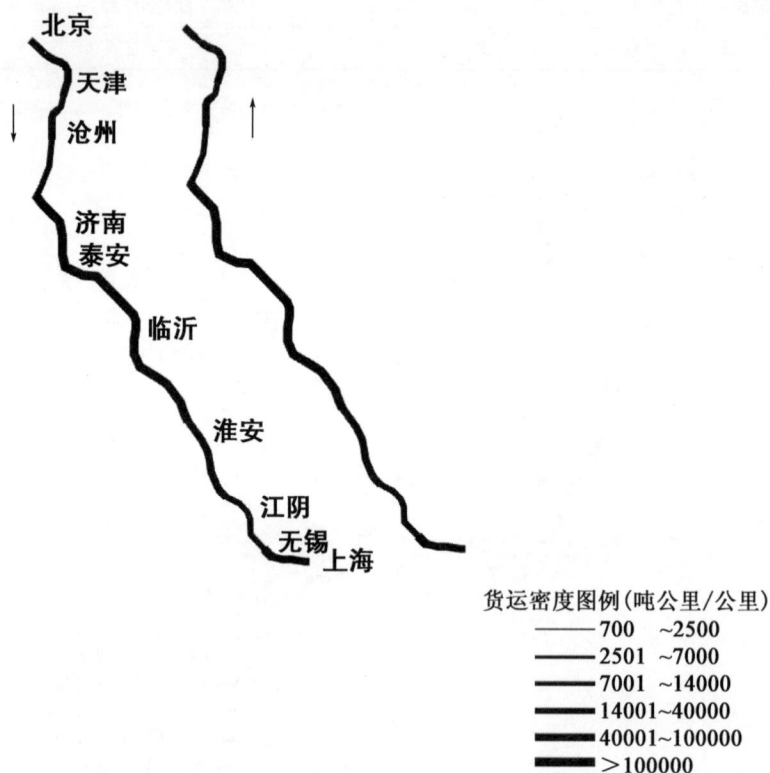

图 3-4 2018 年京沪高速公路(G2)日均货运密度

3.3 京港澳高速公路(G4)日均运输密度

3.3.1 2018年京港澳高速公路(G4)日均客运密度分布如表3-5和图3-5所示。

2018年京港澳高速公路(G4)日均客运密度   表3-5

路 段	路段起止点	客运密度 (人公里/公里)	路段起止点	客运密度 (人公里/公里)
北京段	六环—琉璃河南(京冀界)	107917	琉璃河南(京冀界)—六环	91672
河北段	涿州北(冀京界)—保定	28455	保定—涿州北(冀京界)	26803
	保定—石家庄	35934	石家庄—保定	35585
	石家庄—栾城	40166	栾城—石家庄	43182
	栾城—临漳(冀豫界)	22926	临漳(冀豫界)—栾城	22608
河南段	京港澳豫冀界—鹤壁	33271	鹤壁—京港澳豫冀界	32822
	鹤壁—新乡	58353	新乡—鹤壁	59534
	新乡—郑州	75356	郑州—新乡	74400
	郑州—许昌	87783	许昌—郑州	85184
	许昌—漯河	49228	漯河—许昌	47299
	漯河—驻马店	33038	驻马店—漯河	31847
	驻马店—京港澳豫鄂界	17367	京港澳豫鄂界—驻马店	16000
湖北段	豫鄂界—武汉北	15943	武汉北—豫鄂界	15355
	武汉北—鄂南(鄂湘界)	22080	鄂南(鄂湘界)—武汉北	21159
湖南段	羊楼司(湘鄂界)—岳阳	16676	岳阳—羊楼司(湘鄂界)	15547
	岳阳—长沙	37669	长沙—岳阳	38848
	长沙—湘潭	61573	湘潭—长沙	62994
	湘潭—衡阳	40276	衡阳—湘潭	42906
	衡阳—郴州	27417	郴州—衡阳	29127
	郴州—宜章	28460	宜章—郴州	30311
	宜章—小塘(湘粤界)	21540	小塘(湘粤界)—宜章	26762
广东段	粤北(粤湘界)—广州	24717	广州—粤北(粤湘界)	25026
	广州—太平	170382	太平—广州	160358
	太平—深圳皇岗	157696	深圳皇岗—太平	143315

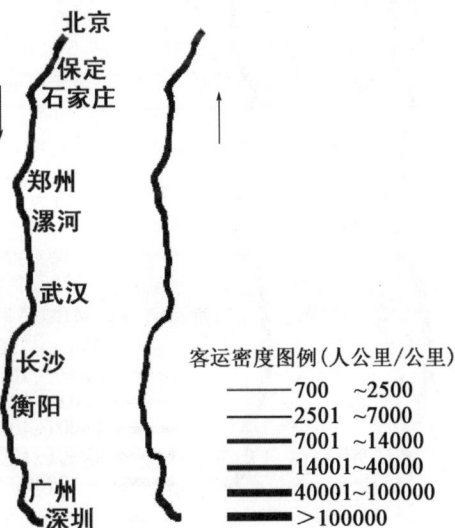

图3-5 2018年京港澳高速公路(G4)日均客运密度

3.3.2　2018年京港澳高速公路(G4)日均货运密度分布如表3-6和图3-6所示。

2018年京港澳高速公路(G4)日均货运密度　　　　　　　　　　表3-6

路　　段	路段起止点	货运密度 (吨公里/公里)	路段起止点	货运密度 (吨公里/公里)
北京段	六环—琉璃河南(京冀界)	36855	琉璃河南(京冀界)—六环	30837
河北段	涿州北(冀京界)—保定	27415	保定—涿州北(冀京界)	29001
	保定—石家庄	52743	石家庄—保定	87271
	石家庄—栾城	15670	栾城—石家庄	17457
	栾城—临漳(冀豫界)	54214	临漳(冀豫界)—栾城	39373
河南段	京港澳豫冀界—鹤壁	119420	鹤壁—京港澳豫冀界	86139
	鹤壁—新乡	125760	新乡—鹤壁	95013
	新乡—郑州	178033	郑州—新乡	113235
	郑州—许昌	116705	许昌—郑州	113343
	许昌—漯河	96421	漯河—许昌	82795
	漯河—驻马店	92302	驻马店—漯河	81508
	驻马店—京港澳豫鄂界	92778	京港澳豫鄂界—驻马店	79872
湖北段	豫鄂界—武汉北	81775	武汉北—豫鄂界	72785
	武汉北—鄂南(鄂湘界)	75625	鄂南(鄂湘界)—武汉北	69585
湖南段	羊楼司(湘鄂界)—岳阳	105023	岳阳—羊楼司(湘鄂界)	86685
	岳阳—长沙	167326	长沙—岳阳	133286
	长沙—湘潭	166048	湘潭—长沙	155905
	湘潭—衡阳	158350	衡阳—湘潭	156692
	衡阳—郴州	115706	郴州—衡阳	109580
	郴州—宜章	118187	宜章—郴州	113142
	宜章—小塘(湘粤界)	117255	小塘(湘粤界)—宜章	111210
广东段	粤北(粤湘界)—广州	54467	广州—粤北(粤湘界)	54054
	广州—太平	79427	太平—广州	68858
	太平—深圳皇岗	42690	深圳皇岗—太平	32799

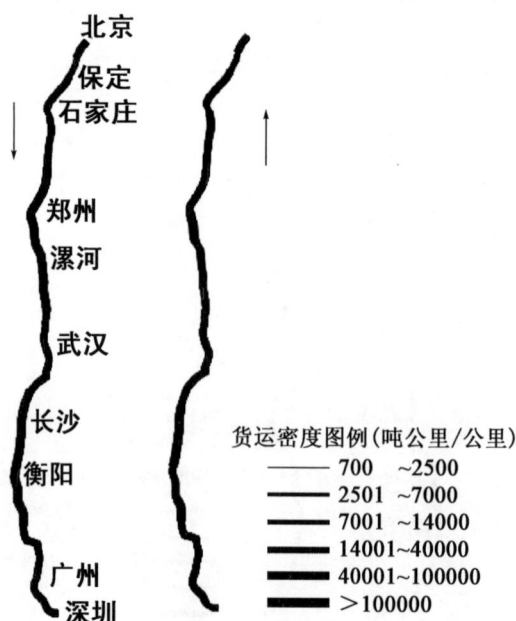

图3-6　2018年京港澳高速公路(G4)日均货运密度

3.4　京昆高速公路(G5)日均运输密度

3.4.1　2018 年京昆高速公路(G5)日均客运密度分布如表 3-7 和图 3-7 所示。

表 3-7

2018 年京昆高速公路(G5)日均客运密度

路　段	路段起止点	客运密度 (人公里/公里)	路段起止点	客运密度 (人公里/公里)
北京段	六环—琉璃河南(京冀界)	107917	琉璃河南(京冀界)—六环	91672
河北段	涿州—满城	16181	满城—涿州	16342
	满城—石家庄	13157	石家庄—满城	14060
	石家庄—井陉西(冀晋界)	7564	井陉西(冀晋界)—石家庄	8411
山西段	旧关(晋冀界)—阳泉	5464	阳泉—旧关(晋冀界)	7674
	阳泉—太原	23138	太原—阳泉	25263
	太原—罗城	18784	罗城—太原	18815
	罗城—交城	56399	交城—罗城	55693
	交城—侯马	22628	侯马—交城	21724
	侯马—龙门大桥(晋陕界)	11740	龙门大桥(晋陕界)—侯马	10848
陕西段	禹门口(陕晋界)—西安	25900	西安—禹门口(陕晋界)	26058
	西安—汉中	15180	汉中—西安	15102
	汉中—棋盘关(陕川界)	8002	棋盘关(陕川界)—汉中	7953
四川段	棋盘关—广元	8783	广元—棋盘关	8352
	广元—绵阳	17216	绵阳—广元	16668
	绵阳—德阳	37462	德阳—绵阳	36526
	德阳—成都	70754	成都—德阳	73531
	成都—青龙	112204	青龙—成都	106082
	青龙—雅安东	30653	雅安东—青龙	29172
	雅安东—西昌	16260	西昌—雅安东	15864
	西昌—攀枝花	10558	攀枝花—西昌	10055

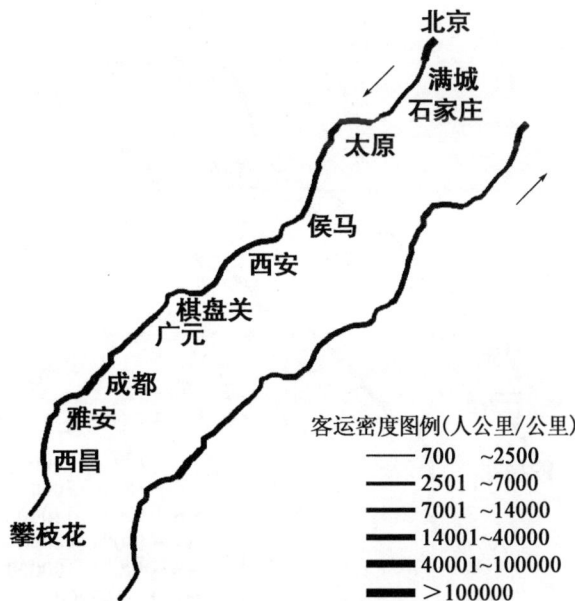

图 3-7　2018 年京昆高速公路(G5)日均客运密度

3.4.2 2018 年京昆高速公路（G5）日均货运密度分布如表 3-8 和图 3-8 所示。

2018 年京昆高速公路（G5）日均货运密度   表 3-8

路　　段	路段起止点	货运密度 （吨公里/公里）	路段起止点	货运密度 （吨公里/公里）
北京段	六环—琉璃河南（京冀界）	36855	琉璃河南（京冀界）—六环	30837
河北段	涿州—满城	32292	满城—涿州	86978
	满城—石家庄	22412	石家庄—满城	26518
	石家庄—井陉西（冀晋界）	71554	井陉西（冀晋界）—石家庄	94221
山西段	旧关（晋冀界）—阳泉	63664	阳泉—旧关（晋冀界）	86692
	阳泉—太原	70729	太原—阳泉	91923
	太原—罗城	62596	罗城—太原	50029
	罗城—交城	109607	交城—罗城	89770
	交城—侯马	52097	侯马—交城	32235
	侯马—龙门大桥（晋陕界）	59484	龙门大桥（晋陕界）—侯马	29697
陕西段	禹门口（陕晋界）—西安	62053	西安—禹门口（陕晋界）	34136
	西安—汉中	75152	汉中—西安	70751
	汉中—棋盘关（陕川界）	71928	棋盘关（陕川界）—汉中	85784
四川段	棋盘关—广元	115972	广元—棋盘关	64673
	广元—绵阳	114461	绵阳—广元	68150
	绵阳—德阳	85498	德阳—绵阳	45052
	德阳—成都	50653	成都—德阳	28615
	成都—青龙	37245	青龙—成都	57957
	青龙—雅安东	10202	雅安东—青龙	9801
	雅安东—西昌	20589	西昌—雅安东	19449
	西昌—攀枝花	16434	攀枝花—西昌	19239

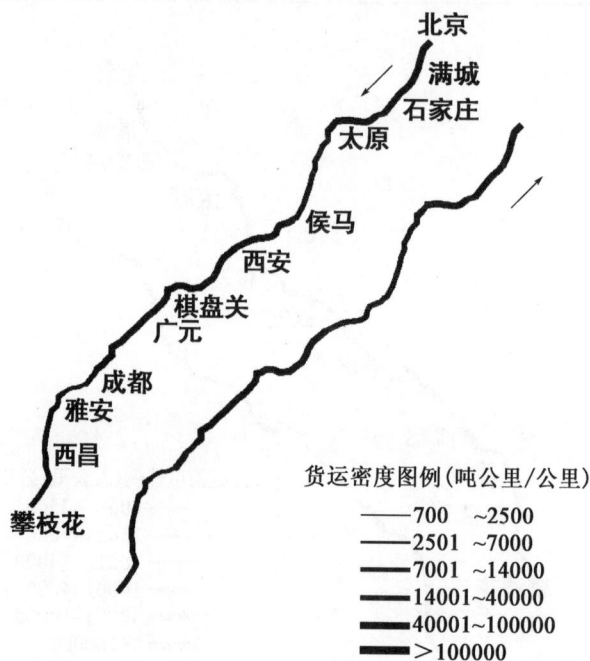

图 3-8　2018 年京昆高速公路（G5）日均货运密度

3.5　京藏高速公路(G6)日均运输密度

3.5.1　**2018年京藏高速公路(G6)日均客运密度分布如表3-9和图3-9所示。**

2018年京藏高速公路(G6)日均客运密度　　　　　表3-9

路　　段	路段起止点	客运密度 (人公里/公里)	路段起止点	客运密度 (人公里/公里)
北京段	六环—居庸关	98804	居庸关—六环	133946
	居庸关—市界	48620	市界—居庸关	62040
河北段	东花园—宣化主线	20526	宣化主线—东花园	20265
	宣化主线—东洋河	10696	东洋河—宣化主线	10194
内蒙古段	蒙冀界—乌兰察布	7344	乌兰察布—蒙冀界	8299
	乌兰察布—呼和浩特	16134	呼和浩特—乌兰察布	15674
	呼和浩特—包头	24484	包头—呼和浩特	24075
	包头—临河	8288	临河—包头	7725
	临河—磴口	4986	磴口—临河	4868
	磴口—蒙宁界	4683	蒙宁界—磴口	4288
宁夏段	惠农主线(宁蒙界)—姚伏	2881	姚伏—惠农主线(宁蒙界)	6777
	姚伏—银川	18139	银川—姚伏	17851
	银川—吴忠	22883	吴忠—银川	13725
	吴忠—中宁	12786	中宁—吴忠	11082
	中宁—桃山	7260	桃山—中宁	8154
	桃山—兴仁主线(宁甘界)	4410	兴仁主线(宁甘界)—桃山	4482
甘肃段	刘家寨主线(甘宁界)—白银	10011	白银—刘家寨主线(甘宁界)	9182
	白银—树屏	24662	树屏—白银	23368
	树屏—河口	24635	河口—树屏	24269
	河口—海石湾主线(甘青界)	14602	海石湾主线(甘青界)—河口	13830
青海段	马场垣主线(青甘界)—平安	48805	平安—马场垣主线(青甘界)	46840
	平安—西宁	39216	西宁—平安	40674

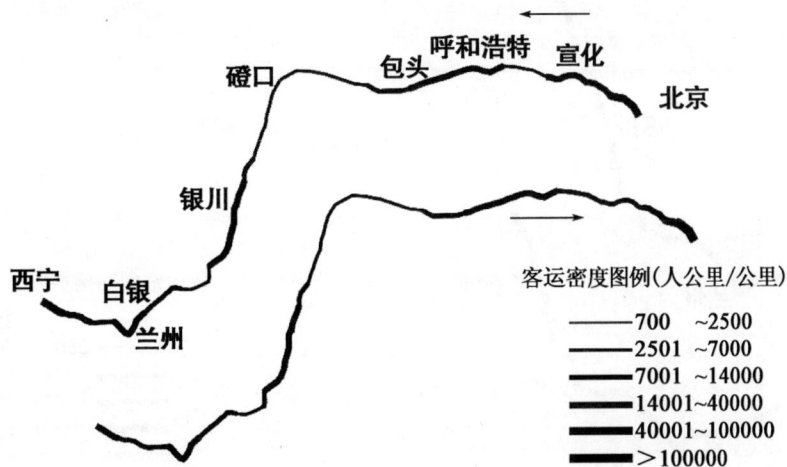

图3-9　2018年京藏高速公路(G6)日均客运密度

3.5.2　2018 年京藏高速公路(G6)日均货运密度分布如表 3-10 和图 3-10 所示。

2018 年京藏高速公路(G6)日均货运密度 表 3-10

路　　段	路段起止点	货运密度 (吨公里/公里)	路段起止点	货运密度 (吨公里/公里)
北京段	六环—居庸关	45979	居庸关—六环	3577
	居庸关—市界	32441	市界—居庸关	794
河北段	东花园—宣化主线	49780	宣化主线—东花园	32658
	宣化主线—东洋河	20062	东洋河—宣化主线	28596
内蒙古段	蒙冀界—乌兰察布	89168	乌兰察布—蒙冀界	83238
	乌兰察布—呼和浩特	78877	呼和浩特—乌兰察布	90213
	呼和浩特—包头	70866	包头—呼和浩特	70934
	包头—临河	32284	临河—包头	31458
	临河—磴口	6779	磴口—临河	5324
	磴口—蒙宁界	29331	蒙宁界—磴口	38927
宁夏段	惠农主线(宁蒙界)—姚伏	7463	姚伏—惠农主线(宁蒙界)	6411
	姚伏—银川	23140	银川—姚伏	14843
	银川—吴忠	8825	吴忠—银川	6180
	吴忠—中宁	5263	中宁—吴忠	3499
	中宁—桃山	17983	桃山—中宁	13886
	桃山—兴仁主线(宁甘界)	10504	兴仁主线(宁甘界)—桃山	7514
甘肃段	刘家寨主线(甘宁界)—白银	26922	白银—刘家寨主线(甘宁界)	15926
	白银—树屏	43019	树屏—白银	29062
	树屏—河口	76370	河口—树屏	66265
	河口—海石湾主线(甘青界)	54405	海石湾主线(甘青界)—河口	40947
青海段	马场垣主线(青甘界)—平安	191513	平安—马场垣主线(青甘界)	140112
	平安—西宁	60342	西宁—平安	47779

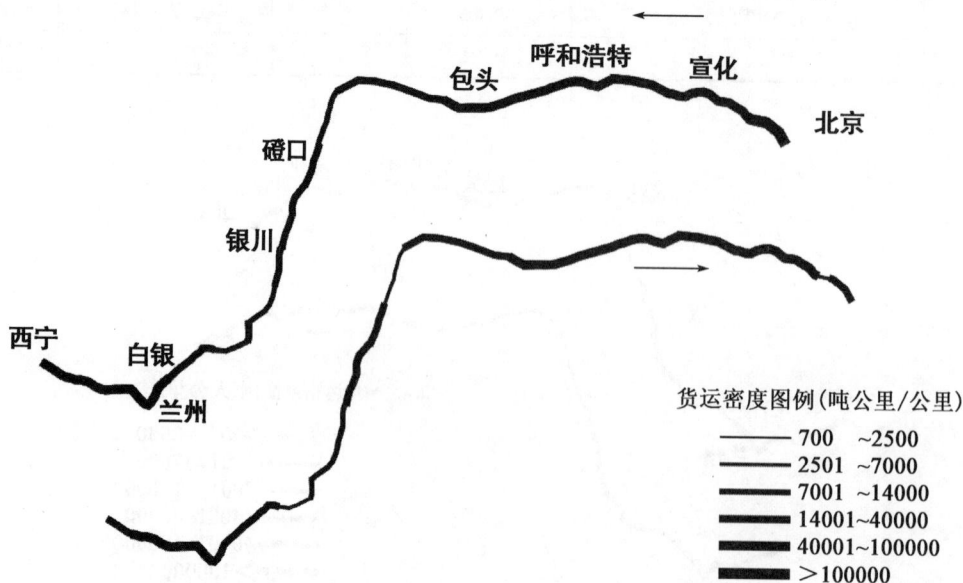

图 3-10　2018 年京藏高速公路(G6)日均货运密度

3.6 沈海高速公路(G15)日均运输密度

3.6.1 2018年沈海高速公路(G15)日均客运密度分布如表3-11和图3-11所示。

2018年沈海高速公路(G15)日均客运密度   表3-11

路　段	路段起止点	客运密度 （人公里/公里）	路段起止点	客运密度 （人公里/公里）
辽宁段	沈阳—鞍山	47691	鞍山—沈阳	48167
	鞍山—营口	36669	营口—鞍山	37094
	营口—鲅鱼圈	42656	鲅鱼圈—营口	43326
	鲅鱼圈—大连	88541	大连—鲅鱼圈	90007
山东段	烟台—栖霞	34397	栖霞—烟台	33190
	栖霞—青岛	13429	青岛—栖霞	14732
	青岛—沈海鲁苏	28784	沈海鲁苏—青岛	29617
江苏段	沈海苏鲁—南通	33938	南通—沈海苏鲁	32283
	南通—常熟	108965	常熟—南通	111105
	常熟—太仓主线(苏沪界)	89837	太仓主线(苏沪界)—常熟	89353
上海段	朱桥(沪苏界)—嘉浏	95443	嘉浏—朱桥(沪苏界)	101330
	嘉浏—新桥	54566	新桥—嘉浏	58504
	新桥—嘉金莘奉金立交	19763	嘉金莘奉金立交—新桥	18611
	嘉金莘奉金立交—金山卫	24926	金山卫—嘉金莘奉金立交	25962
浙江段	浙沪主线—宁波北	36491	宁波北—浙沪主线	36130
	宁波姜山—宁海	43222	宁海—宁波姜山	41789
	宁海—吴岙	26631	吴岙—宁海	25754
	吴岙—台州	40892	台州—吴岙	40395
	台州—温州	32034	温州—台州	31505
	温州—平阳	62159	平阳—温州	58949
	平阳—分水关(浙闽界)	27085	分水关(浙闽界)—平阳	25192
福建段	闽浙—福州	21304	福州—闽浙	20378
	福州—莆田	38760	莆田—福州	37212
	莆田—泉州	47261	泉州—莆田	46566
	泉州—厦门	75181	厦门—泉州	75406
	厦门—漳州	64967	漳州—厦门	64715
	漳州—闽粤界	19467	闽粤界—漳州	17921
广东段	汾水关—汕头	22052	汕头—汾水关	23083
	汕头—陆丰	18231	陆丰—汕头	22797
	陆丰—深圳	38829	深圳—陆丰	40409
	深圳—广州	129269	广州—深圳	127405
	广州—阳江	86375	阳江—广州	82276
	阳江—湛江	47716	湛江—阳江	44354
	湛江—徐闻	13908	徐闻—湛江	16397

沈阳

大连

烟台
青岛

南通
上海

台州
温州

福州

厦门
广州   汕头
湛江   深圳
徐闻

客运密度图例(人公里/公里)
———— 700 ~2500
———— 2501 ~7000
———— 7001 ~14000
———— 14001~40000
———— 40001~100000
———— >100000

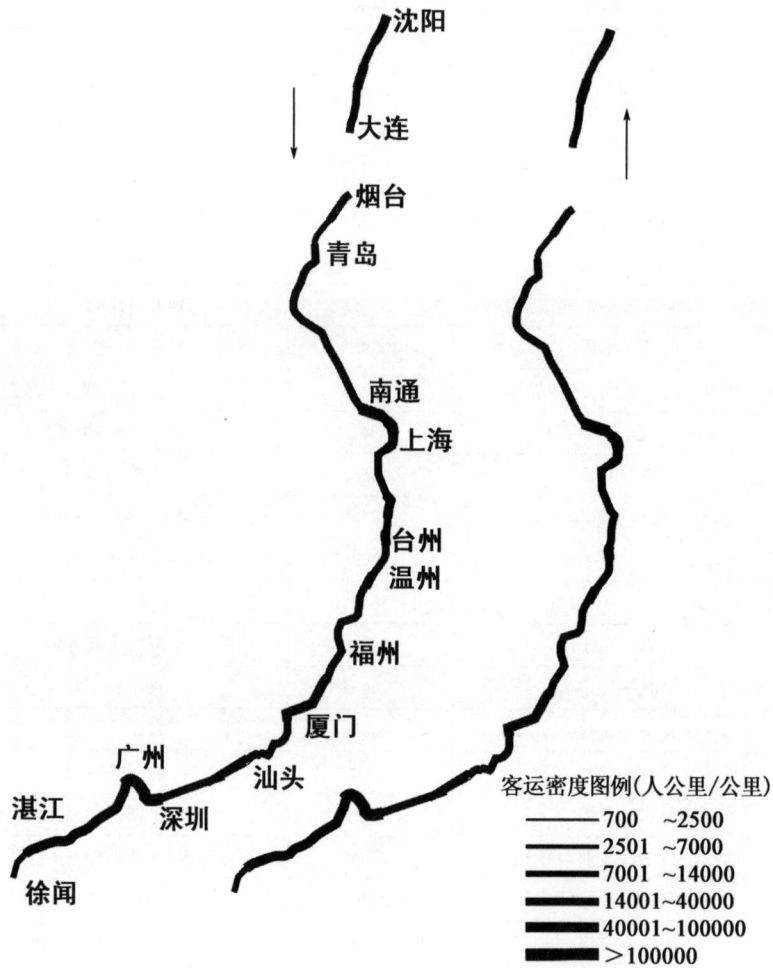

图 3-11　2018 年沈海高速公路(G15)日均客运密度

3.6.2 2018 年沈海高速公路（G15）日均货运密度分布如表 3-12 和图 3-12 所示。

2018 年沈海高速公路（G15）日均货运密度 表 3-12

路 段	路段起止点	货运密度 （吨公里/公里）	路段起止点	货运密度 （吨公里/公里）
辽宁段	沈阳—鞍山	33337	鞍山—沈阳	33706
	鞍山—营口	49815	营口—鞍山	47624
	营口—鲅鱼圈	83064	鲅鱼圈—营口	66195
	鲅鱼圈—大连	113748	大连—鲅鱼圈	84749
山东段	烟台—栖霞	23638	栖霞—烟台	25831
	栖霞—青岛	32672	青岛—栖霞	33442
	青岛—沈海鲁苏	77184	沈海鲁苏—青岛	73127
江苏段	沈海苏鲁—南通	70984	南通—沈海苏鲁	68053
	南通—常熟	180227	常熟—南通	155034
	常熟—太仓主线	104216	太仓主线—常熟	92827
上海段	朱桥（沪苏界）—嘉浏	109336	嘉浏—朱桥（沪苏界）	106883
	嘉浏—新桥	115432	新桥—嘉浏	114161
	新桥—嘉金莘奉金立交	27129	嘉金莘奉金立交—新桥	26715
	嘉金莘奉金立交—金山卫	53569	金山卫—嘉金莘奉金立交	50535
浙江段	浙沪主线—宁波北	85517	宁波北—浙沪主线	66432
	宁波姜山—宁海	103747	宁海—宁波姜山	73912
	宁海—吴岙	100733	吴岙—宁海	67778
	吴岙—台州	125847	台州—吴岙	90498
	台州—温州	87046	温州—台州	66718
	温州—平阳	82232	平阳—温州	66243
	平阳—分水关（浙闽界）	81372	分水关（浙闽界）—平阳	75825
福建段	闽浙—福州	62376	福州—闽浙	64309
	福州—莆田	61355	莆田—福州	63329
	莆田—泉州	69890	泉州—莆田	70593
	泉州—厦门	73527	厦门—泉州	75181
	厦门—漳州	57084	漳州—厦门	63917
	漳州—闽粤界	27089	闽粤界—漳州	22516
广东段	汾水关—汕头	49699	汕头—汾水关	41570
	汕头—陆丰	28999	陆丰—汕头	27629
	陆丰—深圳	38498	深圳—陆丰	35705
	深圳—广州	66420	广州—深圳	69755
	广州—阳江	91832	阳江—广州	87272
	阳江—湛江	67535	湛江—阳江	62995
	湛江—徐闻	18296	徐闻—湛江	37669

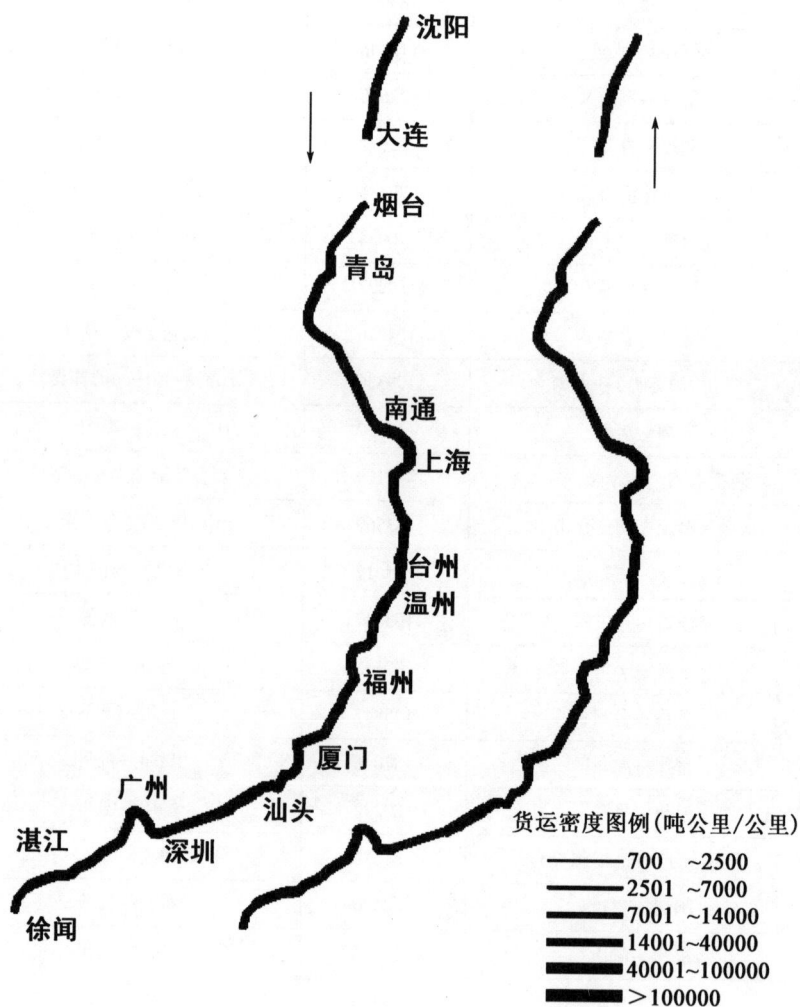

图 3-12　2018 年沈海高速公路（G15）日均货运密度

3.7 青银高速公路(G20)日均运输密度

3.7.1 2018 年青银高速公路(G20)日均客运密度分布如表 3-13 和图 3-13 所示。

2018 年青银高速公路(G20)日均客运密度 表 3-13

路 段	路段起止点	客运密度 (人公里/公里)	路段起止点	客运密度 (人公里/公里)
山东段	青岛—胶州	18078	胶州—青岛	17828
	胶州—潍坊	14236	潍坊—胶州	14180
	潍坊—济南	21520	济南—潍坊	19151
	济南—齐河	23390	齐河—济南	22070
	齐河—青银鲁冀	12668	青银鲁冀—齐河	12658
河北段	清河(冀鲁界)—栾城	13343	栾城—清河(冀鲁界)	13427
	栾城—石家庄	9410	石家庄—栾城	9299
	石家庄—井陉西(冀晋界)	17271	井陉西(冀晋界)—石家庄	18470
山西段	旧关(晋冀界)—阳泉	5465	阳泉—旧关(晋冀界)	7674
	阳泉—太原	23139	太原—阳泉	25264
	太原—罗城	18784	罗城—太原	18815
	罗城—交城	56400	交城—罗城	55694
	交城—吕梁	20814	吕梁—交城	20373
	吕梁—柳林	14946	柳林—吕梁	5856
陕西段	吴堡主线(陕晋界)—靖边	2494	靖边—吴堡主线(陕晋界)	2192
	靖边—王圈梁(陕宁界)	7931	王圈梁(陕宁界)—靖边	7818
宁夏段	盐池主线(宁陕界)—临河	12054	临河—盐池主线(宁陕界)	12069
	临河—银川	40507	银川—临河	44913

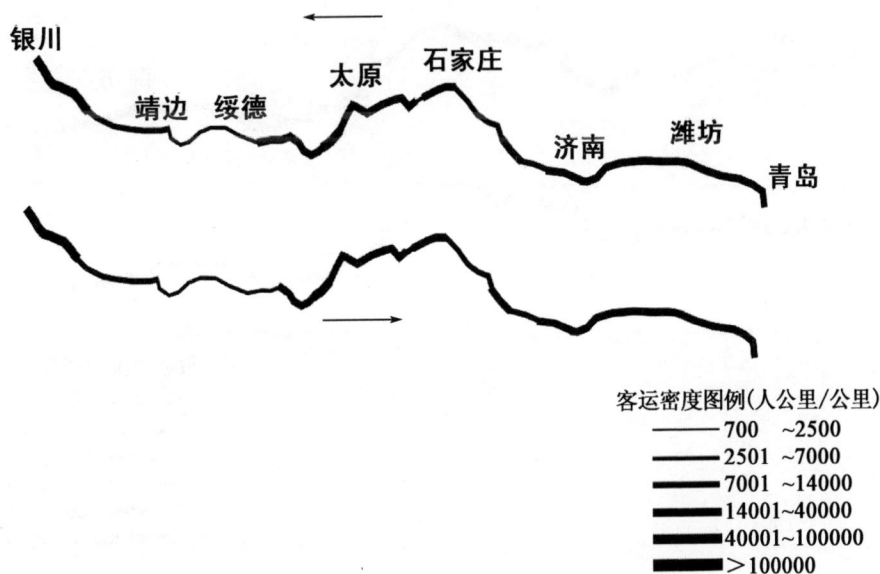

客运密度图例(人公里/公里)
—— 700 ~2500
—— 2501 ~7000
—— 7001 ~14000
—— 14001~40000
—— 40001~100000
—— >100000

图 3-13 2018 年青银高速公路(G20)日均客运密度

3.7.2 2018 年青银高速公路（G20）日均货运密度分布如表 3-14 和图 3-14 所示。

2018 年青银高速公路（G20）日均货运密度　　　　　　　表 3-14

路　段	路段起止点	货运密度（吨公里/公里）	路段起止点	货运密度（吨公里/公里）
山东段	青岛—胶州	16610	胶州—青岛	13114
	胶州—潍坊	10160	潍坊—胶州	8583
	潍坊—济南	21753	济南—潍坊	24372
	济南—齐河	120971	齐河—济南	103200
	齐河—青银鲁冀	91100	青银鲁冀—齐河	193595
河北段	清河（冀鲁界）—栾城	26417	栾城—清河（冀鲁界）	66869
	栾城—石家庄	37999	石家庄—栾城	133733
	石家庄—井陉西（冀晋界）	33666	井陉西（冀晋界）—石家庄	66133
山西段	旧关（晋冀界）—阳泉	63664	阳泉—旧关（晋冀界）	86692
	阳泉—太原	70729	太原—阳泉	91923
	太原—罗城	62596	罗城—太原	50029
	罗城—交城	109607	交城—罗城	89770
	交城—吕梁	76310	吕梁—交城	159549
	吕梁—柳林	117726	柳林—吕梁	103381
陕西段	吴堡主线（陕晋界）—靖边	65846	靖边—吴堡主线（陕晋界）	30883
	靖边—王圈梁（陕宁界）	54262	王圈梁（陕宁界）—靖边	50840
宁夏段	盐池主线（宁陕界）—临河	13974	临河—盐池主线（宁陕界）	15511
	临河—银川	29603	银川—临河	29640

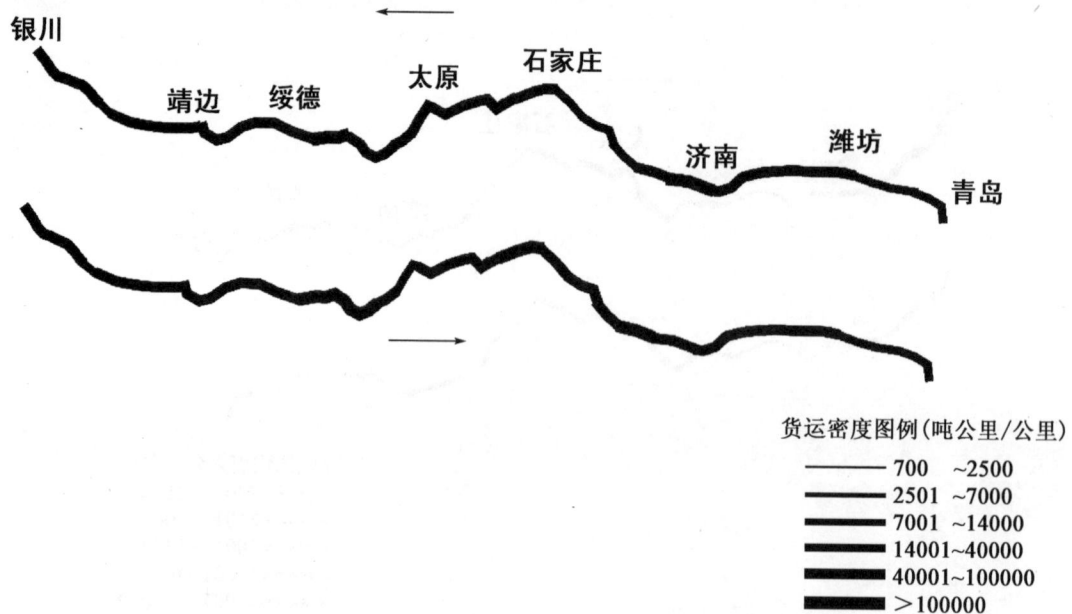

货运密度图例（吨公里/公里）

——	700　~2500
——	2501~7000
——	7001~14000
——	14001~40000
——	40001~100000
——	＞100000

图 3-14　2018 年青银高速公路（G20）日均货运密度

3.8 连霍高速公路(G30)日均运输密度

3.8.1 2018 年连霍高速公路(G30)日均客运密度分布如表 3-15 和图 3-15 所示。

2018 年连霍高速公路(G30)日均客运密度   表 3-15

路　段	路段起止点	客运密度 (人公里/公里)	路段起止点	客运密度 (人公里/公里)
江苏段	连云港—徐州	15824	徐州—连云港	15962
	徐州—苏皖省界	22199	苏皖省界—徐州	21213
安徽段	皖苏—皖豫	23616	皖豫—皖苏	24783
河南段	连霍豫皖界—商丘	24413	商丘—连霍豫皖界	29855
	商丘—开封	35222	开封—商丘	39338
	开封—郑州	73037	郑州—开封	76499
	郑州—洛阳	47518	洛阳—郑州	46090
	洛阳—三门峡	28768	三门峡—洛阳	27351
	三门峡—连霍豫陕界	19651	连霍豫陕界—三门峡	18518
陕西段	潼关(陕豫界)—西安	40666	西安—潼关(陕豫界)	41975
	西安—咸阳	65183	咸阳—西安	67579
	咸阳—杨凌	43710	杨凌—咸阳	45898
	杨凌—宝鸡	25368	宝鸡—杨凌	25880
	宝鸡—陈仓(陕甘界)	6390	陈仓(陕甘界)—宝鸡	6472
甘肃段	陈仓(甘陕界)—天水	4075	天水—陈仓(甘陕界)	4255
	天水—定西	9095	定西—天水	9067
	定西—兰州	33383	兰州—定西	33038
	兰州—龙泉寺	25214	龙泉寺—兰州	22840
	龙泉寺—华藏寺	11048	华藏寺—龙泉寺	10947
	华藏寺—双塔	8687	双塔—华藏寺	8969
	双塔—武威	14347	武威—双塔	14500
	武威—张掖	6185	张掖—武威	6565
	张掖—清水主线	6905	清水主线—张掖	7449
	清水主线—嘉峪关	7289	嘉峪关—清水主线	7917
	嘉峪关—瓜州站	6991	瓜州站—嘉峪关	7837
	瓜州站—柳园北主线(甘疆界)	2622	柳园北主线(甘疆界)—瓜州站	2256

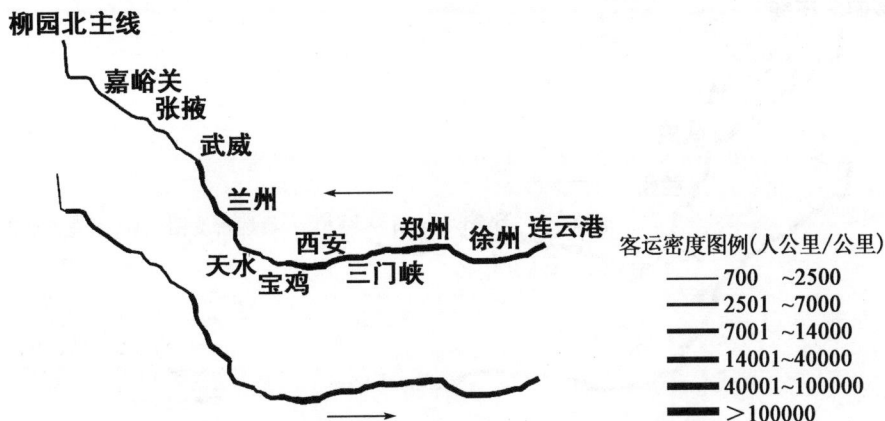

图 3-15   2018 年连霍高速公路(G30)日均客运密度

3.8.2　2018 年连霍高速公路（G30）日均货运密度分布如表 3-16 和图 3-16 所示。

2018 年连霍高速公路（G30）日均货运密度　　　　　　　　　　表 3-16

路　段	路段起止点	货运密度 （吨公里/公里）	路段起止点	货运密度 （吨公里/公里）
江苏段	连云港—徐州	31987	徐州—连云港	30623
	徐州—苏皖省界	109325	苏皖省界—徐州	182146
安徽段	皖苏—皖豫	44591	皖豫—皖苏	39958
河南段	连霍豫皖界—商丘	27468	商丘—连霍豫皖界	32160
	商丘—开封	45671	开封—商丘	55780
	开封—郑州	93885	郑州—开封	96619
	郑州—洛阳	94766	洛阳—郑州	97880
	洛阳—三门峡	165199	三门峡—洛阳	119917
	三门峡—连霍豫陕界	178544	连霍豫陕界—三门峡	115478
陕西段	潼关(陕豫界)—西安	143677	西安—潼关(陕豫界)	116656
	西安—咸阳	38739	咸阳—西安	46799
	咸阳—杨凌	38796	杨凌—咸阳	50185
	杨凌—宝鸡	34715	宝鸡—杨凌	35523
	宝鸡—陈仓(陕甘界)	14572	陈仓(陕甘界)—宝鸡	21672
甘肃段	陈仓(甘陕界)—天水	18834	天水—陈仓(甘陕界)	12650
	天水—定西	5338	定西—天水	6955
	定西—兰州	49680	兰州—定西	46127
	兰州—龙泉寺	39810	龙泉寺—兰州	40226
	龙泉寺—华藏寺	11939	华藏寺—龙泉寺	15062
	华藏寺—双塔	11821	双塔—华藏寺	15610
	双塔—武威	26993	武威—双塔	37754
	武威—张掖	39544	张掖—武威	42566
	张掖—清水主线	30113	清水主线—张掖	31260
	清水主线—嘉峪关	36981	嘉峪关—清水主线	37585
	嘉峪关—瓜州站	29362	瓜州站—嘉峪关	28408
	瓜洲站—柳园北主线(甘疆界)	14783	柳园北主线(甘疆界)—瓜洲站	13924

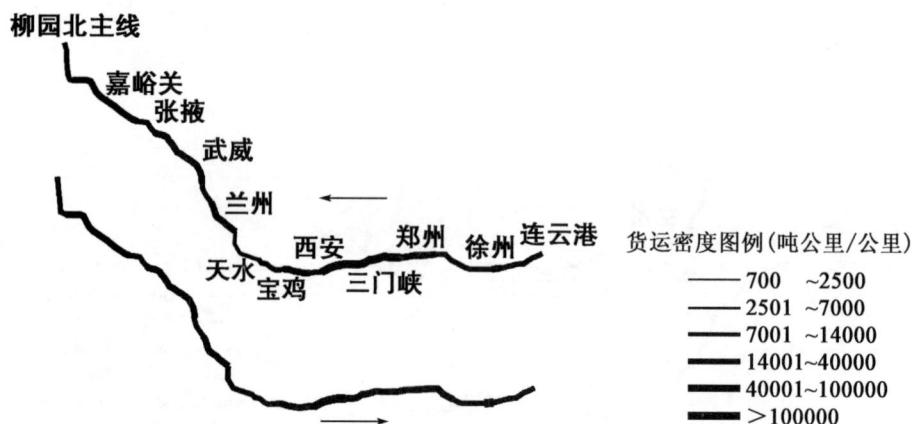

柳园北主线
嘉峪关
张掖
武威
兰州
西安　郑州　徐州　连云港
天水　　三门峡
宝鸡

货运密度图例(吨公里/公里)
—— 700 ~2500
—— 2501 ~7000
—— 7001 ~14000
—— 14001~40000
—— 40001~100000
—— >100000

图 3-16　2018 年连霍高速公路（G30）日均货运密度

3.9 宁洛高速公路(G36)日均运输密度

3.9.1 2018 年宁洛高速公路(G36)日均客运密度分布如表 3-17 和图 3-17 所示。

2018 年宁洛高速公路(G36)日均客运密度   表 3-17

路　　段	路段起止点	客运密度 (人公里/公里)	路段起止点	客运密度 (人公里/公里)
安徽段	曹庄(皖苏界)—滁州	71959	滁州—曹庄(皖苏界)	71614
	滁州—蚌埠	62898	蚌埠—滁州	67384
	蚌埠—界首(皖豫界)	35678	界首(皖豫界)—蚌埠	32836
河南段	宁洛豫皖界—漯河	29350	漯河—宁洛豫皖界	29967
	漯河—平顶山	20247	平顶山—漯河	21214
	平顶山—洛阳	18565	洛阳—平顶山	19019

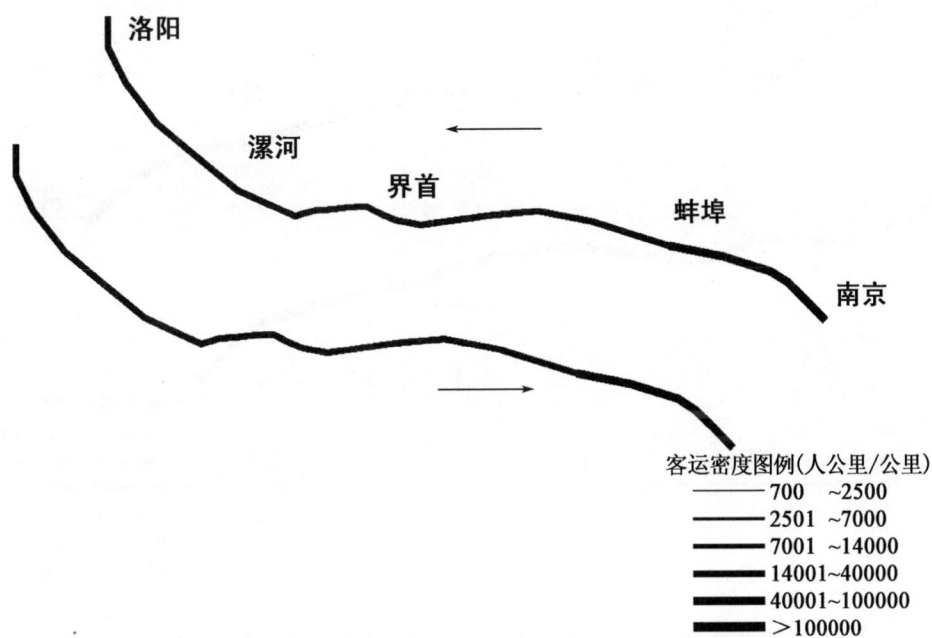

图 3-17 2018 年宁洛高速公路(G36)日均客运密度

客运密度图例(人公里/公里)
700 ～2500
2501 ～7000
7001 ～14000
14001～40000
40001～100000
＞100000

3.9.2　2018 年宁洛高速公路(G36)日均货运密度分布如表 3-18 和图 3-18 所示。

2018 年宁洛高速公路(G36)日均货运密度　　　　　　　表 3-18

路　段	路段起止点	货运密度 (吨公里/公里)	路段起止点	货运密度 (吨公里/公里)
安徽段	曹庄(皖苏界)—滁州	86065	滁州—曹庄(皖苏界)	86618
	滁州—蚌埠	75310	蚌埠—滁州	67634
	蚌埠—界首(皖豫界)	50946	界首(皖豫界)—蚌埠	48204
河南段	宁洛豫皖界—漯河	39885	漯河—宁洛豫皖界	62053
	漯河—平顶山	29461	平顶山—漯河	87665
	平顶山—洛阳	31849	洛阳—平顶山	58464

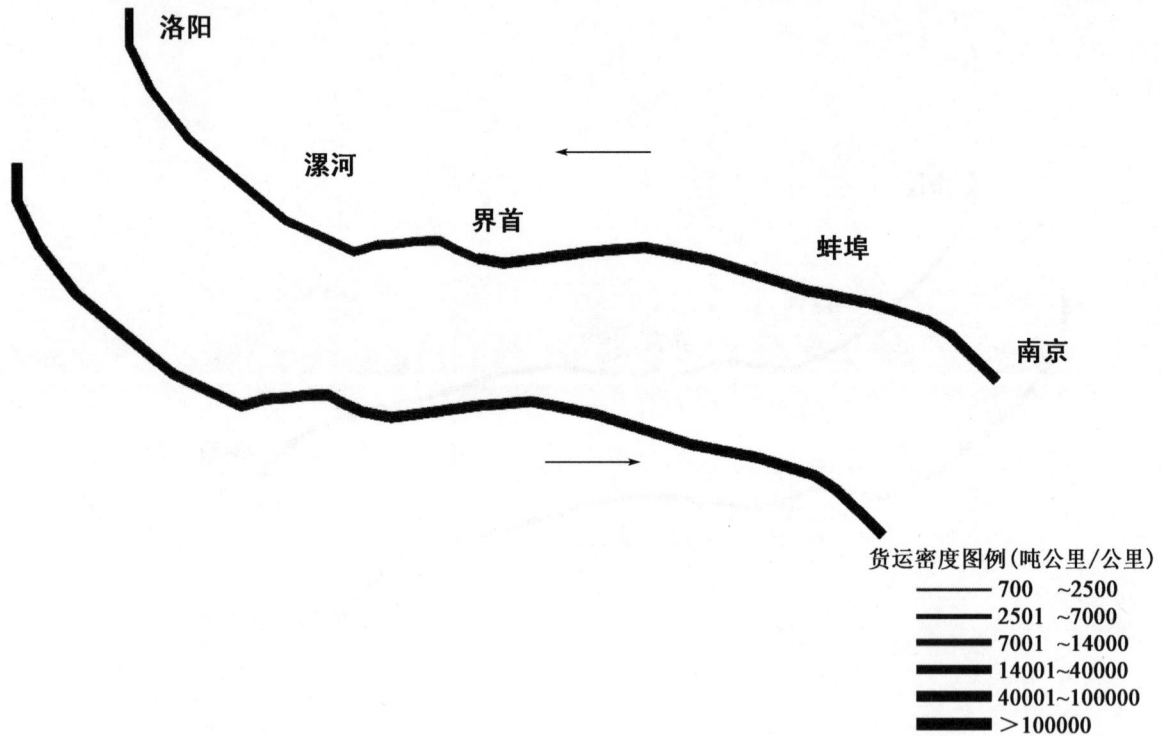

图 3-18　2018 年宁洛高速公路(G36)日均货运密度

3.10　沪陕高速公路(G40)日均运输密度

3.10.1　**2018 年沪陕高速公路(G40)日均客运密度分布如表 3-19 和图 3-19 所示。**

2018 年沪陕高速公路(G40)日均客运密度　　　　　　表 3-19

路　　段	路段起止点	客运密度 (人公里/公里)	路段起止点	客运密度 (人公里/公里)
江苏段	南通—广陵	36540	广陵—南通	37193
	广陵—南京	44559	南京—广陵	43636
	南京—皖苏界	35641	皖苏界—南京	39319
安徽段	吴庄(皖苏界)—合肥	40250	合肥—吴庄(皖苏界)	40639
	合肥—叶集(皖豫界)	47379	叶集(皖豫界)—合肥	44775
河南段	沪陕豫皖界—南阳	17308	南阳—沪陕豫皖界	16586
	南阳—沪陕豫陕界	13857	沪陕豫陕界—南阳	12799
陕西段	界牌(陕豫界)—商洛	6425	商洛—界牌(陕豫界)	6375
	商洛—西安	19023	西安—商洛	18435

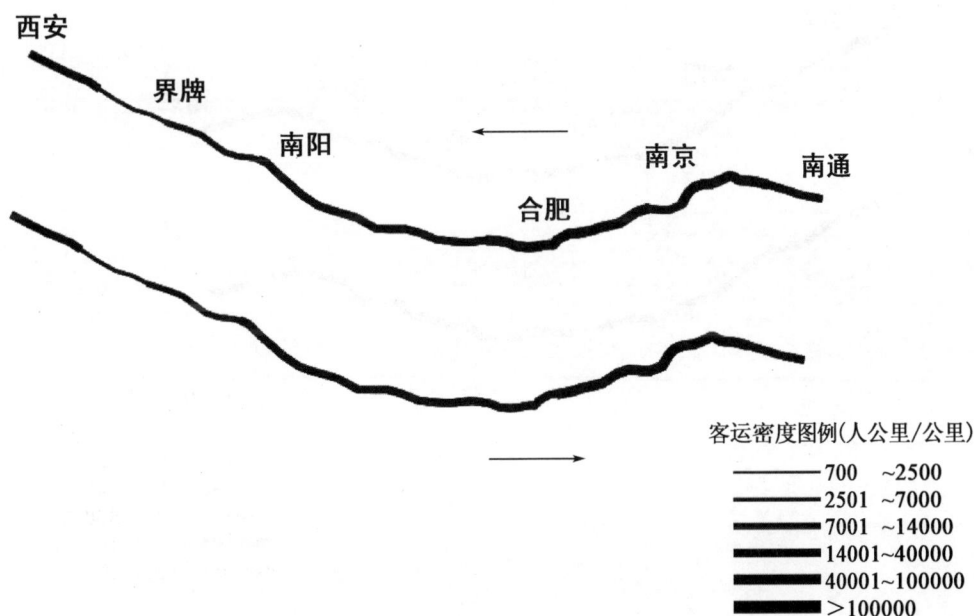

客运密度图例(人公里/公里)

——————	700　～2500
——————	2501　～7000
——————	7001　～14000
——————	14001～40000
——————	40001～100000
——————	>100000

图 3-19　2018 年沪陕高速公路(G40)日均客运密度

3.10.2 2018 年沪陕高速公路（G40）日均货运密度分布如表 3-20 和图 3-20 所示。

2018 年沪陕高速公路（G40）日均货运密度　　　　表 3-20

路　　段	路段起止点	货运密度（吨公里/公里）	路段起止点	货运密度（吨公里/公里）
江苏段	南通—广陵	21107	广陵—南通	19789
	广陵—南京	34684	南京—广陵	32335
	南京—皖苏界	69511	皖苏界—南京	82520
安徽段	吴庄（皖苏界）—合肥	38602	合肥—吴庄（皖苏界）	47782
	合肥—叶集（皖豫界）	82002	叶集（皖豫界）—合肥	79932
河南段	沪陕豫皖界—南阳	21427	南阳—沪陕豫皖界	21531
	南阳—沪陕豫陕界	36814	沪陕豫陕界—南阳	47404
陕西段	界牌（陕豫界）—商洛	70251	商洛—界牌（陕豫界）	110555
	商洛—西安	68283	西安—商洛	105552

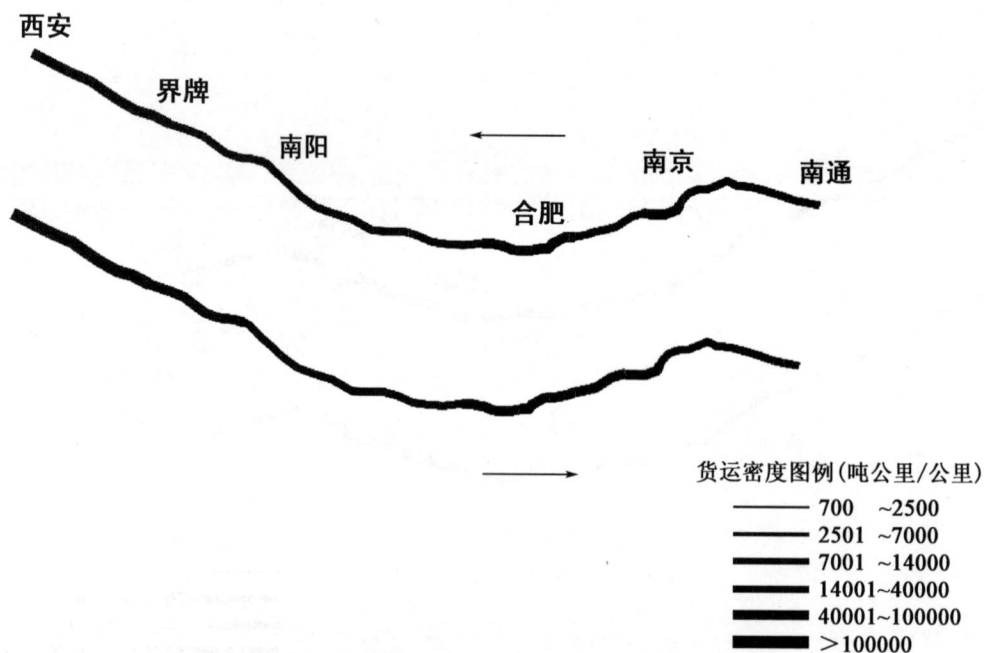

图 3-20　2018 年沪陕高速公路（G40）日均货运密度

3.11　沪蓉高速公路(G42)日均运输密度

3.11.1 2018年沪蓉高速公路(G42)日均客运密度分布如表3-21和图3-21所示。

2018年沪蓉高速公路(G42)日均客运密度　　　　　　　　　　表3-21

路　　段	路段起止点	客运密度 (人公里/公里)	路段起止点	客运密度 (人公里/公里)
上海段	江桥—安亭主线(沪苏界)	131534	安亭主线(沪苏界)—江桥	127652
江苏段	花桥主线(苏沪界)—苏州北	99520	苏州北—花桥主线(苏沪界)	104727
	苏州北—无锡	151283	无锡—苏州北	154458
	无锡—南京	112197	南京—无锡	112379
	南京—苏皖界	35641	苏皖界—南京	39319
安徽段	吴庄(皖苏界)—合肥	40639	合肥—吴庄(皖苏界)	40250
	合肥—六安	59051	六安—合肥	55770
	六安—长岭关(皖鄂界)	23974	长岭关(皖鄂界)—六安	22658
湖北段	麻城—武汉	18032	武汉—麻城	17890
	武汉—荆门	20023	荆门—武汉	19181
	荆门—宜昌	18838	宜昌—荆门	16823
	宜昌—神农溪	11846	神农溪—宜昌	11137
重庆段	巫山—云阳	13970	云阳—巫山	13701
	云阳—垫江	15498	垫江—云阳	15783
	垫江—邻水	6512	邻水—垫江	6391
四川段	邻水—南充	14754	南充—邻水	15670
	南充—遂宁	28882	遂宁—南充	29374
	遂宁—成都	38015	成都—遂宁	38375

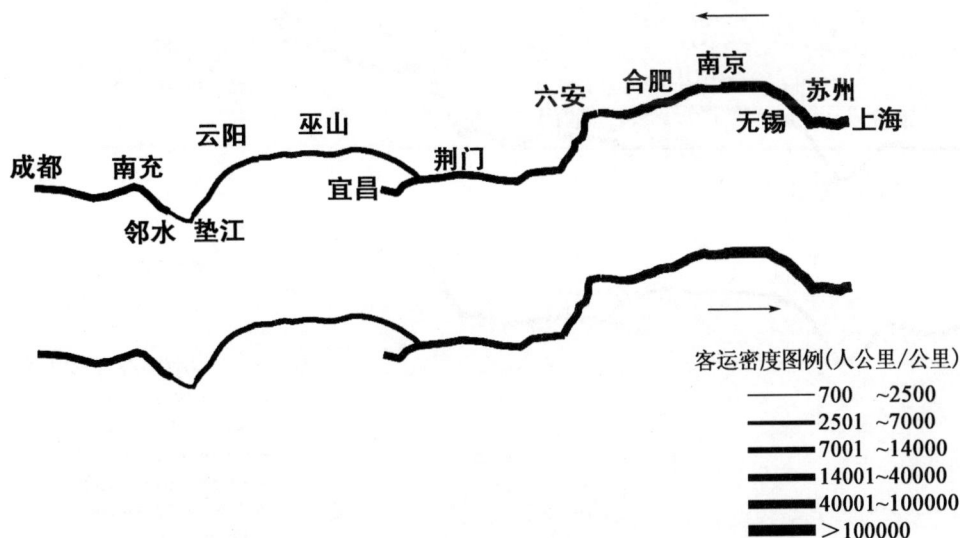

图3-21　2018年沪蓉高速公路(G42)日均客运密度

3.11.2 2018 年沪蓉高速公路（G42）日均货运密度分布如表 3-22 和图 3-22 所示。

2018 年沪蓉高速公路（G42）日均货运密度 表 3-22

路　　段	路段起止点	货运密度（吨公里/公里）	路段起止点	货运密度（吨公里/公里）
上海段	江桥—安亭主线（沪苏界）	65981	安亭主线（沪苏界）—江桥	65447
江苏段	花桥主线（苏沪界）—苏州北	81167	苏州北—花桥主线（苏沪界）	82196
	苏州北—无锡	175197	无锡—苏州北	165678
	无锡—南京	80824	南京—无锡	82285
	南京—苏皖界	69511	苏皖界—南京	82520
安徽段	吴庄（皖苏界）—合肥	47782	合肥—吴庄（皖苏界）	38602
	合肥—六安	59051	六安—合肥	55770
	六安—长岭关（皖鄂界）	73112	长岭关（皖鄂界）—六安	70668
湖北段	麻城—武汉	51200	武汉—麻城	37692
	武汉—荆门	15631	荆门—武汉	15220
	荆门—宜昌	25745	宜昌—荆门	16593
	宜昌—神农溪	13305	神农溪—宜昌	7804
重庆段	巫山—云阳	16256	云阳—巫山	15113
	云阳—垫江	15754	垫江—云阳	18473
	垫江—邻水	11042	邻水—垫江	13567
四川段	邻水—南充	16684	南充—邻水	9918
	南充—遂宁	24115	遂宁—南充	28839
	遂宁—成都	37046	成都—遂宁	28813

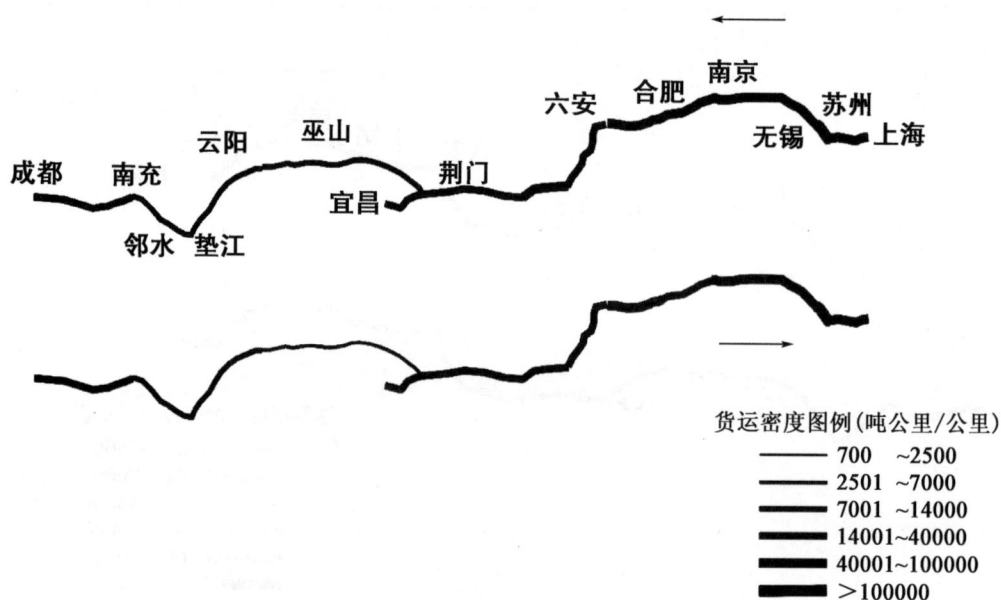

货运密度图例（吨公里/公里）
　　　700　~2500
　　　2501 ~7000
　　　7001 ~14000
　　　14001~40000
　　　40001~100000
　　　>100000

图 3-22　2018 年沪蓉高速公路（G42）日均货运密度

3.12 沪渝高速公路(G50)日均运输密度

3.12.1 2018年沪渝高速公路(G50)日均客运密度分布如表3-23和图3-23所示。

2018年沪渝高速公路(G50)日均客运密度   表3-23

路 段	路段起止点	客运密度 (人公里/公里)	路段起止点	客运密度 (人公里/公里)
上海段	徐泾—嘉松	127620	嘉松—徐泾	122342
	嘉松—G50沪苏(苏沪界)	65279	G50沪苏(苏沪界)—嘉松	62513
江苏段	苏沪主线—苏浙省界	47212	苏浙省界—苏沪主线	44054
浙江段	浙苏主线—湖州	23429	湖州—浙苏主线	21160
	湖州—浙皖主线	22514	浙皖主线—湖州	22094
安徽段	广德(皖浙界)—宣城	42140	宣城—广德(皖浙界)	42380
	宣城—芜湖	30420	芜湖—宣城	29361
	芜湖—安庆	29118	安庆—芜湖	27395
	安庆—怀宁	31209	怀宁—安庆	32901
	怀宁—宿松(皖鄂界)	26387	宿松(皖鄂界)—怀宁	25986
湖北段	鄂皖界—黄梅	13033	黄梅—鄂皖界	12803
	黄梅—黄石	30996	黄石—黄梅	30849
	黄石—武汉	51219	武汉—黄石	49920
	武汉—荆州	33908	荆州—武汉	32532
	荆州—宜昌	19828	宜昌—荆州	19074
	宜昌—白羊塘(鄂渝界)	13258	白羊塘(鄂渝界)—宜昌	12095
重庆段	冷水(渝鄂界)—垫江	9210	垫江—冷水(渝鄂界)	8990
	垫江—长寿	29188	长寿—垫江	29535
	长寿—重庆	45578	重庆—长寿	45476

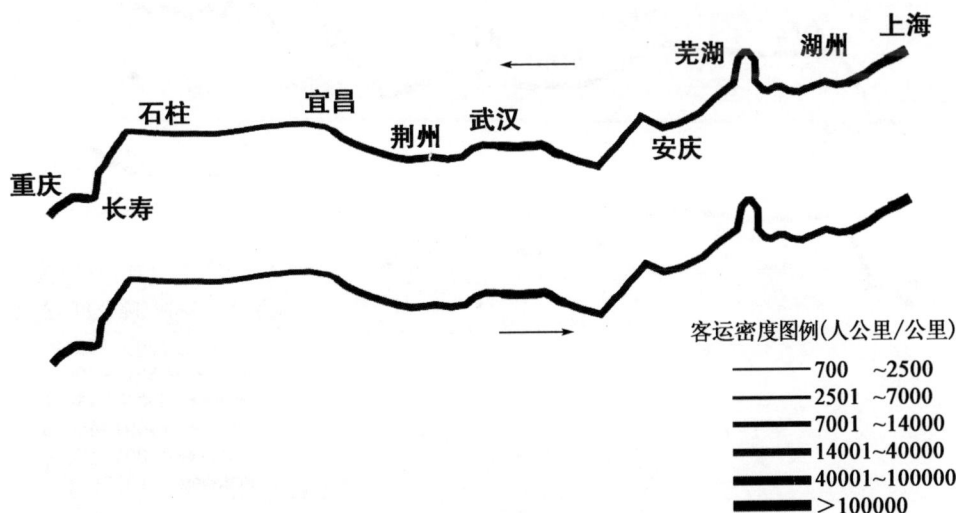

图3-23 2018年沪渝高速公路(G50)日均客运密度

3.12.2 2018年沪渝高速公路(G50)日均货运密度分布如表3-24和图3-24所示。

2018 年沪渝高速公路(G50)日均货运密度   表3-24

路　段	路段起止点	货运密度 (吨公里/公里)	路段起止点	货运密度 (吨公里/公里)
上海段	徐泾—嘉松	19880	嘉松—徐泾	26391
	嘉松—G50沪苏(苏沪界)	23482	G50沪苏(苏沪界)—嘉松	25762
江苏段	苏沪主线—苏浙省界	24281	苏浙省界—苏沪主线	29926
浙江段	浙苏主线—湖州	24061	湖州—浙苏主线	30071
	湖州—浙皖主线	24210	浙皖主线—湖州	33025
安徽段	广德(皖浙界)—宣城	45256	宣城—广德(皖浙界)	45386
	宣城—芜湖	48914	芜湖—宣城	53637
	芜湖—安庆	49419	安庆—芜湖	43576
	安庆—怀宁	48759	怀宁—安庆	49628
	怀宁—宿松(皖鄂界)	77918	宿松(皖鄂界)—怀宁	69940
湖北段	鄂皖界—黄梅	56324	黄梅—鄂皖界	44329
	黄梅—黄石	37769	黄石—黄梅	44150
	黄石—武汉	34508	武汉—黄石	37572
	武汉—荆州	35155	荆州—武汉	28677
	荆州—宜昌	30310	宜昌—荆州	21617
	宜昌—白羊塘(鄂渝界)	26182	白羊塘(鄂渝界)—宜昌	14426
重庆段	冷水(渝鄂界)—垫江	11252	垫江—冷水(渝鄂界)	11010
	垫江—长寿	15351	长寿—垫江	18827
	长寿—重庆	35075	重庆—长寿	29745

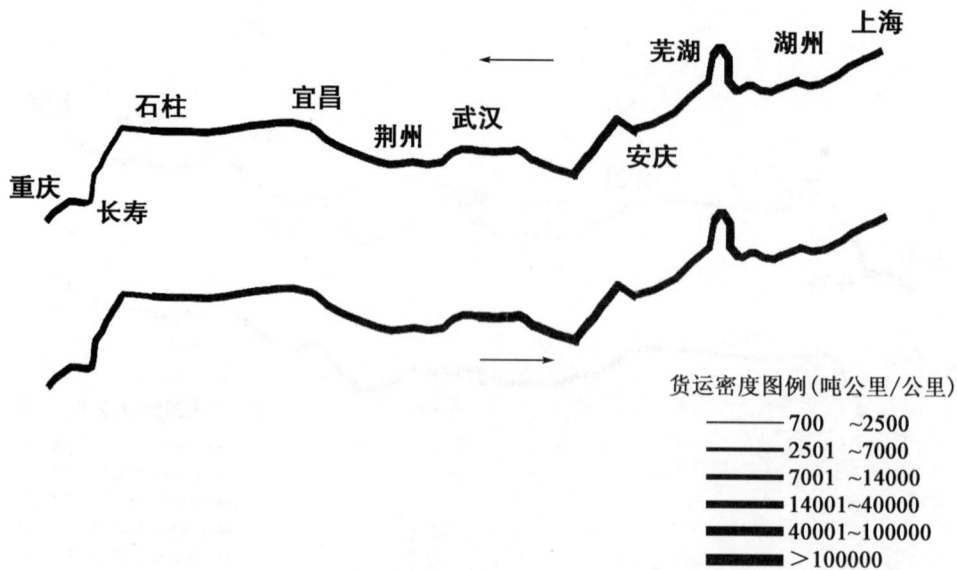

图 3-24　2018 年沪渝高速公路(G50)日均货运密度

3.13 沪昆高速公路(G60)日均运输密度

3.13.1 2018 年沪昆高速公路(G60)日均客运密度分布如表 3-25 和图 3-25 所示。

2018 年沪昆高速公路(G60)日均客运密度　　　　　　　表 3-25

路　段	路段起止点	客运密度 (人公里/公里)	路段起止点	客运密度 (人公里/公里)
上海段	莘庄—新桥	210650	新桥—莘庄	200839
	新桥—大港	144570	大港—新桥	141193
	大港—枫泾(沪浙界)	107771	枫泾(沪浙界)—大港	110617
浙江段	大云(浙沪界)—嘉兴	93936	嘉兴—大云(浙沪界)	89583
	嘉兴—杭州	87339	杭州—嘉兴	86653
	杭州—金华	54176	金华—杭州	53291
	金华—龙游	38558	龙游—金华	38146
	龙游—浙赣界	43326	浙赣界—龙游	41993
江西段	浙赣界—上饶	41510	上饶—浙赣界	38054
	上饶—鹰潭	38576	鹰潭—上饶	37035
	鹰潭—南昌	19296	南昌—鹰潭	18525
	南昌—新余	25298	新余—南昌	29147
	新余—萍乡	31729	萍乡—新余	30527
	萍乡—赣湘界	29757	赣湘界—萍乡	27959
湖南段	赣湘界—株洲	36052	株洲—赣湘界	35185
	株洲—娄底	42403	娄底—株洲	41029
	娄底—邵阳	29487	邵阳—娄底	27953
	邵阳—怀化	32947	怀化—邵阳	33398
	怀化—新晃(湘黔界)	11703	新晃(湘黔界)—怀化	10964
贵州段	大龙主线(黔湘界)—麻江	26661	麻江—大龙主线(黔湘界)	26492
	麻江—贵阳	40490	贵阳—麻江	40506
	贵阳—镇宁	46964	镇宁—贵阳	46703
	镇宁—胜境关(黔滇界)	12984	胜境关(黔滇界)—镇宁	12752
云南段	胜境关(滇黔界)—曲靖	16817	曲靖—胜境关(滇黔界)	24264
	曲靖—嵩明	19121	嵩明—曲靖	40036
	嵩明—昆明	58429	昆明—嵩明	65407

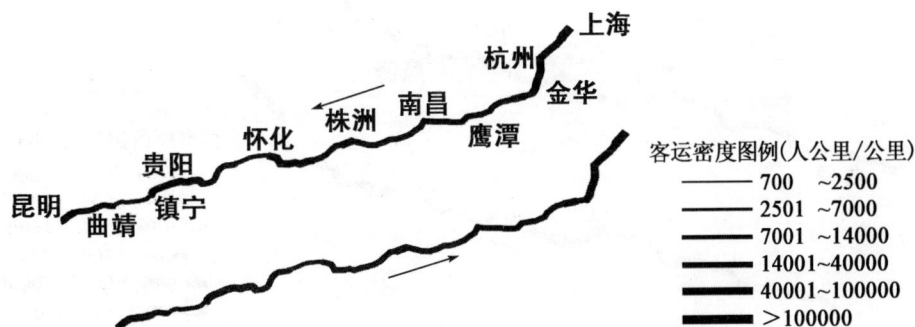

图 3-25　2018 年沪昆高速公路(G60)日均客运密度

3.13.2 2018 年沪昆高速公路（G60）日均货运密度分布如表 3-26 和图 3-26 所示。

2018 年沪昆高速公路（G60）日均货运密度 　　　　　　表 3-26

路　段	路段起止点	货运密度 （吨公里/公里）	路段起止点	货运密度 （吨公里/公里）
上海段	莘庄—新桥	57890	新桥—莘庄	53471
	新桥—大港	35135	大港—新桥	41438
	大港—枫泾（沪浙界）	97354	枫泾（沪浙界）—大港	98356
浙江段	大云（浙沪界）—嘉兴	111386	嘉兴—大云（浙沪界）	100353
	嘉兴—杭州	133243	杭州—嘉兴	109068
	杭州—金华	96004	金华—杭州	70891
	金华—龙游	72628	龙游—金华	87162
	龙游—浙赣界	152124	浙赣界—龙游	151242
江西段	浙赣界—上饶	190946	上饶—浙赣界	184869
	上饶—鹰潭	176557	鹰潭—上饶	179726
	鹰潭—南昌	83612	南昌—鹰潭	86683
	南昌—新余	81387	新余—南昌	76107
	新余—萍乡	51841	萍乡—新余	43126
	萍乡—赣湘界	103256	赣湘界—萍乡	68644
湖南段	赣湘界—株洲	67691	株洲—赣湘界	82252
	株洲—娄底	48815	娄底—株洲	44912
	娄底—邵阳	32179	邵阳—娄底	25421
	邵阳—怀化	58049	怀化—邵阳	44079
	怀化—新晃（湘黔界）	27954	新晃（湘黔界）—怀化	22374
贵州段	大龙主线（黔湘界）—麻江	27669	麻江—大龙主线（黔湘界）	26813
	麻江—贵阳	52386	贵阳—麻江	54354
	贵阳—镇宁	27989	镇宁—贵阳	30479
	镇宁—胜境关（黔滇界）	29752	胜境关（黔滇界）—镇宁	37645
云南段	胜境关（滇黔界）—曲靖	44754	曲靖—胜境关（滇黔界）	36715
	曲靖—嵩明	34599	嵩明—曲靖	27691
	嵩明—昆明	50163	昆明—嵩明	40138

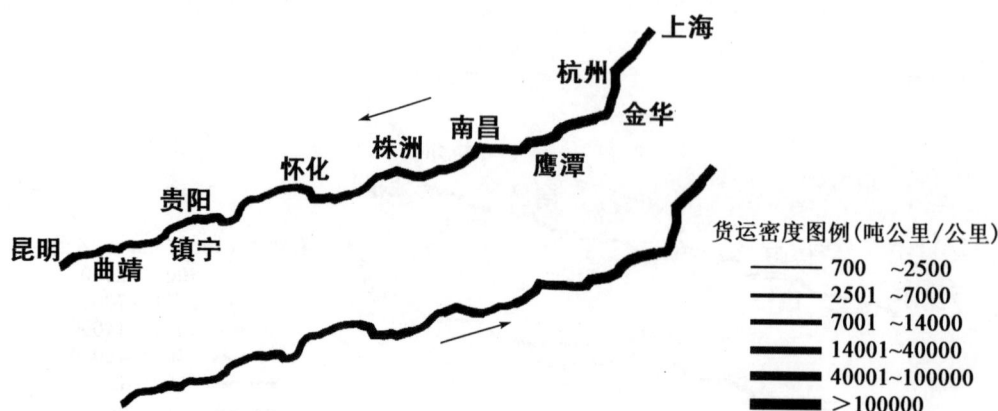

图 3-26　2018 年沪昆高速公路（G60）日均货运密度

3.14　包茂高速公路(G65)日均运输密度

3.14.1　2018 年包茂高速公路(G65)日均客运密度分布如表 3-27 和图 3-27 所示。

2018 年包茂高速公路(G65)日均客运密度　　　　　　　表 3-27

路　　段	路段起止点	客运密度 (人公里/公里)	路段起止点	客运密度 (人公里/公里)
内蒙古段	包头—蒙陕界	5228	蒙陕界—包头	5398
陕西段	陕蒙界—榆林	5761	榆林—陕蒙界	5784
	榆林—靖边	9131	靖边—榆林	9568
	靖边—延安	11375	延安—靖边	11586
	延安—铜川	10009	铜川—延安	10280
	铜川—未央(西安)	2336	未央(西安)—铜川	2370
	西安—安康	16106	安康—西安	16295
	安康—巴山(陕川界)	7913	巴山(陕川界)—安康	7896
四川段	巴山(川陕界)—达州	10519	达州—巴山(川陕界)	9907
	达州—邻水	22404	邻水—达州	20851
	邻水—川渝界	22863	川渝界—邻水	22383
重庆段	草坝场(渝川界)—重庆	24421	重庆—草坝场(渝川界)	24099
	重庆—南川	42092	南川—重庆	39879
	南川—武隆	26587	武隆—南川	25585
	武隆—黔江	14086	黔江—武隆	14078
	黔江—濯水	12065	濯水—黔江	12117
	濯水—洪安(渝湘界)	10862	洪安(渝湘界)—濯水	10866
湖南段	吉首—凤凰	29723	凤凰—吉首	28477
	凤凰—怀化西	27884	怀化西—凤凰	26440
	怀化西—会同	14928	会同—怀化西	14511
	会同—通道	5851	通道—会同	5467
广西段	桂林—梧州	11677	梧州—桂林	11597
	梧州—岑溪	9579	岑溪—梧州	9616

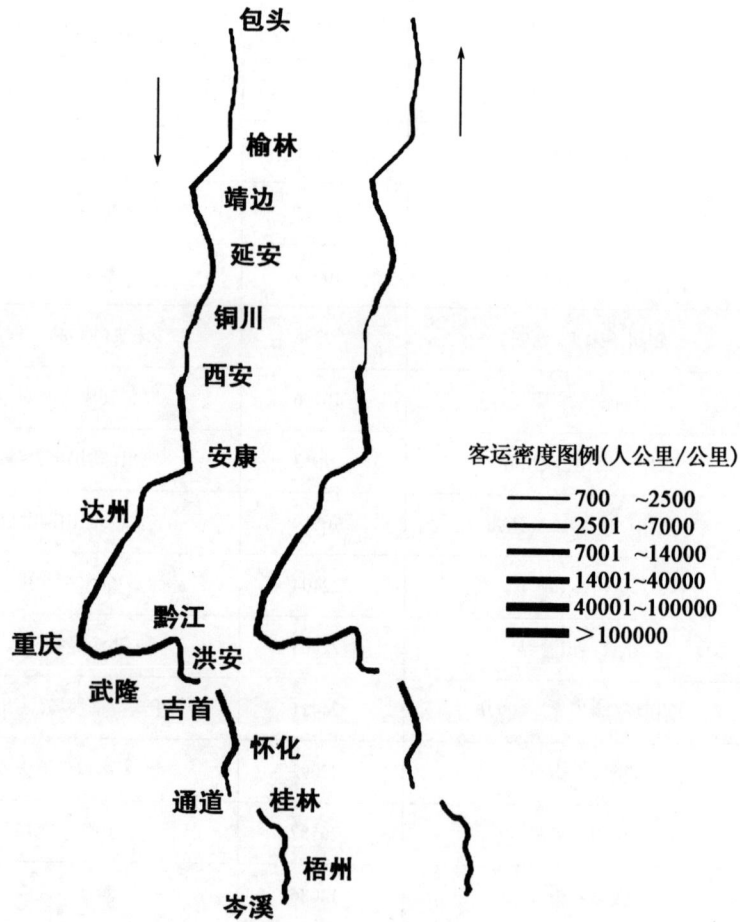

图 3-27   2018 年包茂高速公路（G65）日均客运密度

3.14.2 **2018 年包茂高速公路(G65)日均货运密度分布如表 3-28 和图 3-28 所示。**

路 段	路段起止点	货运密度 (吨公里/公里)	路段起止点	货运密度 (吨公里/公里)
内蒙古段	包头—蒙陕界	27438	蒙陕界—包头	13958
陕西段	陕蒙界—榆林	19915	榆林—陕蒙界	10107
	榆林—靖边	73281	靖边—榆林	39393
	靖边—延安	74929	延安—靖边	26524
	延安—铜川	15362	铜川—延安	14211
	铜川—未央(西安)	17734	未央(西安)—铜川	12576
	西安—安康	28444	安康—西安	49371
	安康—巴山(陕川界)	27384	巴山(陕川界)—安康	51377
四川段	巴山(川陕界)—达州	27442	达州—巴山(川陕界)	47002
	达州—邻水	46108	邻水—达州	31362
	邻水—川渝界	39054	川渝界—邻水	23518
重庆段	草坝场(渝川界)—重庆	39921	重庆—草坝场(渝川界)	22863
	重庆—南川	41689	南川—重庆	51176
	南川—武隆	36414	武隆—南川	43917
	武隆—黔江	37332	黔江—武隆	45751
	黔江—濯水	34577	濯水—黔江	44617
	濯水—洪安(渝湘界)	32879	洪安(渝湘界)—濯水	44304
湖南段	吉首—凤凰	56078	凤凰—吉首	47849
	凤凰—怀化西	28543	怀化西—凤凰	43258
	怀化西—会同	12979	会同—怀化西	18397
	会同—通道	5839	通道—会同	8940
广西段	桂林—梧州	10200	梧州—桂林	12740
	梧州—岑溪	8079	岑溪—梧州	12424

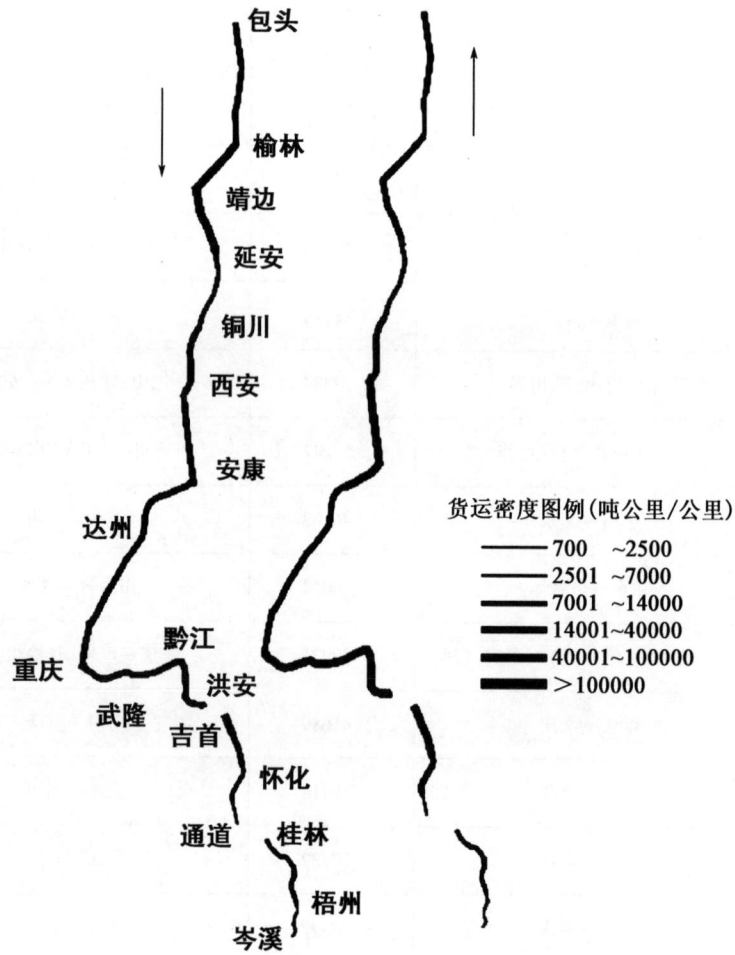

图 3-28　2018 年包茂高速公路(G65)日均货运密度

3.15 兰海高速公路(G75)日均运输密度

3.15.1 2018年兰海高速公路(G75)日均客运密度分布如表3-29和图3-29所示。

2018年兰海高速公路(G75)日均客运密度　　　　　　　　　表3-29

路　段	路段起止点	客运密度 (人公里/公里)	路段起止点	客运密度 (人公里/公里)
甘肃段	兰州—康家崖	27718	康家崖—兰州	24731
	康家崖—临洮	6949	临洮—康家崖	6343
四川段	川甘界—广元	6267	广元—川甘界	6609
	广元—南充	13396	南充—广元	12711
	南充—南渝四川站	15729	南渝四川站—南充	15566
重庆段	兴山(渝川界)—合川	16556	合川—兴山(渝川界)	16997
	合川—重庆	46413	重庆—合川	47068
	重庆—綦江	51348	綦江—重庆	50105
	綦江—崇溪河(渝黔界)	20939	崇溪河(渝黔界)—綦江	20097
贵州段	松坎主线(黔渝界)—遵义	21023	遵义—松坎主线(黔渝界)	21419
	遵义—贵阳	39916	贵阳—遵义	39459
	贵阳—都匀	36173	都匀—贵阳	36163
	都匀—新寨(黔桂界)	17016	新寨(黔桂界)—都匀	16866
广西段	六寨(桂黔界)—都安	5724	都安—六寨(桂黔界)	5478
	都安—南宁	15802	南宁—都安	16002
	南宁—钦州	29048	钦州—南宁	29537
	钦州—桂海(桂粤界)	22692	桂海(桂粤界)—钦州	21405
广东段	粤西(粤桂界)—湛江	4252	湛江—粤西(粤桂界)	14730

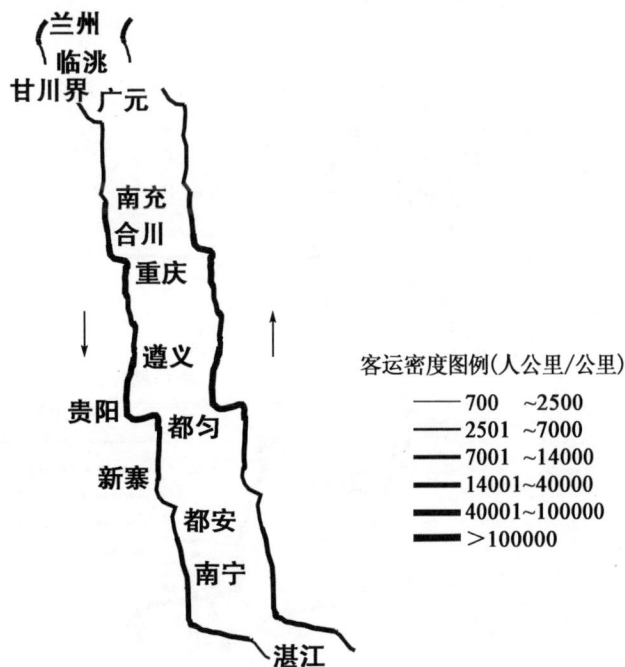

图3-29 2018年兰海高速公路(G75)日均客运密度

3.15.2 2018 年兰海高速公路(G75)日均货运密度分布如表 3-30 和图 3-30 所示。

2018 年兰海高速公路(G75)日均货运密度

表 3-30

路　段	路段起止点	货运密度 (吨公里/公里)	路段起止点	货运密度 (吨公里/公里)
甘肃段	兰州—康家崖	7148	康家崖—兰州	5092
	康家崖—临洮	1681	临洮—康家崖	1388
四川段	甘川界—广元	15327	广元—甘川界	12243
	广元—南充	26592	南充—广元	14813
	南充—南渝四川站	7536	南渝四川站—南充	7543
重庆段	兴山(渝川界)—合川	9669	合川—兴山(渝川界)	10275
	合川—重庆	36745	重庆—合川	17907
	重庆—綦江	22142	綦江—重庆	21464
	綦江—崇溪河(渝黔界)	21195	崇溪河(渝黔界)—綦江	17910
贵州段	松坎主线(黔渝界)—遵义	17439	遵义—松坎主线(黔渝界)	15668
	遵义—贵阳	16142	贵阳—遵义	15430
	贵阳—都匀	48926	都匀—贵阳	46157
	都匀—新寨(黔桂界)	28833	新寨(黔桂界)—都匀	31771
广西段	六寨(桂黔界)—都安	10057	都安—六寨(桂黔界)	14448
	都安—南宁	11392	南宁—都安	12905
	南宁—钦州	35363	钦州—南宁	57305
	钦州—桂海(桂粤界)	36827	桂海(桂粤界)—钦州	24754
广东段	粤西(粤桂界)—湛江	1572	湛江—粤西(粤桂界)	29015

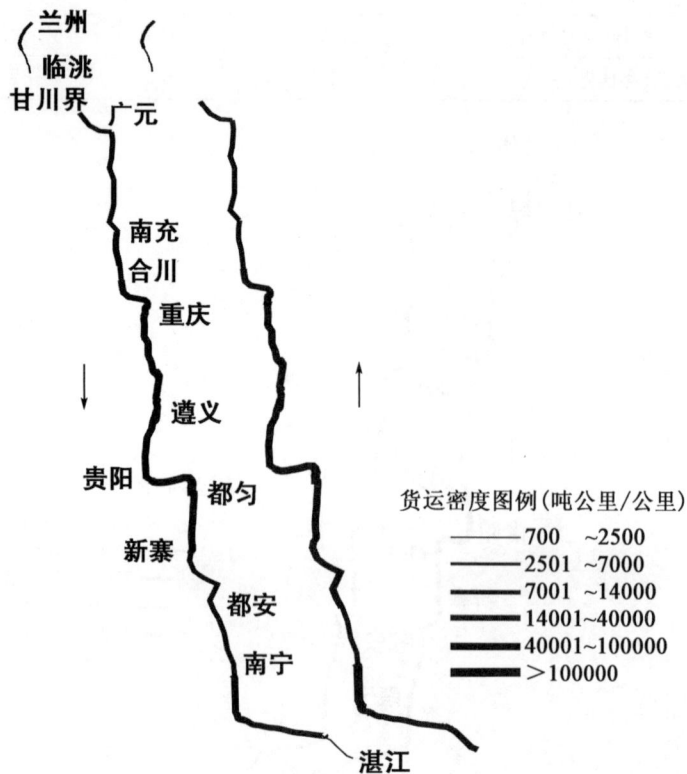

图 3-30 2018 年兰海高速公路(G65)日均货运密度

第4章 部分省(直辖市)高速公路日均运输密度

4.1 天津市高速公路日均运输密度

4.1.1 2018年天津市高速公路日均客运密度分布如表4-1和图4-1所示。

2018年天津市高速公路日均客运密度

表 4-1

路段起止点	客运密度 (人公里/公里)	路段起止点	客运密度 (人公里/公里)
高村—徐庄	42518	徐庄—高村	41973
徐庄—汉沽	22518	汉沽—徐庄	22756
汉沽—独流	26753	独流—汉沽	26412
独流—九宣闸	10849	九宣闸—独流	9591
徐庄—东堤头	20693	东堤头—徐庄	20601
东堤头—北塘	20257	北塘—东堤头	16905
莲花岭—宝坻北	21675	宝坻北—莲花岭	21454
宝坻北—津蓟天津	39065	津蓟天津—宝坻北	37263
汉沽—芦台	13491	芦台—汉沽	13729
宁河—塘沽西	13197	塘沽西—宁河	13737
塘沽西—陈官屯	15752	陈官屯—塘沽西	16388
津静—九宣闸	17868	九宣闸—津静	18832
杨柳青—津晋高速塘沽	17657	津晋高速塘沽—杨柳青	17930
津港天津—大港	36123	大港—津港天津	37780
荣乌天津—霍庄子	23501	霍庄子—荣乌天津	24889
泗村店—天津机场	23614	天津机场—泗村店	21750
天津机场—塘沽	40765	塘沽—天津机场	50167
大羊坊—泗村店	33360	泗村店—大羊坊	34599
京沈互通新安镇—七里海	3123	七里海—京沈互通新安镇	2931
北辰东—芦台西	12621	芦台西—北辰东	13243

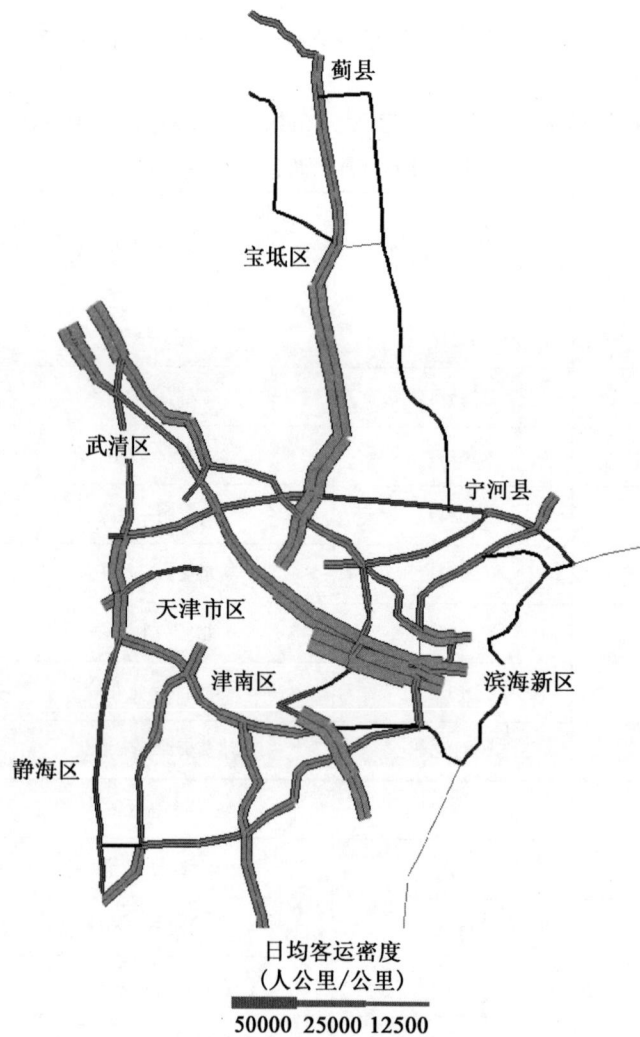

图4-1　2018年天津市高速公路日均客运密度
注:未含津滨高速公路和海滨高速公路。

4.1.2　2018 年天津市高速公路日均货运密度分布如表 4-2 和图 4-2 所示。

表 4-2

路段起止点	货运密度 (吨公里/公里)	路段起止点	货运密度 (吨公里/公里)
高村—徐庄	23792	徐庄—高村	44161
徐庄—汉沽	50135	汉沽—徐庄	58050
汉沽—独流	88691	独流—汉沽	88861
独流—九宣闸	29525	九宣闸—独流	30630
徐庄—东堤头	14401	东堤头—徐庄	28706
东堤头—北塘	24392	北塘—东堤头	40559
莲花岭—宝坻北	12792	宝坻北—莲花岭	7486
宝坻北—津蓟天津	28122	津蓟天津—宝坻北	18569
汉沽—芦台	110011	芦台—汉沽	110397
宁河—塘沽西	171386	塘沽西—宁河	103126
塘沽西—陈官屯	137846	陈官屯—塘沽西	117138
津静—九宣闸	22166	九宣闸—津静	23107
杨柳青—津晋高速塘沽	49098	津晋高速塘沽—杨柳青	57352
津港天津—大港	14194	大港—津港天津	14370
荣乌天津—霍庄子	47932	霍庄子—荣乌天津	66060
泗村店—天津机场	34038	天津机场—泗村店	63806
天津机场—塘沽	41331	塘沽—天津机场	81640
大羊坊—泗村店	27775	泗村店—大羊坊	58457
京沈互通新安镇—七里海	22033	七里海—京沈互通新安镇	9816
北辰东—芦台西	5149	芦台西—北辰东	23862

图 4-2　2018 年天津市高速公路日均货运密度
注:未含津滨高速公路和海滨高速公路。

4.2　河北省高速公路日均运输密度

4.2.1　2018 年河北省高速公路日均客运密度分布如表 4-3 和图 4-3 所示。

2018 年河北省高速公路日均客运密度　　　　　　　表 4-3

路段起止点	客运密度 (人公里/公里)	路段起止点	客运密度 (人公里/公里)
宣化主线—东洋河	10696	东洋河—宣化主线	10194
东花园—宣化主线	20526	宣化主线—东花园	20265
沙城西—万全	15039	万全—沙城西	14987
张家口北—九连城	8742	九连城—张家口北	8212
化稍营—蔚县	2463	蔚县—化稍营	2317
冀晋主线—宣化主线	7145	宣化主线—冀晋主线	7326
屈家庄—崇礼北	6663	崇礼北—屈家庄	6684
迁安—香河	23841	香河—迁安	23987
秦皇岛—迁安	23133	迁安—秦皇岛	23339
万家主线—秦皇岛	15421	秦皇岛—万家主线	9178
秦皇岛—京唐港	5300	京唐港—秦皇岛	5645
京唐港—涧河	4795	涧河—京唐港	5129
京唐港—唐山	9430	唐山—京唐港	9628
唐津—唐山	10709	唐山—唐津	11451
唐山—丰南西	11255	丰南西—唐山	12266
唐山西—承唐主线	6566	承唐主线—唐山西	6709
唐山西—曹妃甸	6450	曹妃甸—唐山西	6456
涿州北—保定	40752	保定—涿州北	38313
保定—冀津主线	20056	冀津主线—保定	20750
保定—石家庄北	35731	石家庄北—保定	33947
石家庄北—井陉西	8373	井陉西—石家庄北	8948
廊坊西—涞水	15346	涞水—廊坊西	14069
涞水—满城	17353	满城—涞水	18213
满城—石家庄	13298	石家庄—满城	14283
衡水北—石家庄北	17612	石家庄北—衡水北	19476
石家庄北—栾城	39241	栾城—石家庄北	38309
栾城—临漳	26117	临漳—栾城	25750
邯郸西—冀鲁主线	10567	冀鲁主线—邯郸西	10151
邢台南—冀鲁界	6427	冀鲁界—邢台南	5937
衡水北—景州主线	10267	景州主线—衡水北	10481
鹿泉—栾城	12119	栾城—鹿泉	12077
栾城—清河主线	12830	清河主线—栾城	12780
河城街—衡水北	11292	衡水北—河城街	11935
沧州西—河城街	16183	河城街—沧州西	16604

续上表

路段起止点	客运密度 （人公里/公里）	路段起止点	客运密度 （人公里/公里）
黄骅港—沧州西	8656	沧州西—黄骅港	8605
黄骅北线—海兴	14822	海兴—黄骅北线	14950
青县主线—沧州南	26105	沧州南—青县主线	26157
沧州南—吴桥主线	15852	吴桥主线—沧州南	15266
京冀主线—霸州	29423	霸州—京冀主线	29761
霸州—高阳	27046	高阳—霸州	25686
高阳—衡水	31107	衡水—高阳	29802
衡水—威县	20910	威县—衡水	20563
威县—大名	16871	大名—威县	16464
保定—沧州	19071	沧州—保定	18691
邯郸—涉县	6538	涉县—邯郸	6740
保定西—晋冀主线	7118	晋冀主线—保定西	6941
黄骅岐口—海港主线	3309	海港主线—黄骅岐口	3125
永清—沧州开发区	14857	沧州开发区—永清	14305
石家庄—西柏坡	12651	西柏坡—石家庄	12519
承唐主线—承德	2930	承德—承唐主线	2933
金山岭—红石砬	16260	红石砬—金山岭	15996
红石砬—双峰寺	14002	双峰寺—红石砬	13527
双峰寺—七家	9389	七家—双峰寺	8950
七家—冀蒙界收费站	5401	冀蒙界收费站—七家	5178
七家—围场北	3548	围场北—七家	3384
双峰寺—冀辽主线	4363	冀辽主线—双峰寺	4513
承德—坂城	5922	坂城—承德	5908
榛子镇—迁西	4638	迁西—榛子镇	4611
迁安—白羊裕	3510	白羊裕—迁安	3391
坂城—北戴河	3802	北戴河—坂城	3929
定州南—正定	33894	正定—定州南	34966
藁城北—赵县	6981	赵县—藁城北	6715
路罗—坂上	5623	坂上—路罗	5818
坂上—邢台南	4365	邢台南—坂上	4324
坂上—内丘南	2252	内丘南—坂上	2398
内丘南—新河南	7104	新河南—内丘南	7031
逐鹿北—涞水东	5978	涞水东—逐鹿北	6796
冀南新区—铺上	6747	铺上—冀南新区	6511
铺上—大名冀鲁界	1035	大名冀鲁界—铺上	1041
遵化南—清东陵	1998	清东陵—遵化南	1972
蔚县南—涞水	5836	涞水—蔚县南	5865

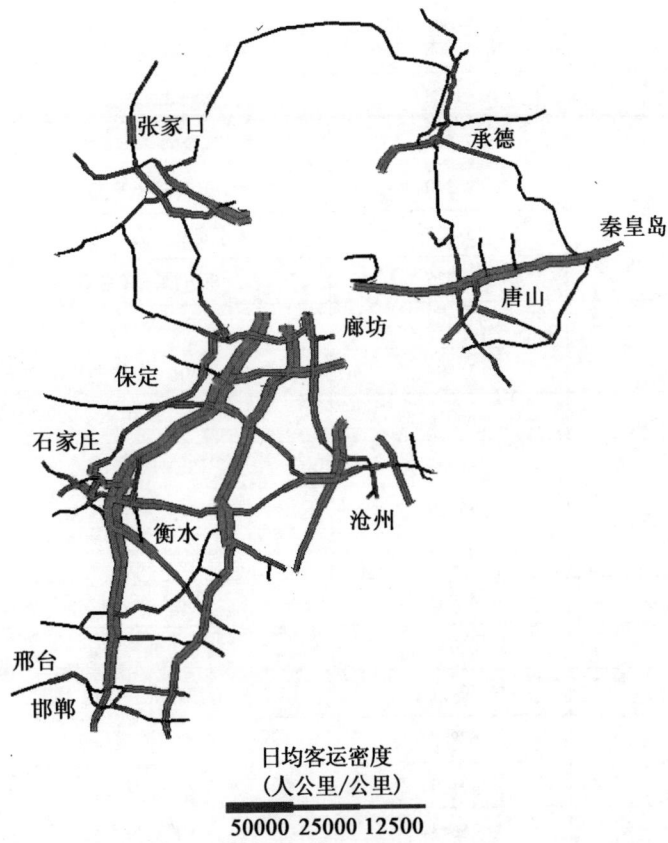

图 4-3 2018 年河北省高速公路日均客运密度
注:未含京津塘高速公路河北段。

4.2.2 2018 年河北省高速公路日均货运密度分布如表 4-4 和图 4-4 所示。

2018 年河北省高速公路日均货运密度 表 4-4

路段起止点	货运密度 （吨公里/公里）	路段起止点	货运密度 （吨公里/公里）
宣化主线—东洋河	20062	东洋河—宣化主线	28596
东花园—宣化主线	49780	宣化主线—东花园	32658
沙城西—万全	52196	万全—沙城西	75795
张家口北—九连城	6880	九连城—张家口北	8588
化稍营—蔚县	11891	蔚县—化稍营	6386
冀晋主线—宣化主线	8868	宣化主线—冀晋主线	12241
屈家庄—崇礼北	1808	崇礼北—屈家庄	7026
迁安—香河	75401	香河—迁安	55143
秦皇岛—迁安	95240	迁安—秦皇岛	89172
万家主线—秦皇岛	153829	秦皇岛—万家主线	70613
秦皇岛—京唐港	103775	京唐港—秦皇岛	86139
京唐港—涧河	116495	涧河—京唐港	90865
京唐港—唐山	16594	唐山—京唐港	12913
唐津—唐山	86918	唐山—唐津	81390
唐山—丰南西	174454	丰南西—唐山	105629
唐山西—承唐主线	19169	承唐主线—唐山西	48055
唐山西—曹妃甸	34403	曹妃甸—唐山西	26733
涿州北—保定	42963	保定—涿州北	45055
保定—冀津主线	82331	冀津主线—保定	50417
保定—石家庄北	52711	石家庄北—保定	94431
石家庄北—井陉西	68863	井陉西—石家庄北	98124
廊坊西—涞水	43149	涞水—廊坊西	139326
涞水—满城	26643	满城—涞水	55952
满城—石家庄	23546	石家庄—满城	27989
衡水北—石家庄北	23233	石家庄北—衡水北	34713
石家庄北—栾城	23613	栾城—石家庄北	18519
栾城—临漳	68203	临漳—栾城	49050
邯郸西—冀鲁主线	79644	冀鲁主线—邯郸西	58603
邢台南—冀鲁界	61494	冀鲁界—邢台南	27373
衡水北—景州主线	34011	景州主线—衡水北	26801
鹿泉—栾城	122596	栾城—鹿泉	36729
栾城—清河主线	66138	清河主线—栾城	26092
河城街—衡水北	34938	衡水北—河城街	41286
沧州西—河城街	44289	河城街—沧州西	53519
黄骅港—沧州西	39194	沧州西—黄骅港	48319

路段起止点	货运密度 （吨公里/公里）	路段起止点	货运密度 （吨公里/公里）
黄骅北线—海兴	81526	海兴—黄骅北线	76903
青县主线—沧州南	122955	沧州南—青县主线	103843
沧州南—吴桥主线	51491	吴桥主线—沧州南	42045
京冀主线—霸州	50014	霸州—京冀主线	58525
霸州—高阳	50880	高阳—霸州	59517
高阳—衡水	54776	衡水—高阳	54359
衡水—威县	54426	威县—衡水	55995
威县—大名	62614	大名—威县	55591
保定—沧州	92438	沧州—保定	39737
邯郸—涉县	45986	涉县—邯郸	80446
保定西—晋冀主线	10516	晋冀主线—保定西	106308
黄骅岐口—海港主线	79662	海港主线—黄骅岐口	57090
永清—沧州开发区	47313	沧州开发区—永清	38760
石家庄—西柏坡	18846	西柏坡—石家庄	84763
承唐主线—承德	2501	承德—承唐主线	4540
金山岭—红石砬	7565	红石砬—金山岭	12537
红石砬—双峰寺	10360	双峰寺—红石砬	14679
双峰寺—七家	3953	七家—双峰寺	6152
七家—冀蒙界收费站	3811	冀蒙界收费站—七家	5280
七家—围场北	1018	围场北—七家	2121
双峰寺—冀辽主线	26731	冀辽主线—双峰寺	13662
承德—坂城	11329	坂城—承德	5152
榛子镇—迁西	7463	迁西—榛子镇	10612
迁安—白羊裕	5833	白羊裕—迁安	5949
坂城—北戴河	4877	北戴河—坂城	3422
定州南—正定	33311	正定—定州南	55859
藁城北—赵县	24011	赵县—藁城北	18499
路罗—坂上	68767	坂上—路罗	20996
坂上—邢台南	94002	邢台南—坂上	28674
坂上—内丘南	19998	内丘南—坂上	9689
内丘南—新河南	17712	新河南—内丘南	10663
逐鹿北—涞水东	117363	涞水东—逐鹿北	46434
冀南新区—铺上	51859	铺上—冀南新区	21430
铺上—大名冀鲁界	14703	大名冀鲁界—铺上	9525
遵化南—清东陵	7165	清东陵—遵化南	6077
蔚县南—涞水	37317	涞水—蔚县南	40177

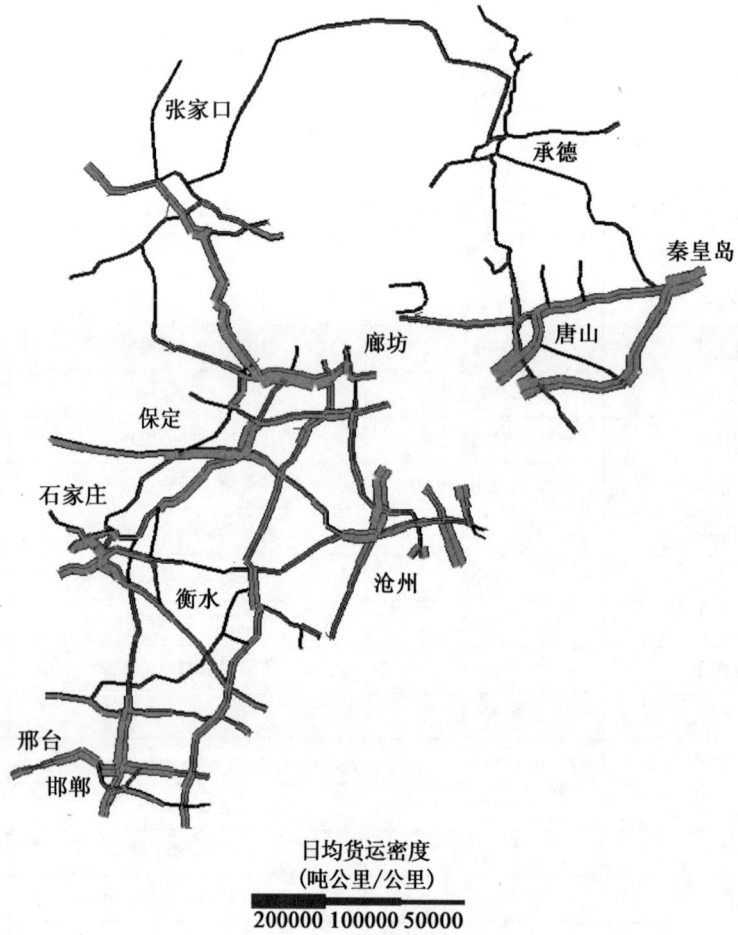

图 4-4　2018 年河北省高速公路日均货运密度
注：未含京津塘高速公路河北段。

4.2.3 2018 年河北省高速公路日均道路负荷分布如表 4-5 和图 4-5 所示。

2018 年河北省高速公路日均轴载　　　　　　表 4-5

路段起止点	轴载 (标准轴载当量轴次/日)	路段起止点	轴载 (标准轴载当量轴次/日)
宣化主线—东洋河	2345	东洋河—宣化主线	4343
东花园—宣化主线	7836	宣化主线—东花园	5001
沙城西—万全	6654	万全—沙城西	13945
张家口北—九连城	1183	九连城—张家口北	1323
化稍营—蔚县	1827	蔚县—化稍营	795
冀晋主线—宣化主线	1410	宣化主线—冀晋主线	2520
屈家庄—崇礼北	358	崇礼北—屈家庄	1065
迁安—香河	19772	香河—迁安	9862
秦皇岛—迁安	16446	迁安—秦皇岛	13947
万家主线—秦皇岛	26169	秦皇岛—万家主线	10796
秦皇岛—京唐港	17625	京唐港—秦皇岛	12493
京唐港—涧河	22228	涧河—京唐港	13444
京唐港—唐山	3464	唐山—京唐港	3026
唐津—唐山	24080	唐山—唐津	14772
唐山—丰南西	55446	丰南西—唐山	18639
唐山西—承唐主线	3740	承唐主线—唐山西	13888
唐山西—曹妃甸	9211	曹妃甸—唐山西	4772
涿州北—保定	8475	保定—涿州北	9482
保定—冀津主线	16700	冀津主线—保定	7954
保定—石家庄北	8283	石家庄北—保定	19173
石家庄北—井陉西	9781	井陉西—石家庄北	19183
廊坊西—涞水	6145	涞水—廊坊西	41951
涞水—满城	3795	满城—涞水	4171
满城—石家庄	4431	石家庄—满城	6275
衡水北—石家庄北	3311	石家庄北—衡水北	5467
石家庄北—栾城	4200	栾城—石家庄北	3012
栾城—临漳	20664	临漳—栾城	12658
邯郸西—冀鲁主线	17833	冀鲁主线—邯郸西	8940
邢台南—冀鲁界	12713	冀鲁界—邢台南	4183
衡水北—景州主线	5082	景州主线—衡水北	3589
鹿泉—栾城	18126	栾城—鹿泉	5539
栾城—清河主线	10047	清河主线—栾城	3724
河城街—衡水北	5119	衡水北—河城街	6123
沧州西—河城街	6539	河城街—沧州西	8468
黄骅港—沧州西	5759	沧州西—黄骅港	8355

续上表

路段起止点	轴载 (标准轴载当量轴次/日)	路段起止点	轴载 (标准轴载当量轴次/日)
黄骅北线—海兴	12970	海兴—黄骅北线	9841
青县主线—沧州南	18756	沧州南—青县主线	14812
沧州南—吴桥主线	7579	吴桥主线—沧州南	6127
京冀主线—霸州	12854	霸州—京冀主线	11769
霸州—高阳	13288	高阳—霸州	11793
高阳—衡水	8984	衡水—高阳	8397
衡水—威县	7980	威县—衡水	7350
威县—大名	9810	大名—威县	7459
保定—沧州	19359	沧州—保定	6923
邯郸—涉县	9241	涉县—邯郸	19233
保定西—晋冀主线	2070	晋冀主线—保定西	21521
黄骅岐口—海港主线	12574	海港主线—黄骅岐口	8537
永清—沧州开发区	10122	沧州开发区—永清	6680
石家庄—西柏坡	4445	西柏坡—石家庄	21338
承唐主线—承德	1397	承德—承唐主线	4674
金山岭—红石砬	1486	红石砬—金山岭	2749
红石砬—双峰寺	3549	双峰寺—红石砬	3606
双峰寺—七家	638	七家—双峰寺	1095
七家—冀蒙界收费站	480	冀蒙界收费站—七家	803
七家—围场北	201	围场北—七家	341
双峰寺—冀辽主线	4515	冀辽主线—双峰寺	2572
承德—坂城	5302	坂城—承德	2428
榛子镇—迁西	3246	迁西—榛子镇	5475
迁安—白羊裕	1123	白羊裕—迁安	1521
坂城—北戴河	3073	北戴河—坂城	761
定州南—正定	4562	正定—定州南	10124
藁城北—赵县	4186	赵县—藁城北	3266
路罗—坂上	8484	坂上—路罗	3036
坂上—邢台南	16281	邢台南—坂上	4190
坂上—内丘南	3174	内丘南—坂上	1500
内丘南—新河南	3755	新河南—内丘南	1766
逐鹿北—涞水东	26021	涞水东—逐鹿北	7143
冀南新区—铺上	22640	铺上—冀南新区	3966
铺上—大名冀鲁界	9609	大名冀鲁界—铺上	3130
遵化南—清东陵	1866	清东陵—遵化南	1340
蔚县南—涞水	15149	涞水—蔚县南	4287

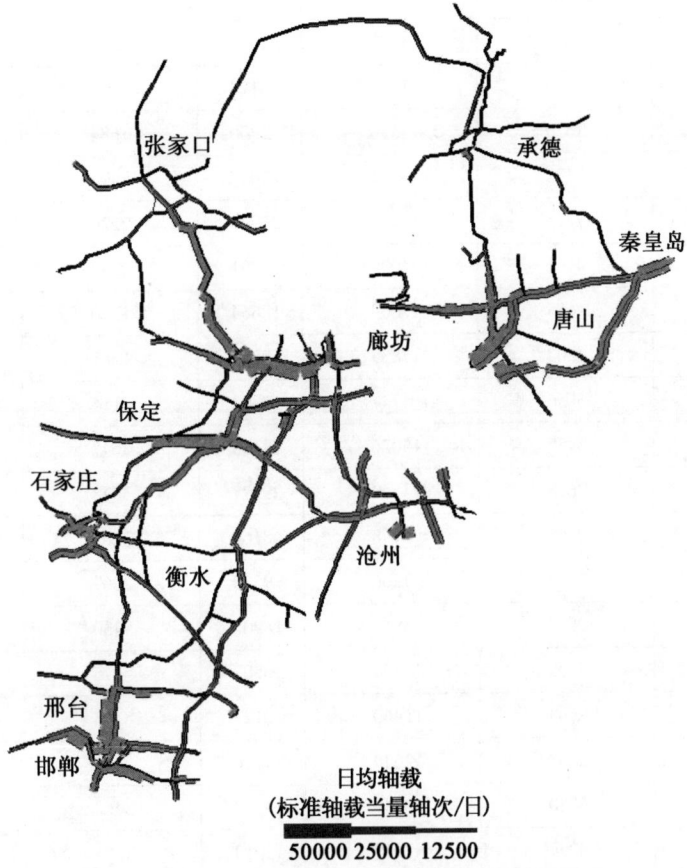

图 4-5　2018 年河北省高速公路日均轴载

注:未含京津塘高速公路河北段。

4.2.4 2018 年河北省高速公路日均交通量分布如表 4-6 和图 4-6 所示。

2018 年河北省高速公路日均交通量　　　　　　　　表 4-6

路段起止点	正　　向			反　　向		
	客车折算交通量（辆/日）	货车折算交通量（辆/日）	小计	客车折算交通量（辆/日）	货车折算交通量（辆/日）	小计
宣化主线—东洋河	2534	3537	6071	2423	3177	5600
东花园—宣化主线	4557	8596	13153	4494	4046	8540
沙城西—万全	3722	9752	13474	3533	8507	12040
张家口北—九连城	2169	1461	3630	2011	1383	3394
化稍营—蔚县	603	1432	2035	578	1018	1596
冀晋主线—宣化主线	1659	1465	3124	1695	2610	4305
屈家庄—崇礼北	1670	530	2200	1684	1164	2848
迁安—香河	7492	13565	21057	7493	12434	19927
秦皇岛—迁安	7215	16713	23928	7226	16829	24055
万家主线—秦皇岛	4761	24030	28791	2797	12422	15219
秦皇岛—京唐港	1655	17009	18664	1740	14898	16638
京唐港—涧河	1502	17839	19341	1585	15774	17359
京唐港—唐山	3056	4747	7803	3114	4985	8099
唐津—唐山	3452	15026	18478	3647	16056	19703
唐山—丰南西	3618	25559	29177	3878	21672	25550
唐山西—承唐主线	2162	5998	8160	2202	7754	9956
唐山西—曹妃甸	2067	7266	9333	2067	6418	8485
涿州北—保定	10047	8861	18908	9430	8647	18077
保定—冀津主线	4908	11599	16507	5076	10244	15320
保定—石家庄北	8663	11460	20123	8313	13037	21350
石家庄北—井陉西	2067	12649	14716	2195	12071	14266
廊坊西—涞水	3780	10449	14229	3460	14686	18146
涞水—满城	4294	7719	12013	4501	7244	11745
满城—石家庄	3292	5153	8445	3536	4728	8264
衡水北—石家庄北	4415	5598	10013	4922	5106	10028
石家庄北—栾城	9438	4917	14355	9300	4609	13909
栾城—临漳	6372	10041	16413	6190	10724	16914
邯郸西—冀鲁主线	2539	9527	12066	2442	11318	13760
邢台南—冀鲁界	1536	7041	8577	1407	7529	8936
衡水北—景州主线	2595	5436	8031	2610	5814	8424
鹿泉—栾城	2983	14425	17408	2971	13514	16485
栾城—清河主线	3067	8172	11239	3035	7998	11033
河城街—衡水北	2742	5299	8041	2867	5910	8777
沧州西—河城街	3933	7542	11475	4004	7721	11725
黄骅港—沧州西	2133	6879	9012	2133	6915	9048

续上表

路段起止点	正 向		小计	反 向		小计
	客车折算交通量 (辆/日)	货车折算交通量 (辆/日)		客车折算交通量 (辆/日)	货车折算交通量 (辆/日)	
黄骅北线—海兴	3689	10870	14559	3701	11652	15353
青县主线—沧州南	6308	16847	23155	6249	15540	21789
沧州南—吴桥主线	3929	7238	11167	3752	6930	10682
京冀主线—霸州	7066	9149	16215	7121	10005	17126
霸州—高阳	6398	9125	15523	6033	9915	15948
高阳—衡水	7478	8875	16353	7095	9419	16514
衡水—威县	4804	7798	12602	4639	8635	13274
威县—大名	3850	8132	11982	3691	8444	12135
保定—沧州	4703	11844	16547	4595	10950	15545
邯郸—涉县	1569	10155	11724	1626	9268	10894
保定西—晋冀主线	1742	12715	14457	1697	10480	12177
黄骅岐口—海港主线	822	8974	9796	774	7873	8647
永清—沧州开发区	3666	7875	11541	3528	7452	10980
石家庄—西柏坡	3104	8183	11287	3063	9829	12892
承唐主线—承德	638	676	1314	644	639	1283
金山岭—红石砬	3661	1776	5437	3550	2077	5627
红石砬—双峰寺	3243	2152	5395	3092	2527	5619
双峰寺—七家	2145	1107	3252	2038	1114	3152
七家—冀蒙界收费站	1198	829	2027	1134	918	2052
七家—围场北	804	402	1206	775	417	1192
双峰寺—冀辽主线	1022	2920	3942	1028	2071	3099
承德—坂城	1476	1475	2951	1450	1298	2748
榛子镇—迁西	1510	1582	3092	1496	1733	3229
迁安—白羊裕	1131	1595	2726	1101	1380	2481
坂城—北戴河	1157	952	2109	1180	1042	2222
定州南—正定	8192	6269	14461	8406	7562	15968
藁城北—赵县	1780	4738	6518	1687	5009	6696
路罗—坂上	1308	7420	8728	1356	7373	8729
坂上—邢台南	1004	10104	11108	1000	9405	10405
坂上—内丘南	537	2726	3263	574	3111	3685
内丘南—新河南	1765	2578	4343	1747	2860	4607
逐鹿北—涞水东	1352	11847	13199	1579	7785	9364
马头—铺上	1650	5701	7351	1590	5837	7427
铺上—大名冀鲁界	266	1593	1859	266	1536	1802
遵化南—清东陵	634	2669	3303	635	3077	3712
蔚县南—涞水	1403	6610	8013	1412	5939	7351

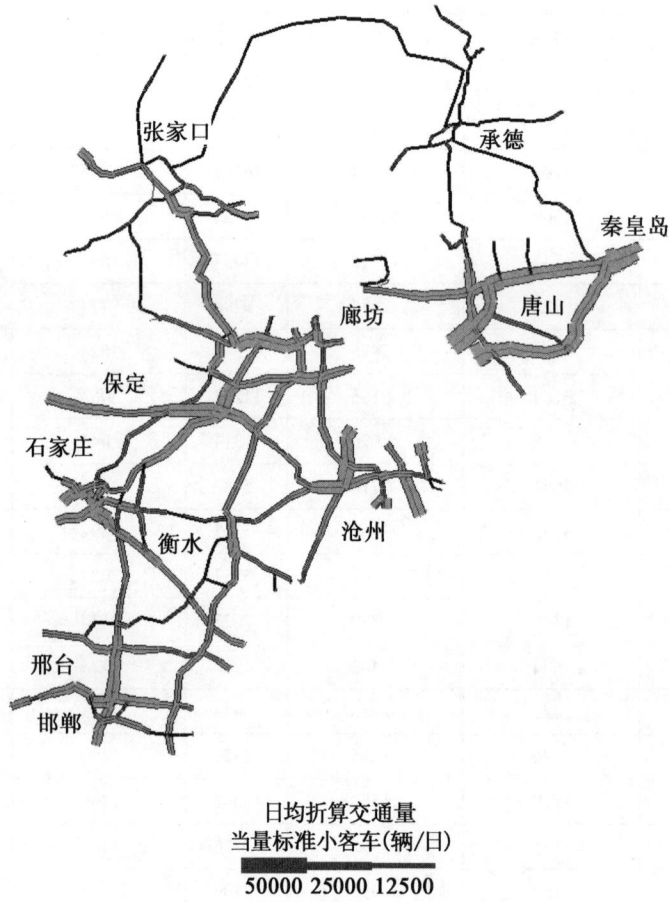

日均折算交通量
当量标准小客车(辆/日)
50000 25000 12500

图4-6　2018年河北省高速公路日均交通量
注:未含京津塘高速公路河北段。

4.3 山西省高速公路日均运输密度

4.3.1 2018 年山西省高速公路日均客运密度分布如表 4-7 和图 4-7 所示。

2018 年山西省高速公路日均客运密度 表 4-7

路段起止点	客运密度 （人公里/公里）	路段起止点	客运密度 （人公里/公里）
得胜口—大同北	4328	大同北—得胜口	4669
大同北—马连庄	5153	马连庄—大同北	4858
马连庄—孙启庄	11881	孙启庄—马连庄	11872
马连庄—大同北	6800	大同北—马连庄	6495
大同—元营	20575	元营—大同	20373
元营—朔州	12456	朔州—元营	11473
元营—忻州	27806	忻州—元营	27653
忻州—武宿	42336	武宿—忻州	41951
罗城—交城	56400	交城—罗城	55694
交城—汾阳	29061	汾阳—交城	28084
交城—平遥	28005	平遥—交城	27385
平遥—临汾	22121	临汾—平遥	21060
临汾—侯马	18654	侯马—临汾	18051
北柴—龙门大桥	11741	龙门大桥—北柴	10848
侯马—运城	19014	运城—侯马	17961
运城—平陆	11315	平陆—运城	11088
运城—风陵渡	7152	风陵渡—运城	6797
东郭—运城西	4082	运城西—东郭	4958
小店—屯留	26377	屯留—小店	25727
屯留—晋城东	23981	晋城东—屯留	23051
晋城—泽州	4843	泽州—晋城	4663
大同北—西口	3681	西口—大同北	3666
驿马岭—山阴	4359	山阴—驿马岭	3834
五台山主线—顿村	7845	顿村—五台山主线	7197
顿村—杨家湾	4257	杨家湾—顿村	4082
黄寨—太佳	3819	太佳—黄寨	3670
郝家庄主线—阳曲	7191	阳曲—郝家庄主线	6492
阳曲—古交	18381	古交—阳曲	18148
旧关—晋中北	14804	晋中北—旧关	17117

路段起止点	客运密度 （人公里/公里）	路段起止点	客运密度 （人公里/公里）
晋中北—罗城	29550	罗城—晋中北	29506
晋中北—祁县	12090	祁县—晋中北	12134
盂县东—平定	4049	平定—盂县东	6459
左权—平遥	4937	平遥—左权	4775
平遥—汾阳	6109	汾阳—平遥	6055
汾阳—军渡	12828	军渡—汾阳	11474
东阳关—屯留	4836	屯留—东阳关	6077
潞城—长治县	2062	长治县—潞城	1933
明姜—广胜寺景区	1343	广胜寺景区—明姜	1254
龙马枢纽—洪洞西	782	洪洞西—龙马枢纽	856
临汾枢纽—壶口	6188	壶口—临汾枢纽	5696
王莽岭—南义城	1763	南义城—王莽岭	1742
南义城—晋城西	2102	晋城西—南义城	2745
丹河—北留	13050	北留—丹河	13036
北留—阳城	11074	阳城—北留	7741
北留—侯马	7889	侯马—北留	7554
河津—临猗西	2484	临猗西—河津	2289
蒲掌—东镇	7525	东镇—蒲掌	8343
北垣—王显	3209	王显—北垣	3186
新平堡—大同县	2160	大同县—新平堡	1943
大同县—浑源西	6119	浑源西—大同县	6018
浑源北—焦山主线	1217	焦山主线—浑源北	1280
汤头—五台山北	2358	五台山北—汤头	2589
长治东—虹梯关	3514	虹梯关—长治东	3277
定襄西—高蒲	8954	高蒲—定襄西	9370
五台山北—代县	3602	代县—五台山北	3532
岢岚—临县北	826	临县北—岢岚	799
平定—左权	2605	左权—平定	2507
朔州东—平鲁	1354	平鲁—朔州东	1357
二道梁—山阴	2274	山阴—二道梁	1946
临县北—离石西	3723	离石西—临县北	3757
义井—河曲	3480	河曲—义井	3175

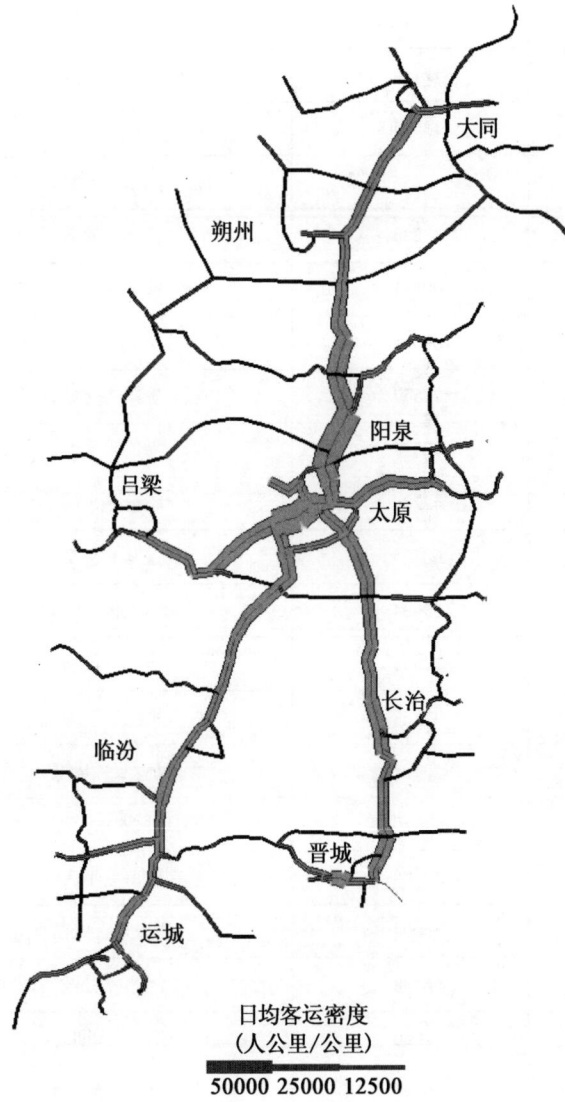

图 4-7　2018 年山西省高速公路日均客运密度

4.3.2 2018 年山西省高速公路日均货运密度分布如表 4-8 和图 4-8 所示。

2018 年山西省高速公路日均货运密度 表 4-8

路段起止点	货运密度 （吨公里/公里）	路段起止点	货运密度 （吨公里/公里）
得胜口—大同北	3582	大同北—得胜口	3957
大同北—马连庄	21948	马连庄—大同北	9880
马连庄—孙启庄	12821	孙启庄—马连庄	7434
马连庄—大同北	12119	大同北—马连庄	23288
大同—元营	13514	元营—大同	20773
元营—朔州	2455	朔州—元营	1667
元营—忻州	42235	忻州—元营	24245
忻州—武宿	100831	武宿—忻州	34169
罗城—交城	109607	交城—罗城	89770
交城—汾阳	71557	汾阳—交城	134427
交城—平遥	72537	平遥—交城	43043
平遥—临汾	42280	临汾—平遥	30249
临汾—侯马	68125	侯马—临汾	28060
北柴—龙门大桥	59484	龙门大桥—北柴	29697
侯马—运城	32343	运城—侯马	12545
运城—平陆	42358	平陆—运城	15506
运城—风陵渡	3401	风陵渡—运城	2509
东郭—运城西	1910	运城西—东郭	2184
小店—屯留	72808	屯留—小店	32599
屯留—晋城东	58004	晋城东—屯留	37573
晋城—泽州	66138	泽州—晋城	14752
大同北—西口	7060	西口—大同北	18991
驿马岭—山阴	16886	山阴—驿马岭	93248
五台山主线—顿村	10099	顿村—五台山主线	122164
顿村—杨家湾	9569	杨家湾—顿村	157700
黄寨—太佳	10728	太佳—黄寨	106842
郝家庄主线—阳曲	26177	阳曲—郝家庄主线	161277
阳曲—古交	24694	古交—阳曲	24769
旧关—晋中北	72578	晋中北—旧关	88319
晋中北—罗城	82438	罗城—晋中北	94331

路段起止点	货运密度 (吨公里/公里)	路段起止点	货运密度 (吨公里/公里)
晋中北—祁县	62967	祁县—晋中北	108619
盂县东—平定	17981	平定—盂县东	7990
左权—平遥	21066	平遥—左权	88096
平遥—汾阳	15966	汾阳—平遥	54175
汾阳—军渡	94459	军渡—汾阳	146259
东阳关—屯留	34274	屯留—东阳关	72753
潞城—长治县	11377	长治县—潞城	22777
明姜—广胜寺景区	2359	广胜寺景区—明姜	803
龙马枢纽—洪洞西	4695	洪洞西—龙马枢纽	17147
临汾枢纽—壶口	8847	壶口—临汾枢纽	14939
王莽岭—南义城	1453	南义城—王莽岭	426
南义城—晋城西	6813	晋城西—南义城	8653
丹河—北留	6125	北留—丹河	20648
北留—阳城	330	阳城—北留	1721
北留—侯马	16993	侯马—北留	25999
河津—临猗西	9341	临猗西—河津	4223
蒲掌—东镇	17599	东镇—蒲掌	69863
北垣—王显	4132	王显—北垣	7404
新平堡—大同县	732	大同县—新平堡	996
大同县—浑源西	2783	浑源西—大同县	6736
浑源北—焦山主线	25716	焦山主线—浑源北	465
汤头—五台山北	5126	五台山北—汤头	27776
长治东—虹梯关	12481	虹梯关—长治东	1221
定襄西—高蒲	6999	高蒲—定襄西	2323
五台山北—代县	4108	代县—五台山北	29469
岢岚—临县北	14959	临县北—岢岚	1310
平定—左权	5803	左权—平定	2102
朔州东—平鲁	2499	平鲁—朔州东	3187
二道梁—山阴	6834	山阴—二道梁	85504
临县北—离石西	98908	离石西—临县北	6883
义井—河曲	6281	河曲—义井	60378

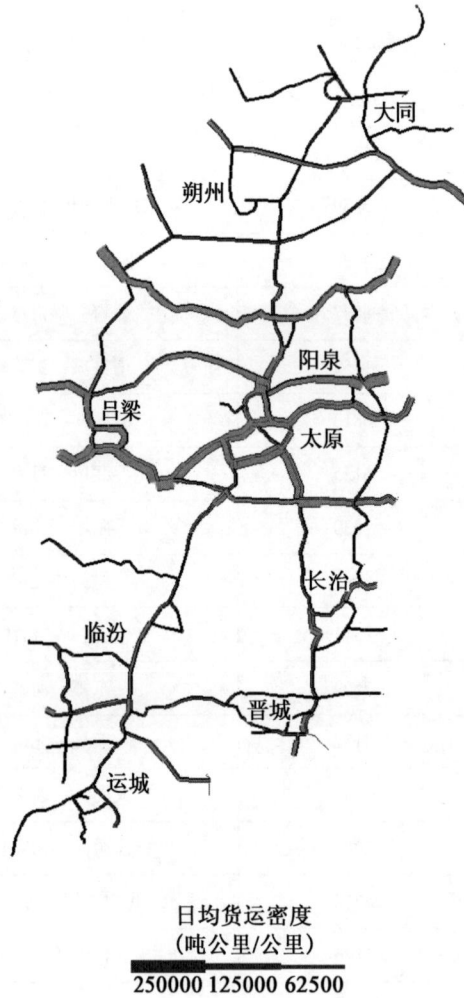

日均货运密度
(吨公里/公里)
250000 125000 62500

图4-8　2018年山西省高速公路日均货运密度

4.3.3 2018 年山西省高速公路日均道路负荷分布如表 4-9 和图 4-9 所示。

2018 年山西省高速公路日均轴载

表 4-9

路段起止点	轴载 (标准轴载当量轴次/日)	路段起止点	轴载 (标准轴载当量轴次/日)
得胜口—大同北	449	大同北—得胜口	500
大同北—马连庄	3082	马连庄—大同北	1284
马连庄—孙启庄	1738	孙启庄—马连庄	949
马连庄—大同北	1480	大同北—马连庄	3177
大同—元营	1628	元营—大同	2738
元营—朔州	315	朔州—元营	196
元营—忻州	4635	忻州—元营	2738
忻州—武宿	10862	武宿—忻州	3948
罗城—交城	10969	交城—罗城	9197
交城—汾阳	7484	汾阳—交城	13673
交城—平遥	7638	平遥—交城	4668
平遥—临汾	4594	临汾—平遥	3444
临汾—侯马	7372	侯马—临汾	3491
北柴—龙门大桥	6672	龙门大桥—北柴	3436
侯马—运城	3534	运城—侯马	1596
运城—平陆	4740	平陆—运城	1787
运城—风陵渡	446	风陵渡—运城	376
东郭—运城西	237	运城西—东郭	260
小店—屯留	7622	屯留—小店	3614
屯留—晋城东	6168	晋城东—屯留	4055
晋城—泽州	7052	泽州—晋城	1664
大同北—西口	888	西口—大同北	2549
驿马岭—山阴	2073	山阴—驿马岭	12854
五台山主线—顿村	1576	顿村—五台山主线	13659
顿村—杨家湾	1794	杨家湾—顿村	17499
黄寨—太佳	1337	太佳—黄寨	10961
郝家庄主线—阳曲	3308	阳曲—郝家庄主线	16724
阳曲—古交	2629	古交—阳曲	2598
旧关—晋中北	7344	晋中北—旧关	9288
晋中北—罗城	8326	罗城—晋中北	9651
晋中北—祁县	6632	祁县—晋中北	11554
盂县东—平定	2058	平定—盂县东	1023
左权—平遥	2401	平遥—左权	8570
平遥—汾阳	1916	汾阳—平遥	5449
汾阳—军渡	9860	军渡—汾阳	15002
东阳关—屯留	3589	屯留—东阳关	7471
潞城—长治县	1268	长治县—潞城	2497
明姜—广胜寺景区	247	广胜寺景区—明姜	107
龙马枢纽—洪洞西	483	洪洞西—龙马枢纽	1706
临汾枢纽—壶口	946	壶口—临汾枢纽	1593

续上表

路段起止点	轴载 (标准轴载当量轴次/日)	路段起止点	轴载 (标准轴载当量轴次/日)
王莽岭—南义城	153	南义城—王莽岭	64
南义城—晋城西	794	晋城西—南义城	933
丹河—北留	843	北留—丹河	2239
北留—阳城	49	阳城—北留	202
北留—侯马	1962	侯马—北留	2846
河津—临猗西	994	临猗西—河津	588
蒲掌—东镇	2053	东镇—蒲掌	7605
北垣—王显	477	王显—北垣	945
新平堡—大同县	88	大同县—新平堡	115
大同县—浑源西	401	浑源西—大同县	982
浑源北—焦山主线	4084	焦山主线—浑源北	131
汤头—五台山北	639	五台山北—汤头	3314
长治东—虹梯关	1412	虹梯关—长治东	240
定襄西—高蒲	789	高蒲—定襄西	258
五台山北—代县	546	代县—五台山北	3405
岢岚—临县北	1492	临县北—岢岚	201
平定—左权	610	左权—平定	249
朔州东—平鲁	275	平鲁—朔州东	337
二道梁—山阴	1083	山阴—二道梁	12236
临县北—离石西	9896	离石西—临县北	1049
义井—河曲	972	河曲—义井	6624

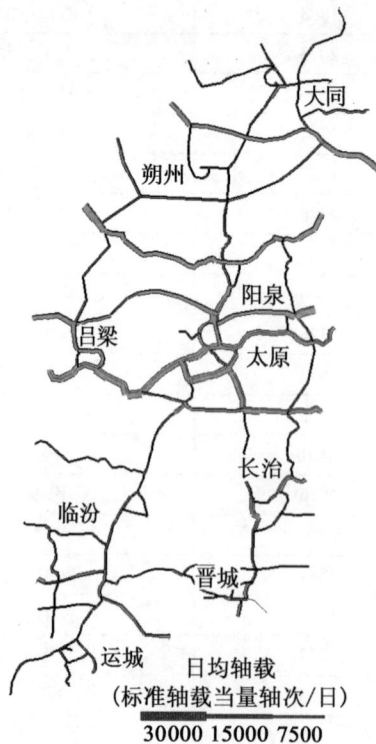

图 4-9　2018 年山西省高速公路日均轴载

4.3.4 2018年山西省高速公路日均交通量分布如表4-10和图4-10所示。

2018年山西省高速公路日均交通量 表4-10

路段起止点	正 向		小计	反 向		小计
	客车折算交通量（辆/日）	货车折算交通量（辆/日）		客车折算交通量（辆/日）	货车折算交通量（辆/日）	
得胜口—大同北	995	1403	2398	1070	1514	2584
大同北—马连庄	3457	1668	5125	3728	1545	5273
马连庄—孙启庄	2147	3630	5777	3636	3619	7255
马连庄—大同北	4743	2149	6892	4727	2040	6767
大同—元营	4324	6054	10378	3839	6029	9868
元营—朔州	1406	3520	4926	607	3186	3793
元营—忻州	6856	7789	14645	8482	7812	16294
忻州—武宿	15228	12292	27520	14759	12171	26930
罗城—交城	20944	17634	38578	16263	17432	33695
交城—汾阳	24278	8929	33207	18731	8624	27355
交城—平遥	12155	8751	20906	12036	8558	20594
平遥—临汾	8002	6621	14623	9177	6281	15458
临汾—侯马	11175	5808	16983	14550	5602	20152
北柴—龙门大桥	9954	3681	13635	8226	3409	11635
侯马—运城	6043	5994	12037	7175	5713	12888
运城—平陆	6470	3426	9896	7238	3268	10506
运城—风陵渡	1002	2122	3124	1843	2039	3882
东郭—运城西	784	1333	2117	727	1567	2294
小店—屯留	10868	6949	17817	13158	6778	19936
屯留—晋城东	9985	6568	16553	12475	6338	18813
晋城—泽州	8856	1273	10129	6946	1227	8173
大同北—西口	4502	1178	5680	2560	1178	3738
驿马岭—山阴	8172	1250	9422	11618	1145	12763
五台山主线—顿村	18470	2296	20766	15516	2060	17576
顿村—杨家湾	26577	1113	27690	19541	1060	20601
黄寨—太佳	8244	1137	9381	13364	1083	14447
郝家庄主线—阳曲	18756	2186	20942	20400	1953	22353
阳曲—古交	7420	5857	13277	4777	5781	10558
旧关—晋中北	14781	4410	19191	13181	5067	18248
晋中北—罗城	18201	9249	27450	15300	9227	24527

续上表

路段起止点	正　向		小计	反　向		小计
	客车折算交通量（辆/日）	货车折算交通量（辆/日）		客车折算交通量（辆/日）	货车折算交通量（辆/日）	
晋中北—祁县	15926	3755	19681	16324	3761	20085
盂县东—平定	2935	1318	4253	5510	1928	7438
左权—平遥	11034	1360	12394	11708	1312	13020
平遥—汾阳	8552	1827	10379	7700	1822	9522
汾阳—军渡	26583	3817	30400	19077	3402	22479
东阳关—屯留	11344	1320	12664	9906	1596	11502
潞城—长治县	4264	567	4831	3738	532	4270
明姜—广胜寺景区	435	415	850	531	395	926
龙马枢纽—洪洞西	1175	251	1426	2994	273	3267
临汾枢纽—壶口	2259	1627	3886	2185	1475	3660
王莽岭—南义城	294	559	853	294	548	842
南义城—晋城西	1862	717	2579	2123	909	3032
丹河—北留	3906	3677	7583	3575	3661	7236
北留—阳城	440	3796	4236	341	2638	2979
北留—侯马	5027	2160	7187	4391	2091	6482
河津—临猗西	1649	822	2471	1482	758	2240
蒲掌—东镇	8602	2096	10698	9568	2296	11864
北垣—王显	1494	1060	2554	1498	1047	2545
新平堡—大同县	438	715	1153	231	648	879
大同县—浑源西	1285	1963	3248	1168	1868	3036
浑源北—焦山主线	3049	393	3442	2349	408	2757
汤头—五台山北	2763	677	3440	3543	702	4245
长治东—虹梯关	1652	849	2501	2434	810	3244
定襄西—高蒲	1312	2547	3859	1133	2596	3729
五台山北—代县	3187	1117	4304	3767	1086	4853
岢岚—临县北	2526	260	2786	1391	255	1646
平定—左权	1042	779	1821	1133	745	1878
朔州东—平鲁	716	398	1114	643	398	1041
二道梁—山阴	9871	688	10559	10382	582	10964
临县北—离石西	12530	1040	13570	7957	1060	9017
义井—河曲	8383	969	9352	7359	870	8229

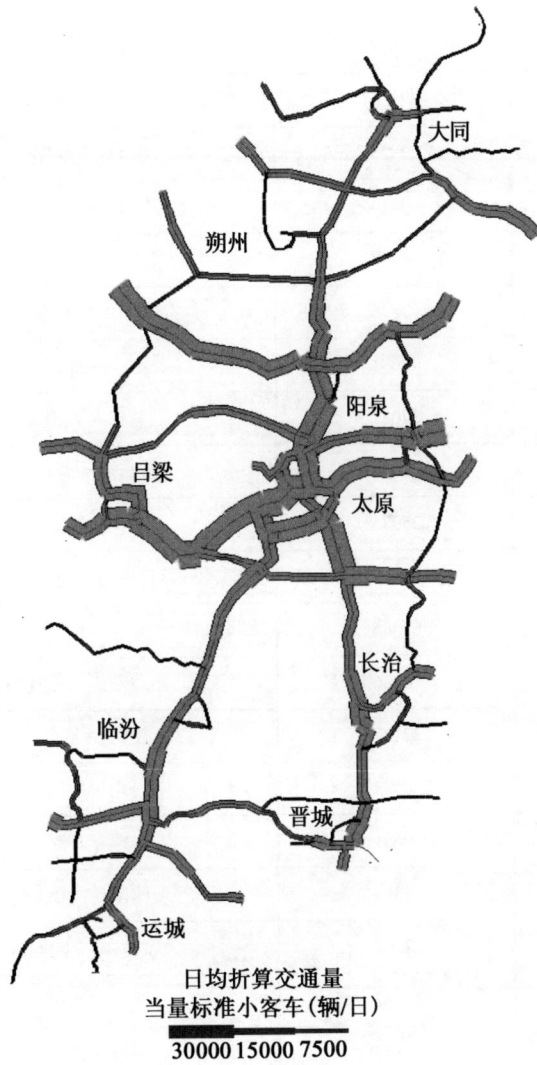

图 4-10 2018 年山西省高速公路日均交通量

4.4 辽宁省高速公路日均运输密度

4.4.1 2018年辽宁省高速公路日均客运密度分布如表4-11和图4-11所示。

2018年辽宁省高速公路日均客运密度 表4-11

路段起止点	客运密度 （人公里/公里）	路段起止点	客运密度 （人公里/公里）
万家—葫芦岛	26552	葫芦岛—万家	26213
葫芦岛—锦州	32637	锦州—葫芦岛	32869
锦州—沈阳西	34536	沈阳西—锦州	33651
沈阳—毛家店	23925	毛家店—沈阳	21152
锦州—朝阳	10714	朝阳—锦州	10540
朝阳—黑水	4468	黑水—朝阳	4450
锦州东—阜新	7876	阜新—锦州东	9390
沈阳—鞍山	47691	鞍山—沈阳	48167
鞍山—营口	37081	营口—鞍山	37457
营口—鲅鱼圈	42656	鲅鱼圈—营口	43326
鲅鱼圈—炮台	25975	炮台—鲅鱼圈	26580
炮台—长兴岛	11547	长兴岛—炮台	11792
炮台—大连	62566	大连—炮台	63428
大连—旅顺新港	18336	旅顺新港—大连	37623
大连—庄河	22127	庄河—大连	23011
庄河—丹东	6532	丹东—庄河	6386
丹东—本溪	9651	本溪—丹东	9699
本溪—沈阳	33389	沈阳—本溪	34372
三十里堡—大窑湾	27702	大窑湾—三十里堡	28283
光辉—西安	25362	西安—光辉	25864
西安—西柳	7867	西柳—西安	8052
西安—营口	14949	营口—西安	15104
沈阳—草市	14416	草市—沈阳	13735
毛家店—三十家子	6584	三十家子—毛家店	5772
三面船—北台	4894	北台—三面船	4865
彰武—红旗台	13502	红旗台—彰武	13568
康平北—沈北新区	8682	沈北新区—康平北	8161
沈阳西环（逆时针）	34351	沈阳西环（顺时针）	36488

续上表

路段起止点	客运密度 (人公里/公里)	路段起止点	客运密度 (人公里/公里)
沈阳东环(逆时针)	22437	沈阳东环(顺时针)	22700
西柳—大孤山	7078	大孤山—西柳	6875
彰武—阿尔乡	5166	阿尔乡—彰武	5027
金岛—皮口	4423	皮口—金岛	4289
旺清门主线—南杂木	6100	南杂木—旺清门主线	6055
永陵—桓仁	2350	桓仁—永陵	2343
鹤大辽吉界—丹东	4185	丹东—鹤大辽吉界	4050
盖州—庄河西	4913	庄河西—盖州	4920
金沟子—安民主线	3389	安民主线—金沟子	3443
阜新—甜水	4340	甜水—阜新	4401
茨榆坨—灯塔	4806	灯塔—茨榆坨	5066
兴城—建昌	6391	建昌—兴城	6439
西安—辽东湾	749	辽东湾—西安	834

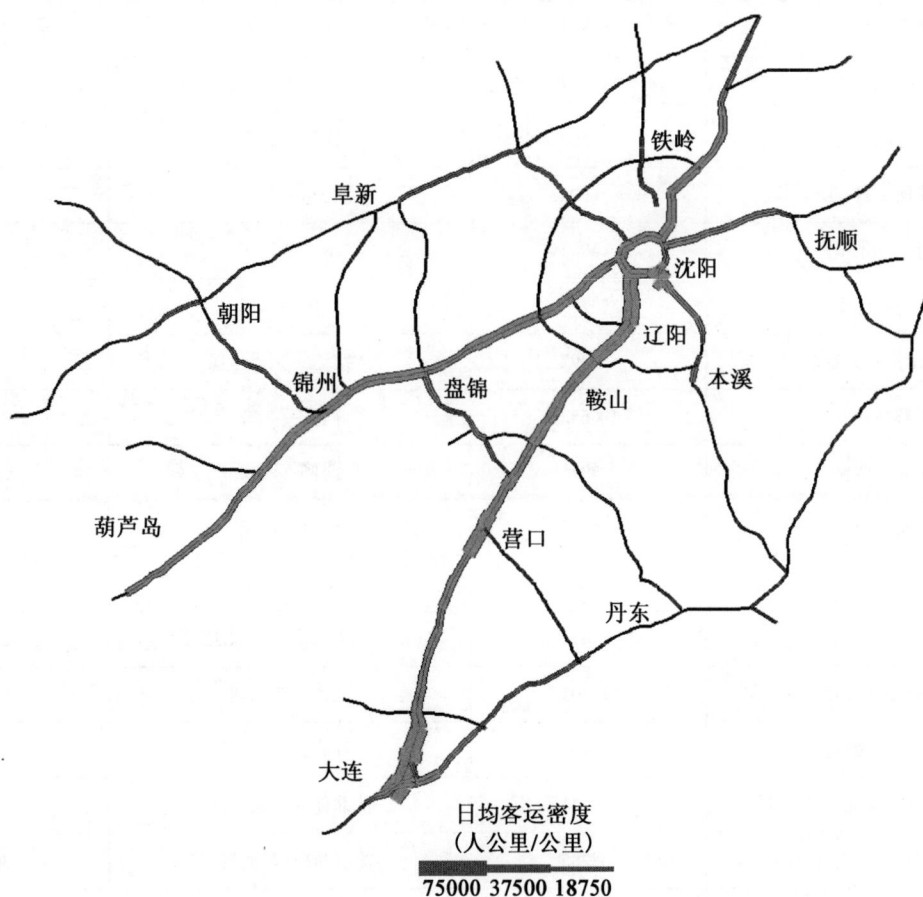

图4-11　2018年辽宁省高速公路日均客运密度

4.4.2 2018 年辽宁省高速公路日均货运密度分布如表 4-12 和图 4-12 所示。

2018 年辽宁省高速公路日均货运密度 表 4-12

路段起止点	货运密度 （吨公里/公里）	路段起止点	货运密度 （吨公里/公里）
万家—葫芦岛	175778	葫芦岛—万家	201163
葫芦岛—锦州	182058	锦州—葫芦岛	203614
锦州—沈阳西	155284	沈阳西—锦州	125785
沈阳—毛家店	80430	毛家店—沈阳	45713
锦州—朝阳	20697	朝阳—锦州	43049
朝阳—黑水	8162	黑水—朝阳	13427
锦州东—阜新	32304	阜新—锦州东	59507
沈阳—鞍山	33337	鞍山—沈阳	33706
鞍山—营口	49245	营口—鞍山	48194
营口—鲅鱼圈	83064	鲅鱼圈—营口	66195
鲅鱼圈—炮台	63241	炮台—鲅鱼圈	46184
炮台—长兴岛	13319	长兴岛—炮台	9673
炮台—大连	50507	大连—炮台	38565
大连—旅顺新港	12977	旅顺新港—大连	12476
大连—庄河	9694	庄河—大连	9473
庄河—丹东	6608	丹东—庄河	5807
丹东—本溪	4905	本溪—丹东	7553
本溪—沈阳	4237	沈阳—本溪	6412
三十里堡—大窑湾	40992	大窑湾—三十里堡	34125
光辉—西安	100652	西安—光辉	107956
西安—西柳	23946	西柳—西安	22523
西安—营口	46016	营口—西安	37990
沈阳—草市	24645	草市—沈阳	24792
毛家店—三十家子	21414	三十家子—毛家店	22228
三面船—北台	12705	北台—三面船	10245
彰武—红旗台	6990	红旗台—彰武	6783
康平北—沈北新区	19351	沈北新区—康平北	13130
沈阳西环（逆时针）	58285	沈阳西环（顺时针）	76981
沈阳东环（逆时针）	22759	沈阳东环（顺时针）	23569

续上表

路段起止点	货运密度 (吨公里/公里)	路段起止点	货运密度 (吨公里/公里)
西柳—大孤山	10145	大孤山—西柳	8556
彰武—阿尔乡	7526	阿尔乡—彰武	7109
金岛—皮口	3076	皮口—金岛	1935
旺清门主线—南杂木	2491	南杂木—旺清门主线	3728
永陵—桓仁	831	桓仁—永陵	847
鹤大辽吉界—丹东	3968	丹东—鹤大辽吉界	3202
盖州——庄河西	6538	庄河西—盖州	5094
金沟子—安民主线	1926	安民主线—金沟子	1952
阜新—甜水	5922	甜水—阜新	7193
茨榆坨—灯塔	7110	灯塔—茨榆坨	11511
兴城—建昌	14582	建昌—兴城	13117
西安—辽东湾	1363	辽东湾—西安	3023

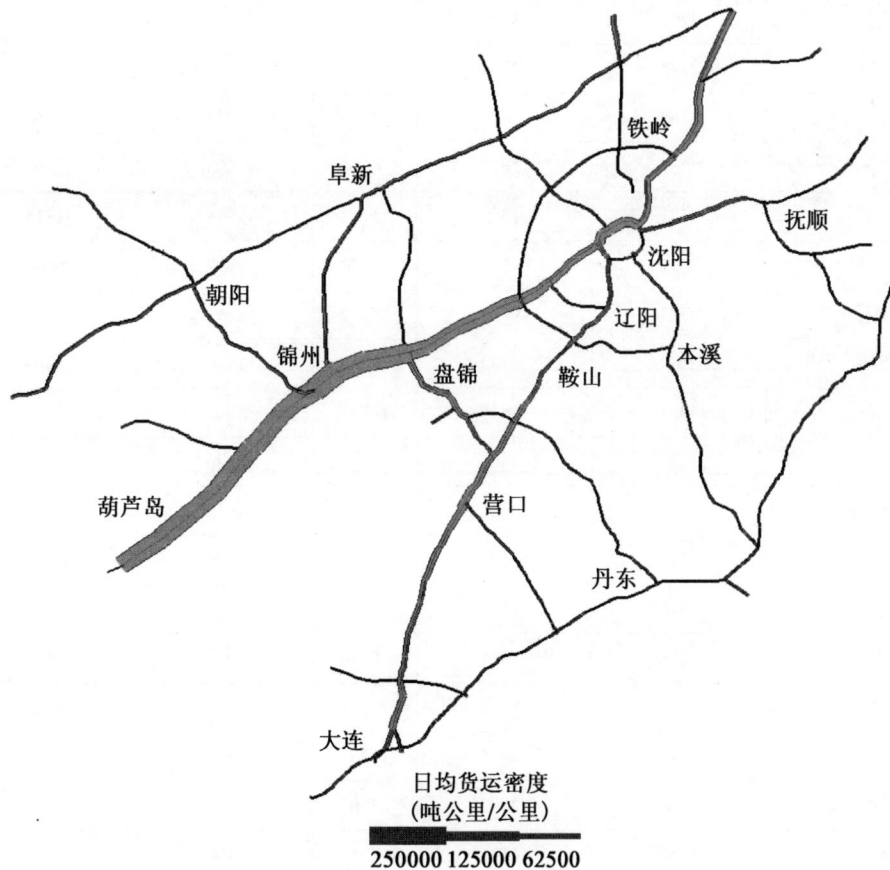

图4-12　2018年辽宁省高速公路日均货运密度

4.4.3 **2018 年辽宁省高速公路日均交通量分布如表 4-13 和图 4-13 所示。**

2018 年辽宁省高速公路日均交通量   表 4-13

路段起止点	正 向		小计	反 向		小计
	客车折算交通量（辆/日）	货车折算交通量（辆/日）		客车折算交通量（辆/日）	货车折算交通量（辆/日）	
万家—葫芦岛	7111	31290	38401	6716	32380	39096
葫芦岛—锦州	8720	32636	41356	8534	33245	41779
锦州—沈阳西	9379	27968	37347	9106	21986	31092
沈阳—毛家店	6195	15536	21731	5491	8891	14382
锦州—朝阳	2874	3824	6698	2800	6029	8829
朝阳—黑水	1176	1879	3055	1166	2091	3257
锦州东—阜新	2186	5663	7849	2462	9255	11717
沈阳—鞍山	13586	8546	22132	13708	8626	22334
鞍山—营口	10113	10708	20821	10212	11675	21887
营口—鲅鱼圈	11333	15669	27002	11504	16741	28245
鲅鱼圈—炮台	6748	11421	18169	6896	11517	18413
炮台—长兴岛	3102	2953	6055	3160	2849	6009
炮台—大连	16379	10920	27299	16750	11160	27910
大连—旅顺新港	3292	3451	6743	5186	5306	10492
大连—庄河	2770	2704	5474	6155	5857	12012
庄河—丹东	1760	1423	3183	1712	1350	3062
丹东—本溪	2567	1637	4204	2595	1696	4291
本溪—沈阳	9553	1559	11112	9878	1713	11591
三十里堡—大窑湾	7592	9228	16820	7807	9682	17489
光辉—西安	6785	19197	25982	6691	16886	23577
西安—西柳	2089	4133	6222	2120	4308	6428
西安—营口	3925	7826	11751	3941	7767	11708
沈阳—草市	3826	4462	8288	3626	4336	7962
毛家店—三十家子	1782	3661	5443	1612	3474	5086
三面船—北台	1309	2389	3698	1300	2003	3303
彰武—红旗台	3842	1668	5510	3885	1676	5561
康平北—沈北新区	2413	3371	5784	2287	2561	4848
沈阳西环（逆时针）	10017	15264	25281	10578	18555	29133
沈阳东环（逆时针）	6638	6615	13253	6732	6552	13284
西柳—大孤山	1905	2002	3907	1846	2088	3934
彰武—阿尔乡	1457	1531	2988	1404	1551	2955
金岛—皮口	1298	750	2048	1257	690	1947

路段起止点	正 向		小计	反 向		小计
	客车折算交通量 (辆/日)	货车折算交通量 (辆/日)		客车折算交通量 (辆/日)	货车折算交通量 (辆/日)	
旺清门主线—南杂木	1521	640	2161	1519	734	2253
永陵—桓仁	614	207	821	612	235	847
鹤大辽吉界—丹东	1109	772	1881	1059	767	1826
盖州—庄河西	1355	1422	2777	1345	1428	2773
金沟子—安民主线	953	576	1529	960	517	1477
阜新—甜水	1227	1209	2436	1238	1542	2780
茨榆坨—灯塔	1373	2121	3494	1375	1556	2931
兴城—建昌	1765	2479	4244	1761	2547	4308
西安—辽东湾	224	637	861	244	673	917

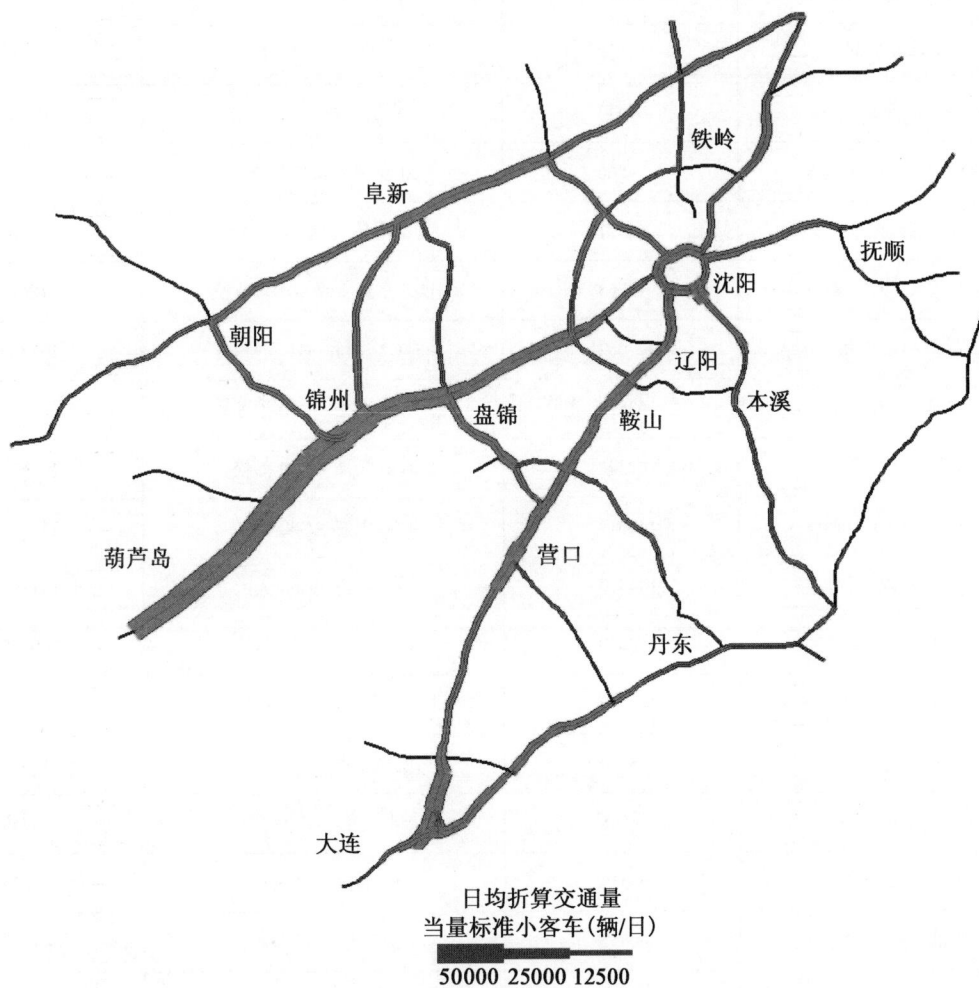

图 4-13 2018 年辽宁省高速公路日均交通量

4.5 上海市高速公路日均运输密度

4.5.1 2018年上海市高速公路日均客运密度分布如表4-14和图4-14所示。

2018年上海市高速公路日均客运密度

表4-14

路段起止	客运密度 （人公里/公里）	路段起止	客运密度 （人公里/公里）
绕城月浦—沪嘉浏互通	27998	沪嘉浏互通—绕城月浦	25657
沪嘉浏互通—北环嘉浏立交	105998	北环嘉浏立交—沪嘉浏互通	113252
北环嘉浏立交—G2安亭	45382	G2安亭—北环嘉浏立交	45881
G2安亭—G60大港	44977	G60大港—G2安亭	45523
G60大港—绕城亭枫	26923	绕城亭枫—G60大港	29422
绕城亭枫—嘉金南环立交	13010	嘉金南环立交—绕城亭枫	13739
嘉金南环立交—界河	20382	界河—嘉金南环立交	19837
界河—G40沪苏	51628	G40沪苏—界河	51555
G15朱桥—北环嘉浏立交	95443	北环嘉浏立交—G15朱桥	101330
北环嘉浏立交—G60新桥	54566	G60新桥—北环嘉浏立交	58504
G60新桥—嘉金南环立交	43871	嘉金南环立交—G60新桥	42362
嘉金南环立交—G15亭卫	19763	G15亭卫—嘉金南环立交	18611
G2安亭—G2江桥	127652	G2江桥—G2安亭	131534
G50沪苏—G50嘉松	62513	G50嘉松—G50沪苏	65279
G50嘉松—G50徐泾	122342	G50徐泾—G50嘉松	127620
G60枫泾—G60大港	110617	G60大港—G60枫泾	110353
G60大港—G60新桥	144570	G60新桥—G60大港	141193
G60新桥—G60莘庄	210650	G60莘庄—G60新桥	200839
S32沪浙—S32祝桥	43139	S32祝桥—S32沪浙	45330
S36枫泾—绕城亭枫	8799	绕城亭枫—S36枫泾	11362
G15沪浙—S4大叶	35508	S4大叶—G15沪浙	35759
S4大叶—S4颛桥	64519	S4颛桥—S4大叶	74674
S2临港—S2大叶	40853	S2大叶—S2临港	41907
S2大叶—S2康桥	65032	S2康桥—S2大叶	78426
S19沈海南环立交—S19新卫	9034	S19新卫—S19沈海南环立交	18037

崇明岛

嘉定区　宝山区

长兴岛

横沙岛

上海市区

青浦区

浦东
新区

松江区

闵行区

奉贤区

金山区

日均客运密度
(人公里/公里)

200000 100000 50000

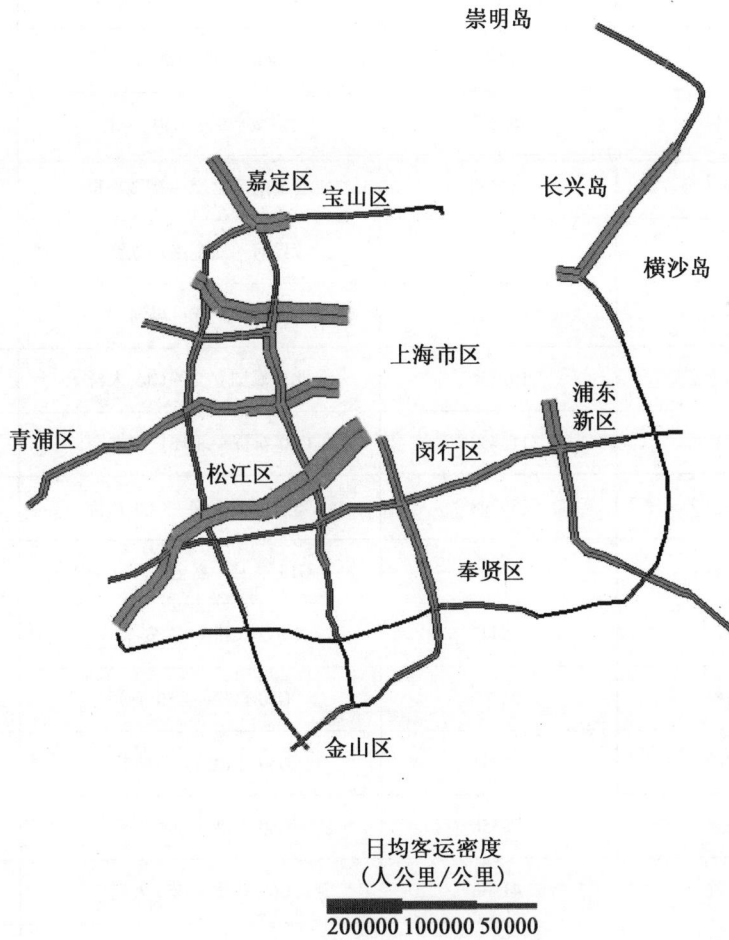

图 4-14　2018 年上海市高速公路日均客运密度

4.5.2 2018 年上海市高速公路日均货运密度分布如表 4-15 和图 4-15 所示。

2018 年上海市高速公路日均货运密度   表 4-15

路段起止点	货运密度 （吨公里/公里）	路段起止点	货运密度 （吨公里/公里）
绕城月浦—沪嘉浏互通	134815	沪嘉浏互通—绕城月浦	150108
沪嘉浏互通—北环嘉浏立交	173686	北环嘉浏立交—沪嘉浏互通	185664
北环嘉浏立交—G2 安亭	130792	G2 安亭—北环嘉浏立交	128537
G2 安亭—G60 大港	119309	G60 大港—G2 安亭	112599
G60 大港—绕城亭枫	54817	绕城亭枫—G60 大港	51802
绕城亭枫—嘉金南环立交	54552	嘉金南环立交—绕城亭枫	47172
嘉金南环立交—界河	108456	界河—嘉金南环立交	94117
界河—G40 沪苏	62123	G40 沪苏—界河	59172
G15 朱桥—北环嘉浏立交	109336	北环嘉浏立交—G15 朱桥	106883
北环嘉浏立交—G60 新桥	115432	G60 新桥—北环嘉浏立交	114161
G60 新桥—嘉金南环立交	59298	嘉金南环立交—G60 新桥	58980
嘉金南环立交—G15 亭卫	27129	G15 亭卫—嘉金南环立交	26715
G2 安亭—G2 江桥	65447	G2 江桥—G2 安亭	65981
G50 沪苏—G50 嘉松	25762	G50 嘉松—G50 沪苏	23482
G50 嘉松—G50 徐泾	26391	G50 徐泾—G50 嘉松	19880
G60 枫泾—G60 大港	98356	G60 大港—G60 枫泾	97354
G60 大港—G60 新桥	41438	G60 新桥—G60 大港	35135
G60 新桥—G60 莘庄	57890	G60 莘庄—G60 新桥	53471
S32 沪浙—S32 祝桥	56915	S32 祝桥—S32 沪浙	63396
S36 枫泾—绕城亭枫	18483	绕城亭枫—S36 枫泾	19161
G15 沪浙—S4 大叶	57367	S4 大叶—G15 沪浙	55251
S4 大叶—S4 颛桥	63023	S4 颛桥—S4 大叶	69722
S2 临港—S2 大叶	94848	S2 大叶—S2 临港	97711
S2 大叶—S2 康桥	37230	S2 康桥—S2 大叶	44566
S19 沈海南环立交—S19 新卫	12034	S19 新卫—S19 沈海南环立交	12980

图 4-15　2018 年上海市高速公路日均货运密度

4.6 江苏省高速公路日均运输密度

4.6.1 2018 年江苏省高速公路日均客运密度分布如表 **4-16** 和图 **4-16** 所示。

2018 年江苏省高速公路日均客运密度 表 4-16

路段起止点	客运密度 （人公里/公里）	路段起止点	客运密度 （人公里/公里）
苏鲁省界—淮安	20897	淮安—苏鲁省界	22011
淮安—江都	50282	江都—淮安	50978
江都—江阴	51066	江阴—江都	51963
江阴枢纽—无锡	39356	无锡—江阴枢纽	37375
广陵—南通北	37202	南通北—广陵	36575
南通—苏州北	74043	苏州北—南通	74395
小海—启东	25883	启东—小海	23612
启东—崇启大桥	18507	崇启大桥—启东	15039
沈海苏鲁—灌云	11540	灌云—沈海苏鲁	11945
灌云—盐城东	21227	盐城东—灌云	22650
盐城东—南通北	49987	南通北—盐城东	52714
盐城—楚州	20878	楚州—盐城	20042
淮安西绕城（顺时针）	30491	淮安西绕城（逆时针）	30206
淮阴—灌云北	24544	灌云北—淮阴	23844
灌云北—连云港	37629	连云港—灌云北	36260
连云港—临连苏鲁省界	16583	临连苏鲁省界—连云港	16011
淮安南—六合南	48090	六合南—淮安南	46601
六和南—刘村	62	刘村—六和南	51
黄花塘—宿迁	23697	宿迁—黄花塘	23921
宿迁—新沂	5146	新沂—宿迁	5683
淮安西—徐州	29205	徐州—淮安西	29525
徐州东—京福苏鲁	20397	京福苏鲁—徐州东	20209
徐州东—苏皖省界	22646	苏皖省界—徐州东	23557
徐州东—渔湾主线	14590	渔湾主线—徐州东	14441
海安—江都	17685	江都—海安	17674
江都—镇江	27985	镇江—江都	27581
南京—无锡	110228	无锡—南京	114348
无锡—苏州北	148864	苏州北—无锡	156877
苏州北—花桥主线	106210	花桥主线—苏州北	106385
苏州绕城（顺时针）	32828	苏州绕城（逆时针）	32737
石牌—岳王	17963	岳王—石牌	19441
角直—千灯	36576	千灯—角直	38700
苏州北—盛泽主线	71960	盛泽主线—苏州北	70169
苏浙省界—苏沪主线	44054	苏沪主线—苏浙省界	47212
南京—新昌	67299	新昌—南京	58913

续上表

路段起止点	客运密度 (人公里/公里)	路段起止点	客运密度 (人公里/公里)
新昌—长深苏浙	72531	长深苏浙—新昌	61131
丹徒—新昌	13938	新昌—丹徒	10217
西坞—无锡	30055	无锡—西坞	37020
骆家边—戚墅堰	42650	戚墅堰—骆家边	56985
戚墅堰—常熟	37247	常熟—戚墅堰	39670
常熟—太仓	70916	太仓—常熟	68776
南京三桥—麒麟	38889	麒麟—南京三桥	36071
麒麟—横梁	26101	横梁—麒麟	30232
横梁—马鞍	10296	马鞍—横梁	13657
南泉—锦丰	14164	锦丰—南泉	15061
武进—泰州大桥	75440	泰州大桥—武进	74898
石牌—董滨	42481	董滨—石牌	42377
彭城—丰县	12768	丰县—彭城	11598
六合—江都	23989	江都—六合	23791
骆家边—溧马高速苏皖省界	50036	溧马高速苏皖省界—骆家边	39679
南京南—和凤主线	19503	和凤主线—南京南	19100
璜泾—港城	3083	港城—璜泾	3123
丹阳新区—镇江新区东	18014	镇江新区东—丹阳新区	18905

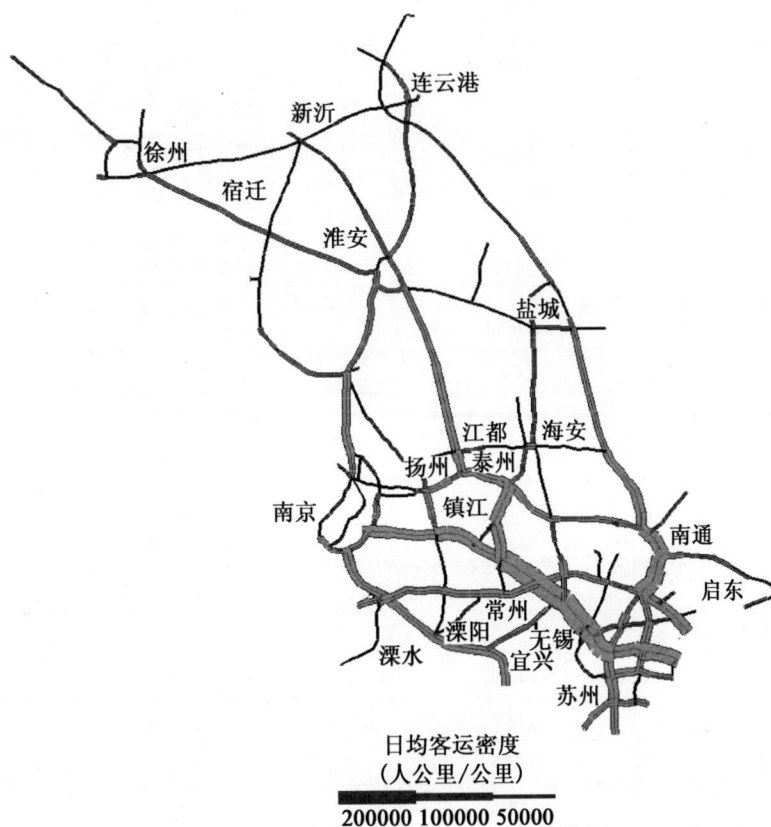

图4-16　2018年江苏省高速公路日均客运密度

4.6.2 2018 年江苏省高速公路日均货运密度分布如表 4-17 和图 4-17 所示。

2018 年江苏省高速公路日均货运密度 表 4-17

路段起止点	货运密度 (吨公里/公里)	路段起止点	货运密度 (吨公里/公里)
苏鲁省界—淮安	122019	淮安—苏鲁省界	93365
淮安—江都	92136	江都—淮安	85229
江都—江阴	43844	江阴—江都	43944
江阴枢纽—无锡	22764	无锡—江阴枢纽	15754
广陵—南通北	19720	南通北—广陵	21034
南通—苏州北	91174	苏州北—南通	76929
小海—启东	3392	启东—小海	7100
启东—崇启大桥	7189	崇启大桥—启东	5789
沈海苏鲁—灌云	33629	灌云—沈海苏鲁	32130
灌云—盐城东	67957	盐城东—灌云	74484
盐城东—南通北	81175	南通北—盐城东	84338
盐城—楚州	18897	楚州—盐城	21342
淮安西绕城(顺时针)	55575	淮安西绕城(逆时针)	64993
淮阴—灌云北	57206	灌云北—淮阴	56587
灌云北—连云港	133999	连云港—灌云北	125701
连云港—临连苏鲁省界	134946	临连苏鲁省界—连云港	135213
淮安南—六合南	92660	六合南—淮安南	73501
六和南—刘村	325	刘村—六和南	257
黄花塘—宿迁	44866	宿迁—黄花塘	48566
宿迁—新沂	9386	新沂—宿迁	13607
淮安西—徐州	51933	徐州—淮安西	55130
徐州东—京福苏鲁	111006	京福苏鲁—徐州东	180187
徐州东—苏皖省界	183641	苏皖省界—徐州东	110476
徐州东—渔湾主线	24841	渔湾主线—徐州东	28063
海安—江都	11838	江都—海安	10337
江都—镇江	24757	镇江—江都	19823
南京—无锡	81459	无锡—南京	81650
无锡—苏州北	177262	苏州北—无锡	163613
苏州北—花桥主线	81112	花桥主线—苏州北	86863
苏州绕城(顺时针)	56450	苏州绕城(逆时针)	49692
石牌—岳王	18956	岳王—石牌	23404
角直—千灯	14861	千灯—角直	17669
苏州北—盛泽主线	174021	盛泽主线—苏州北	136762
苏浙省界—苏沪主线	29926	苏沪主线—苏浙省界	24281
南京—新昌	118081	新昌—南京	76098
新昌—长深苏浙	175915	长深苏浙—新昌	106402
丹徒—新昌	17105	新昌—丹徒	8328

续上表

路段起止点	货运密度 (吨公里/公里)	路段起止点	货运密度 (吨公里/公里)
西坝—无锡	11317	无锡—西坝	15444
骆家边—戚墅堰	56032	戚墅堰—骆家边	93354
戚墅堰—常熟	32217	常熟—戚墅堰	40283
常熟—太仓	72704	太仓—常熟	65059
南京三桥—麒麟	80527	麒麟—南京三桥	71505
麒麟—横梁	91834	横梁—麒麟	125974
横梁—马鞍	64076	马鞍—横梁	87244
南泉—锦丰	12733	锦丰—南泉	15648
武进—泰州大桥	84896	泰州大桥—武进	86829
石牌—董滨	89691	董滨—石牌	118248
彭城—济徐苏鲁省界	19927	济徐苏鲁省界—彭城	21738
六合—江都	17481	江都—六合	15359
骆家边—溧马高速苏皖省界	114062	溧马高速苏皖省界—骆家边	73115
南京南—和凤主线	969	和凤主线—南京南	2129
璜泾—港城	8549	港城—璜泾	8048
丹阳新区—镇江新区东	10833	镇江新区东—丹阳新区	14064

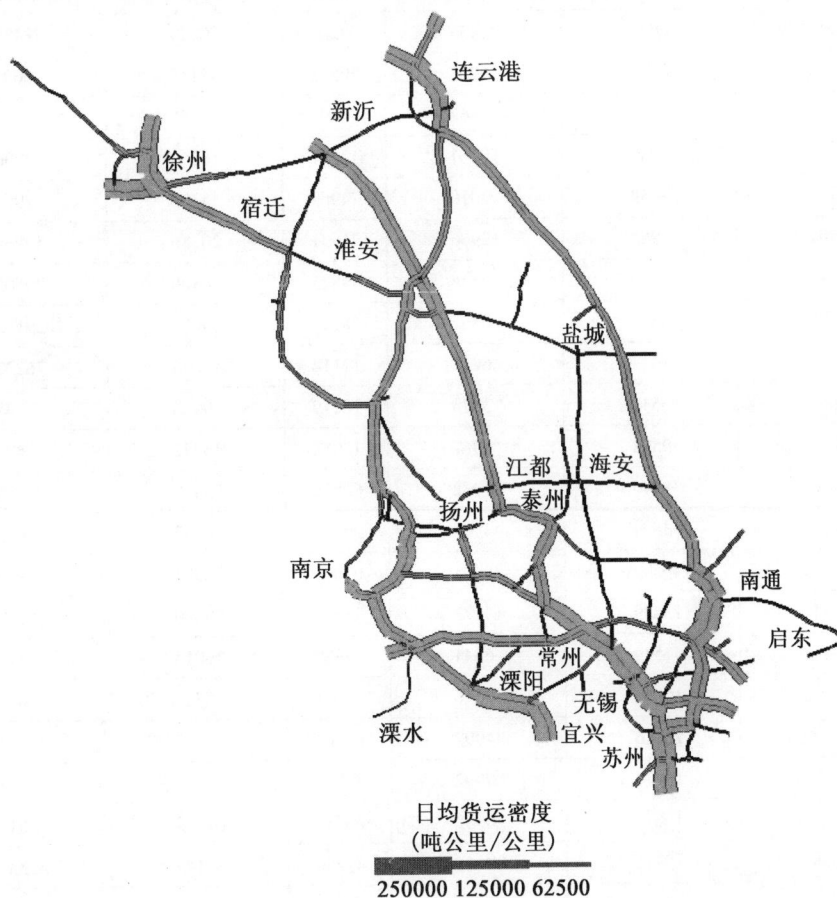

图 4-17　2018 年江苏省高速公路日均货运密度

4.6.3　2018 年江苏省高速公路日均交通量分布如表 4-18 和图 4-18 所示。

2018 年江苏省高速公路日均交通量　　　　　　　　　　表 4-18

路段起止点	正　　向			反　　向		
	客车折算交通量（辆/日）	货车折算交通量（辆/日）	小计	客车折算交通量（辆/日）	货车折算交通量（辆/日）	小计
苏鲁省界—淮安	6678	19849	26527	27980	19468	47448
淮安—江都	13699	16682	30381	34597	19014	53611
江都—江阴	14998	9354	24352	27021	10726	37747
江阴枢纽—无锡	14450	6137	20587	21220	6366	27586
广陵—南通北	12118	5177	17295	19508	6763	26271
南通—苏州北	25598	20183	45781	47441	19998	67439
小海—启东	10455	1168	11623	12332	2254	14586
启东—崇启大桥	6946	1875	8821	7464	1611	9075
沈海苏鲁—灌云	3673	6468	10141	13511	9139	22650
灌云—盐城东	7529	12515	20044	27368	18107	45475
盐城东—南通北	17392	15635	33027	40887	21056	61943
盐城—楚州	7378	5358	12736	12443	4824	17267
淮安西绕城（顺时针）	9246	13297	22543	22223	12228	34451
淮阴—灌云北	8114	14855	22969	19912	11198	31110
灌云北—连云港	12914	33295	46209	37657	23509	61166
连云港—临连苏鲁省界	6071	31436	37507	30879	23431	54310
淮安南—六合南	14329	16266	30595	32115	16631	48746
六和南—刘村	25	67	92	86	63	149
黄花塘—宿迁	6980	10561	17541	16266	8896	25162
宿迁—新沂	1959	3010	4969	5303	2957	8260
淮安西—徐州	8965	12966	21931	20786	10965	31751
徐州东—京福苏鲁	7389	32436	39825	38826	29565	68391
徐州东—苏皖省界	8374	30357	38731	39650	29152	68802
徐州东—渔湾主线	5643	6471	12114	12245	6222	18467
海安—江都	6544	3575	10119	9986	3195	13181
江都—镇江	9592	5962	15554	15572	5490	21062
南京—无锡	38546	21982	60528	65418	22925	88343
无锡—苏州北	53894	44978	98872	110952	50696	161648
苏州北—花桥主线	40599	26401	67000	72591	29960	102551
苏州绕城（顺时针）	13489	14973	28462	29890	15240	45130
石牌—岳王	7539	6841	14380	16015	7315	23330
角直—千灯	16035	6616	22651	25223	7624	32847
苏州北—盛泽主线	27116	34992	62108	65664	36523	102187
苏浙省界—苏沪主线	15076	7992	23068	23518	6872	30390
南京—新昌	19610	20922	40532	37945	17647	55592
新昌—长深苏浙	19711	29569	49280	43145	23537	66682
丹徒—新昌	5052	3534	8586	6629	2505	9134
西坞—无锡	10976	4745	15721	18691	4856	23547

续上表

路段起止点	正 向			反 向		
	客车折算交通量 (辆/日)	货车折算交通量 (辆/日)	小计	客车折算交通量 (辆/日)	货车折算交通量 (辆/日)	小计
骆家边—戚墅堰	15381	14611	29992	41737	20830	62567
戚墅堰—常熟	13568	10398	23966	27632	12289	39921
常熟—太仓	23080	18856	41936	43838	19652	63490
南京三桥—麒麟	9943	19285	29228	28742	17204	45946
麒麟—横梁	8307	21344	29651	32987	22641	55628
横梁—马鞍	3204	13675	16879	18849	14274	33123
南泉—锦丰	6089	5513	11602	11269	4433	15702
武进—泰州大桥	25837	21578	47415	46413	19408	65821
石牌—董滨	16056	24182	40238	41789	23991	65780
彭城—丰县	4749	5769	10518	9413	4701	14114
六合—江都	7844	4283	12127	12242	4216	16458
骆家边—溧马高速苏皖省界	15127	23737	38864	29383	16189	45572
南京南—和凤主线	7143	369	7512	8234	914	9148
璜泾—港城	1289	3731	5020	5148	3583	8731
丹阳新区—镇江新区东	6507	3082	9589	6873	3377	10249

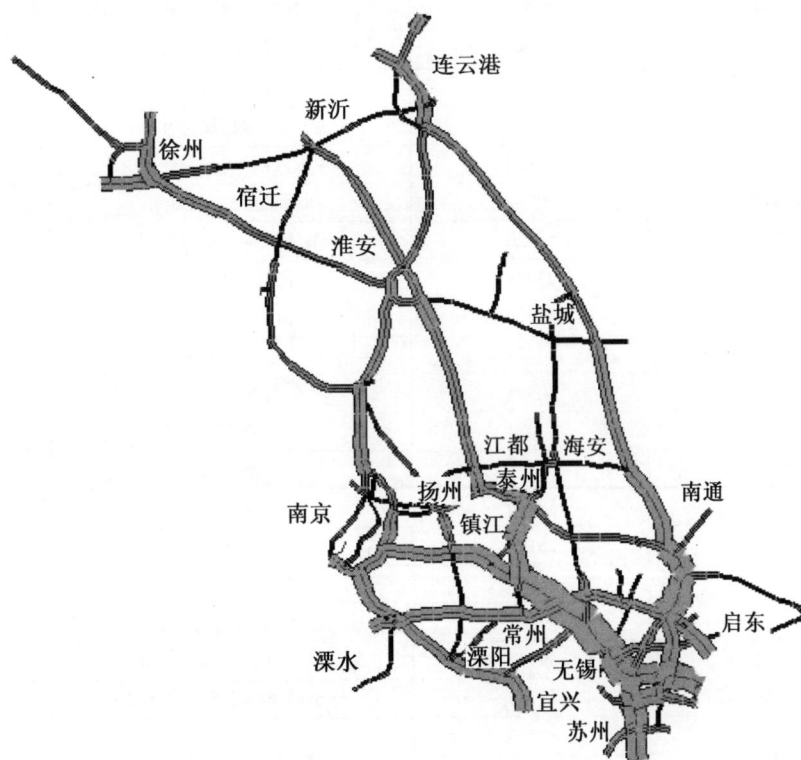

日均折算交通量
当量标准小客车(辆/日)

100000 50000 25000

图4-18 2018年江苏省高速公路日均交通量

4.7 浙江省高速公路日均运输密度

4.7.1 2018年浙江省高速公路日均客运密度分布如表4-19和图4-19所示。

2018年浙江省高速公路日均客运密度   表4-19

路段起止点	客运密度 (人公里/公里)	路段起止点	客运密度 (人公里/公里)
李家巷枢纽—浙皖主线	42474	浙皖主线—李家巷枢纽	40575
浙苏主线—李家巷枢纽	37900	李家巷枢纽—浙苏主线	34756
李家巷枢纽—父子岭(浙苏分界)	64439	父子岭(浙苏分界)—李家巷枢纽	63667
南庄兜(杭州)—李家巷枢纽	63753	李家巷枢纽—南庄兜(杭州)	62237
杭州绕城(逆时针)	61934	杭州绕城(顺时针)	60299
嘉兴枢纽—沈士枢纽	94256	沈士枢纽—嘉兴枢纽	93185
大云(浙沪边界)—嘉兴枢纽	93936	嘉兴枢纽—大云(浙沪边界)	89583
昱岭关(安徽边界)—杭州西	31179	杭州西—昱岭关(安徽边界)	30548
嘉兴枢纽—王江泾(浙苏边界)	62981	王江泾(浙苏边界)—嘉兴枢纽	60525
湖州北—王江泾(浙苏边界)	32315	王江泾(浙苏边界)—湖州北	32954
西塘桥(跨海大桥北)—嘉兴枢纽	77895	嘉兴枢纽—西塘桥(跨海大桥北)	77547
西塘桥(跨海大桥北)—浙沪主线	19012	浙沪主线—西塘桥(跨海大桥北)	19147
西塘桥(跨海大桥北)—余姚	71058	余姚—西塘桥(跨海大桥北)	70763
沽渚枢纽—红垦(杭州)	107520	红垦(杭州)—沽渚枢纽	108361
余姚—沽渚枢纽	74255	沽渚枢纽—余姚	75516
余姚—宁波北	99396	宁波北—余姚	97971
北仑—宁波东	24551	宁波东—北仑	24182
宁波绕城(逆时针)	36943	宁波绕城(顺时针)	37158
嵊州枢纽—宁波西	17843	宁波西—嵊州枢纽	18468
义乌东—嵊州枢纽	20776	嵊州枢纽—义乌东	21379
嵊州枢纽—沽渚枢纽	44420	沽渚枢纽—嵊州枢纽	44941
吴岙—嵊州枢纽	23744	嵊州枢纽—吴岙	24544
宁海—姜山(宁波)	41789	姜山(宁波)—宁海	43222
吴岙—宁海	25754	宁海—吴岙	26631
台州—吴岙	40395	吴岙—台州	40892
缙云—台州	17074	台州—缙云	17580
温州—台州	31471	台州—温州	31887
平阳—温州南	58949	温州南—平阳	62159
分水关—平阳	25192	平阳—分水关	27085
金华东—温州	21392	温州—金华东	21288
金华东—张家畈枢纽(杭州)	49888	张家畈枢纽(杭州)—金华东	50764
杭金衢龙游交界—金华	39192	金华—杭金衢龙游交界	39603
浙赣界—杭金衢龙游交界	42722	杭金衢龙游交界—浙赣界	44112
丽水—杭金衢龙游交界	17753	杭金衢龙游交界—丽水	18101
龙泉—丽水	16705	丽水—龙泉	17235
建德市—杭州南	57699	杭州南—建德市	59915
杭金衢龙游交界—建德市	22633	建德市—杭金衢龙游交界	23374
建德市—千岛湖	15098	千岛湖—建德市	15624
衢州南—浙闽主线	4661	浙闽主线—衢州南	4978

路段起止点	客运密度 (人公里/公里)	路段起止点	客运密度 (人公里/公里)
诸暨北—温州	24675	温州—诸暨北	24918
练市—杭州(崇贤)	47842	杭州(崇贤)—练市	45183
温州绕城(逆时针)	25610	温州绕城(顺时针)	26203
舟山—蛟川	37397	蛟川—舟山	37925
嘉兴枢纽—尖山	8885	尖山—嘉兴枢纽	8647
龙泉—浙闽界	4831	浙闽界—龙泉	4943
衢州—浙皖界	12113	浙皖界—衢州	11280
勾庄—长兴	33691	长兴—勾庄	33076
诸暨浣东—上虞道墟	16347	上虞道墟—诸暨浣东	16762
云龙—象山	28484	象山—云龙	27639
灵峰—穿山港区	17920	穿山港区—灵峰	17792
沈士枢纽—西塘桥	17751	西塘桥—沈士枢纽	17565
党湾—六工	5160	六工—党湾	5242
沽渚枢纽—滨海新城北	7200	滨海新城北—沽渚枢纽	6927
千祥—永康东	16774	永康东—千祥	16267
傅村—义乌东	20489	义乌东—傅村	22310
义乌—义乌东	11128	义乌东—义乌	11109
温州西—阁巷	12341	阁巷—温州西	12245
街亭—安华	6442	安华—街亭	6449

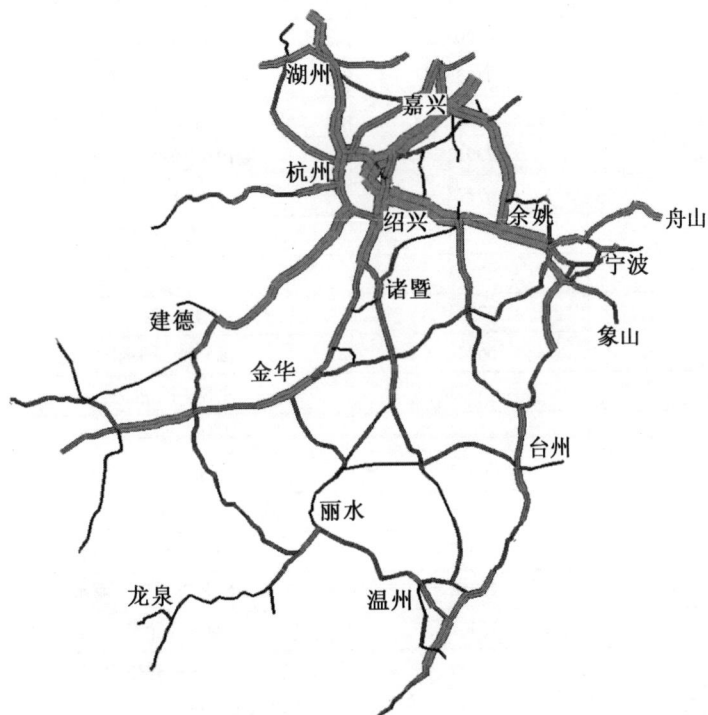

日均客运密度
(人公里/公里)

150000 75000 37500

图4-19 2018年浙江省高速公路日均客运密度

4.7.2　2018年浙江省高速公路日均货运密度分布如表4-20和图4-20所示。

2018年浙江省高速公路日均货运密度　　　　　　　　表4-20

路段起止点	货运密度 （吨公里/公里）	路段起止点	货运密度 （吨公里/公里）
李家巷枢纽—浙皖主线	26699	浙皖主线—李家巷枢纽	33084
浙苏主线—李家巷枢纽	22129	李家巷枢纽—浙苏主线	31313
李家巷枢纽—父子岭(浙苏分界)	121557	父子岭(浙苏分界)—李家巷枢纽	154384
南庄兜(杭州)—李家巷枢纽	129783	李家巷枢纽—南庄兜(杭州)	136253
杭州绕城(逆时针)	136544	杭州绕城(顺时针)	141953
嘉兴枢纽—沈士枢纽	130694	沈士枢纽—嘉兴枢纽	111015
大云(浙沪边界)—嘉兴枢纽	111386	嘉兴枢纽—大云(浙沪边界)	100353
昱岭关(安徽边界)—杭州西	10803	杭州西—昱岭关(安徽边界)	10118
嘉兴枢纽—王江泾(浙苏边界)	125145	王江泾(浙苏边界)—嘉兴枢纽	160996
湖州北—王江泾(浙苏边界)	49775	王江泾(浙苏边界)—湖州北	51878
西塘桥(跨海大桥北)—嘉兴枢纽	142299	嘉兴枢纽—西塘桥(跨海大桥北)	171152
西塘桥(跨海大桥北)—浙沪主线	45967	浙沪主线—西塘桥(跨海大桥北)	58235
西塘桥(跨海大桥北)—余姚	190444	余姚—西塘桥(跨海大桥北)	132757
沽渚枢纽—红垦(杭州)	107553	红垦(杭州)—沽渚枢纽	136208
余姚—沽渚枢纽	149795	沽渚枢纽—余姚	111763
余姚—宁波北	171626	宁波北—余姚	164034
北仑—宁波东	24045	宁波东—北仑	27284
宁波绕城(逆时针)	93489	宁波绕城(顺时针)	72224
嵊州枢纽—宁波西	38631	宁波西—嵊州枢纽	35200
义乌东—嵊州枢纽	41203	嵊州枢纽—义乌东	35275
嵊州枢纽—沽渚枢纽	41339	沽渚枢纽—嵊州枢纽	59138
吴岙—嵊州枢纽	29065	嵊州枢纽—吴岙	42017
宁海—姜山(宁波)	73912	姜山(宁波)—宁海	103747
吴岙—宁海	67778	宁海—吴岙	100733
台州—吴岙	90498	吴岙—台州	125847
缙云—台州	27423	台州—缙云	26188
温州—台州	67364	台州—温州	86922
平阳—温州南	66243	温州南—平阳	82232
分水关—平阳	75825	平阳—分水关	81372
金华东—温州	27524	温州—金华东	24808
金华东—张家畈枢纽(杭州)	60093	张家畈枢纽(杭州)—金华东	84481
杭金衢龙游交界—金华	86766	金华—杭金衢龙游交界	72861
浙赣界—杭金衢龙游交界	157365	杭金衢龙游交界—浙赣界	159226
丽水—杭金衢龙游交界	28058	杭金衢龙游交界—丽水	27309
龙泉—丽水	16567	丽水—龙泉	17329
建德市—杭州南	128449	杭州南—建德市	134548
杭金衢龙游交界—建德市	104450	建德市—杭金衢龙游交界	111989
建德市—千岛湖	4923	千岛湖—建德市	3678
衢州南—浙闽主线	16906	浙闽主线—衢州南	18886
诸暨北—温州	55713	温州—诸暨北	44906
练市—杭州(崇贤)	89727	杭州(崇贤)—练市	68927

路段起止点	货运密度 (吨公里/公里)	路段起止点	货运密度 (吨公里/公里)
温州绕城(逆时针)	35375	温州绕城(顺时针)	37470
舟山—蛟川	10975	蛟川—舟山	16100
嘉兴枢纽—尖山	16736	尖山—嘉兴枢纽	21784
龙泉—浙闽界	6342	浙闽界—龙泉	6879
衢州—浙皖界	14784	浙皖界—衢州	18271
勾庄—长兴	22702	长兴—勾庄	32464
诸暨浣东—上虞道墟	19444	上虞道墟—诸暨浣东	23426
云龙—象山	13928	象山—云龙	9921
灵峰—穿山港区	34867	穿山港区—灵峰	41108
沈士枢纽—西塘桥	32217	西塘桥—沈士枢纽	36167
党湾—六工	15509	六工—党湾	23126
沽渚枢纽—滨海新城北	40783	滨海新城北—沽渚枢纽	19318
千祥—永康东	20829	永康东—千祥	16222
傅村—义乌东	32780	义乌东—傅村	30388
义乌—义乌东	7615	义乌东—义乌	3395
温州西—阁巷	31548	阁巷—温州西	31602
街亭—安华	12411	安华—街亭	10840

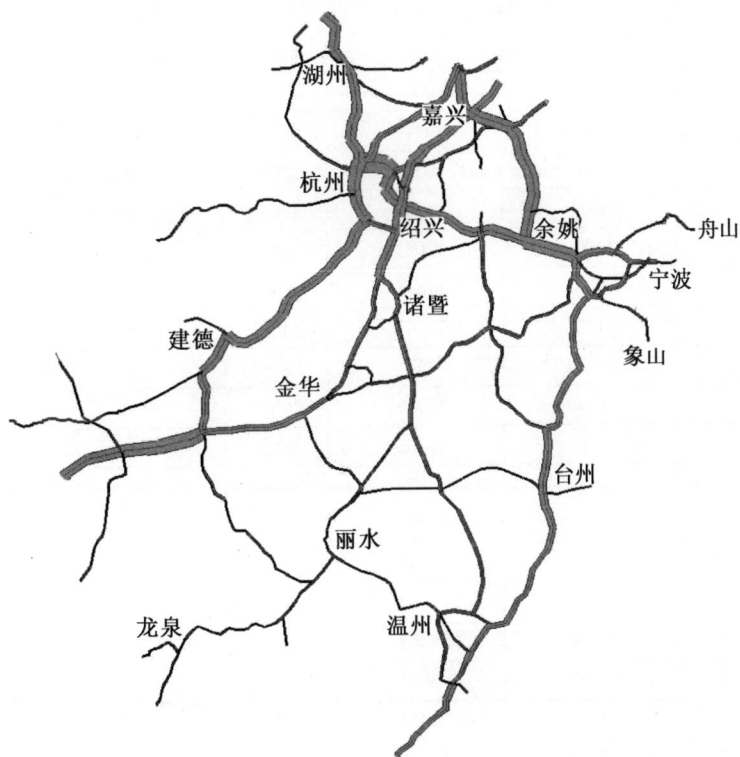

日均货运密度
(吨公里/公里)

300000 150000 75000

图4-20 2018年浙江省高速公路日均货运密度

4.7.3 2018 年浙江省高速公路日均交通量分布如表 4-21 和图 4-21 所示。

2018 年浙江省高速公路日均交通量 表 4-21

路段起止点	正向			反向		
	客车折算交通量（辆/日）	货车折算交通量（辆/日）	小计	客车折算交通量（辆/日）	货车折算交通量（辆/日）	小计
李家巷枢纽—浙皖主线	12167	6788	18955	11676	7087	18763
浙苏主线—李家巷枢纽	10885	6014	16899	10212	6667	16879
李家巷枢纽—父子岭(浙苏分界)	14826	27426	42252	14797	25580	40377
南庄兜(杭州)—李家巷枢纽	15975	28479	44454	15649	23292	38941
杭州绕城(逆时针)	20234	31998	52232	19569	31595	51164
嘉兴枢纽—沈士枢纽	30644	29713	60357	29789	31039	60828
大云(浙沪边界)—嘉兴枢纽	30705	27305	58010	28564	27577	56141
昱岭关(安徽边界)—杭州西	9022	2922	11944	8921	2828	11749
嘉兴枢纽—王江泾(浙苏边界)	19878	32462	52340	19124	31768	50892
湖州北—王江泾(浙苏边界)	9934	11451	21385	10312	12117	22429
西塘桥(跨海大桥北)—嘉兴枢纽	25182	33769	58951	24984	34392	59376
西塘桥(跨海大桥北)—浙沪主线	7109	13455	20564	7122	13179	20301
西塘桥(跨海大桥北)—余姚	22794	34665	57459	22771	32201	54972
沽渚枢纽—红星(杭州)	32846	28446	61292	32995	27855	60850
余姚—沽渚枢纽	23512	30091	53603	23720	28930	52650
余姚—宁波北	32062	39012	71074	31613	36821	68434
北仑—宁波东	9082	8479	17561	8932	9031	17963
宁波绕城(逆时针)	12447	22459	34906	12657	21914	34571
嵊州枢纽—宁波西	5380	9447	14827	5618	9342	14960
义乌东—嵊州枢纽	6425	9749	16174	6652	9834	16486
嵊州枢纽—沽渚枢纽	12514	10532	23046	12618	10498	23116
吴岙—嵊州枢纽	5980	6905	12885	6174	7186	13360
宁海—姜山(宁波)	14921	19681	34602	15432	20615	36047
吴岙—宁海	8768	17616	26384	9041	18650	27691
台州—吴岙	11878	22787	34665	11960	23503	35463
缙云—台州	4774	4921	9695	4925	5342	10267
温州—台州	9849	17039	26888	9920	17160	27080
平阳—温州南	20065	18102	38167	21030	18055	39085
分水关—平阳	8185	16309	24494	8852	16164	25016
金华东—温州	6117	5484	11601	6122	5714	11836
金华东—张家畈枢纽(杭州)	16094	16344	32438	16426	16625	33051
杭金衢龙游交界—金华	10681	16092	26773	10957	14849	25806
浙赣界—杭金衢龙游交界	10598	28402	39000	11253	27586	38839
丽水—杭金衢龙游交界	4160	5077	9237	4225	4750	8975
龙泉—丽水	5072	3451	8523	5169	3395	8564
建德市—杭州南	17774	24576	42350	18719	24214	42933
杭金衢龙游交界—建德市	6849	19061	25910	7240	18673	25913
建德市—千岛湖	4480	1318	5798	4588	1311	5899
衢州南—浙闽主线	1390	3119	4509	1422	3573	4995
诸暨北—温州	7856	9738	17594	7836	9758	17594

续上表

路段起止点	正　　向		小计	反　　向		小计
	客车折算交通量 （辆/日）	货车折算交通量 （辆/日）		客车折算交通量 （辆/日）	货车折算交通量 （辆/日）	
练市—杭州(崇贤)	14064	17851	31915	14013	16830	30843
温州绕城(逆时针)	8724	9088	17812	8988	9388	18376
舟山—蛟川	9354	3795	13149	9497	3826	13323
嘉兴枢纽—尖山	3283	3387	6670	3262	4502	7764
龙泉—浙闽界	1728	1349	3077	1778	1459	3237
衢州—浙皖界	3354	3343	6697	3132	3166	6298
勾庄—长兴	9462	6149	15611	9216	6700	15916
诸暨浣东—上虞道墟	5532	4970	10502	5694	5074	10768
云龙—象山	9266	3940	13206	8956	3632	12588
灵峰—穿山港区	6222	11290	17512	6147	10588	16735
沈士枢纽—西塘桥	6462	8471	14933	6379	7634	14013
党湾—六工	2015	4421	6436	2053	4328	6381
沽渚枢纽—滨海新城北	2543	6861	9404	2368	5824	8192
千祥—永康东	5696	4281	9977	5467	4227	9694
傅村—义乌东	6502	7546	14048	7245	7551	14796
义乌—义乌东	3929	2030	5959	3752	1837	5589
温州西—阁巷	4656	7020	11676	4493	7743	12236
街亭—安华	2009	2327	4336	1989	2425	4414

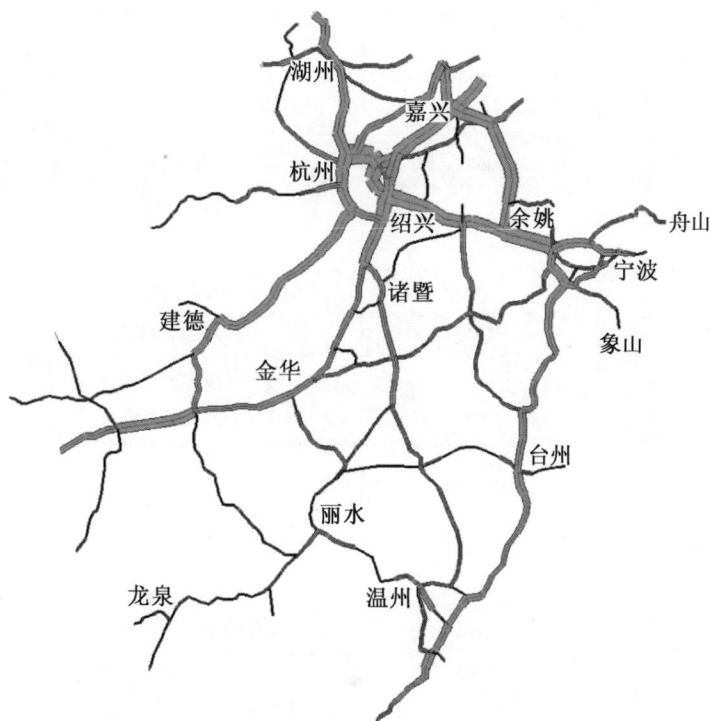

日均折算交通量
当量标准小客车(辆/日)

100000 50000 25000

图4-21　2018年浙江省高速公路日均交通量

4.8 安徽省高速公路日均运输密度

4.8.1 2018 年安徽省高速公路日均客运密度分布如表 4-22 和图 4- 22 所示。

2018 年安徽省高速公路日均客运密度 表 4-22

路段起止点	客运密度 （人公里/公里）	路段起止点	客运密度 （人公里/公里）
皖豫—皖苏	23616	皖苏—皖豫	24783
朱圩子—宿州	22107	宿州—朱圩子	22458
宿州—蚌埠	28292	蚌埠—宿州	28273
蚌埠—合肥	21363	合肥—蚌埠	21667
合肥—芜湖	43037	芜湖—合肥	44177
芜湖—苏皖	38174	苏皖—芜湖	37905
界首—蚌埠	34453	蚌埠—界首	31197
蚌埠—曹庄	64193	曹庄—蚌埠	67712
黄庄—阜阳	14482	阜阳—黄庄	15087
阜阳—淮南	39196	淮南—阜阳	38165
淮南—合肥	72009	合肥—淮南	70829
合肥—庐江	55900	庐江—合肥	56272
庐江—铜陵	17239	铜陵—庐江	17476
铜陵—黄山	16048	黄山—铜陵	15886
黄山—徽州	7591	徽州—黄山	7966
庐江—怀宁	30576	怀宁—庐江	31034
怀宁—宿松	26387	宿松—怀宁	25986
怀宁—安庆	30662	安庆—怀宁	32303
叶集—六安	37516	六安—叶集	35485
六安—合肥	55770	合肥—六安	59051
合肥—吴庄	40250	吴庄—合肥	40639
大顾店—长岭关	14020	长岭关—大顾店	13288
潜山互通—六安西	9048	六安西—潜山互通	9008
马鞍山—芜湖	45893	芜湖—马鞍山	45875
芜湖—铜陵	27542	铜陵—芜湖	26628
铜陵—安庆	30067	安庆—铜陵	27827
安庆—花园（皖赣省界）	13280	花园（皖赣省界）—安庆	13111
宿州—泗县	4598	泗县—宿州	4540
合肥绕城（顺时针）	55914	合肥绕城（逆时针）	54888
亳鹿主线—亳永主线	11142	亳永主线—亳鹿主线	10781
宿州—淮永主线	14811	淮永主线—宿州	15701
芜湖—水阳	4618	水阳—芜湖	4542
阜阳南—临泉（皖豫省界）	11490	临泉（皖豫省界）—阜阳南	10928
屯溪西—新安（皖赣省界）	7133	新安（皖赣省界）—屯溪西	6795
巢湖互通—博望（皖苏省界）	41644	博望（皖苏省界）—巢湖互通	40914

路段起止点	客运密度 (人公里/公里)	路段起止点	客运密度 (人公里/公里)
宣城互通—接宁绩	9115	接宁绩—宣城互通	9192
宁国—千秋关(皖浙省界)	4934	千秋关(皖浙省界)—宁国	4852
明光互通—皖苏主线	8400	皖苏主线—明光互通	8452
潜山互通—香隅(皖赣省界)	10048	香隅(皖赣省界)—潜山互通	9361
滁州互通—和县	9213	和县—滁州互通	9803
无为南—宣城	19900	宣城—无为南	21076
砀永主线—皖鲁主线	2631	皖鲁主线—砀永主线	2662
淮永主线—利辛东	6422	利辛东—淮永主线	6451
岳西互通—皖鄂主线	4514	皖鄂主线—岳西互通	4422
阜阳南—六安西	12743	六安西—阜阳南	12545
凤阳—淮南东	15905	淮南东—凤阳	16317
宁国—歙县东	4710	歙县东—宁国	4722
高店枢纽—凤台	5380	凤台—高店枢纽	5685

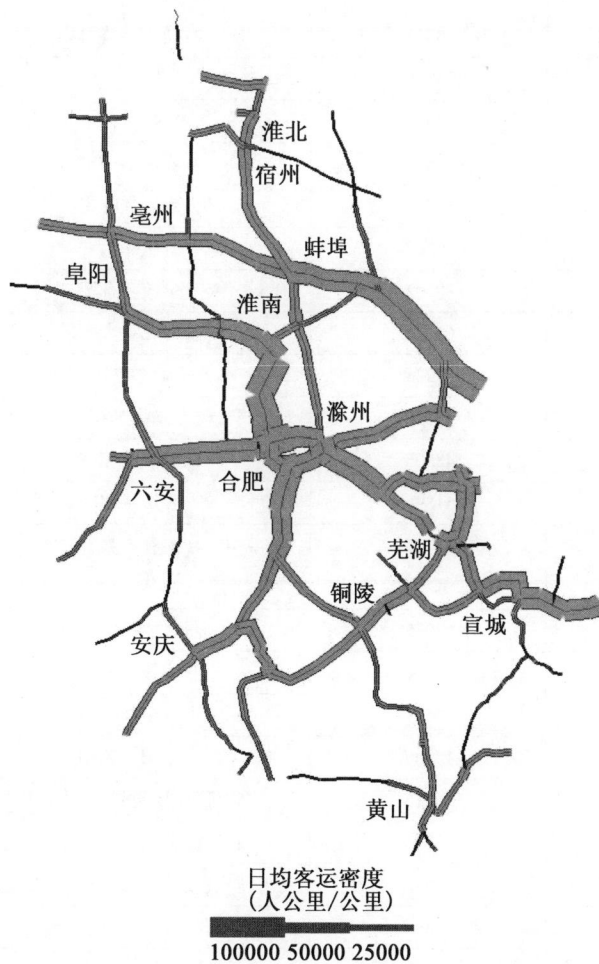

图4-22　2018年安徽省高速公路日均客运密度

4.8.2 **2018 年安徽省高速公路日均货运密度分布如表 4-23 和图 4-23 所示。**

2018 年安徽省高速公路日均货运密度 表 4-23

路段起止点	货运密度 （吨公里/公里）	路段起止点	货运密度 （吨公里/公里）
皖豫—皖苏	44591	皖苏—皖豫	39958
朱圩子—宿州	64265	宿州—朱圩子	40123
宿州—蚌埠	63376	蚌埠—宿州	42564
蚌埠—合肥	56165	合肥—蚌埠	39136
合肥—芜湖	54109	芜湖—合肥	53040
芜湖—苏皖	45695	苏皖—芜湖	48712
界首—蚌埠	48230	蚌埠—界首	45890
蚌埠—曹庄	78827	曹庄—蚌埠	72581
黄庄—阜阳	30847	阜阳—黄庄	41724
阜阳—淮南	31158	淮南—阜阳	26770
淮南—合肥	34948	合肥—淮南	45896
合肥—庐江	71106	庐江—合肥	66614
庐江—铜陵	10255	铜陵—庐江	8670
铜陵—黄山	14225	黄山—铜陵	19450
黄山—徽州	19362	徽州—黄山	15372
庐江—怀宁	63996	怀宁—庐江	59385
怀宁—宿松	77918	宿松—怀宁	69940
怀宁—安庆	49616	安庆—怀宁	50280
叶集—六安	74742	六安—叶集	74613
六安—合肥	86227	合肥—六安	90595
合肥—吴庄	38602	吴庄—合肥	47782
大顾店—长岭关	62974	长岭关—大顾店	59903
潜山互通—六安西	23276	六安西—潜山互通	23602
马鞍山—芜湖	53695	芜湖—马鞍山	53455
芜湖—铜陵	48505	铜陵—芜湖	42358
铜陵—安庆	51896	安庆—铜陵	45821
安庆—花园(皖赣省界)	43725	花园(皖赣省界)—安庆	38073
宿州—泗县	1757	泗县—宿州	1310
合肥绕城(顺时针)	67075	合肥绕城(逆时针)	64828
亳鹿主线—亳永主线	6626	亳永主线—亳鹿主线	8310
宿州—淮永主线	14771	淮永主线—宿州	18729
芜湖—水阳	15406	水阳—芜湖	17466
阜阳南—临泉(皖豫省界)	9616	临泉(皖豫省界)—阜阳南	7727
屯溪西—新安(皖赣省界)	1908	新安(皖赣省界)—屯溪西	3536
巢湖互通—博望(皖苏省界)	61076	博望(皖苏省界)—巢湖互通	56597
宣城互通—接宁绩	7663	接宁绩—宣城互通	5205
宁国—千秋关(皖浙省界)	6058	千秋关(皖浙省界)—宁国	3192
明光互通—皖苏主线	6098	皖苏主线—明光互通	7919

路段起止点	货运密度 (吨公里/公里)	路段起止点	货运密度 (吨公里/公里)
潜山互通—香隅(皖赣省界)	16568	香隅(皖赣省界)—潜山互通	14710
滁州互通—和县	12868	和县—滁州互通	10611
无为南—宣城	26231	宣城—无为南	23508
砀永主线—皖鲁主线	6980	皖鲁主线—砀永主线	4656
淮永主线—利辛东	6029	利辛东—淮永主线	4066
岳西互通—皖鄂主线	11022	皖鄂主线—岳西互通	10401
阜阳南—六安西	25155	六安西—阜阳南	28590
凤阳—淮南东	14649	淮南东—凤阳	12886
宁国—歙县东	4160	歙县东—宁国	4105
高店枢纽—凤台	4512	凤台—高店枢纽	4567

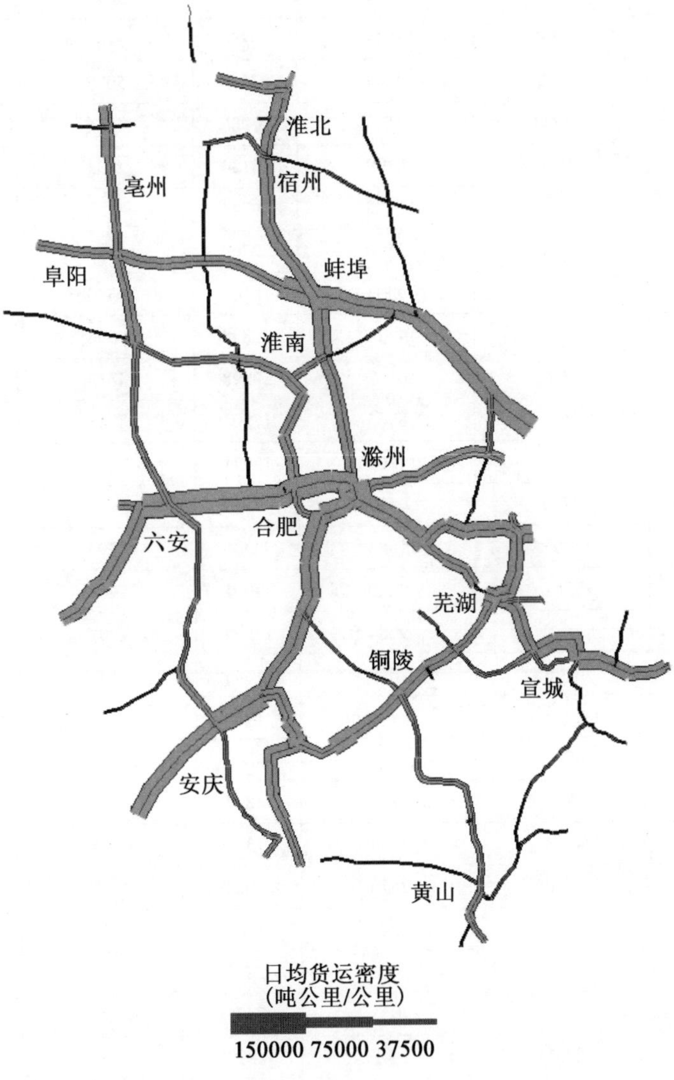

图4-23 2018年安徽省高速公路日均货运密度

4.8.3 2018年安徽省高速公路日均交通量分布如表4-24和图4-24所示。

2018 年安徽省高速公路日均交通量 表4-24

路段起止点	正 向			反 向		
	客车折算交通量（辆/日）	货车折算交通量（辆/日）	小计	客车折算交通量（辆/日）	货车折算交通量（辆/日）	小计
皖豫—皖苏	6207	8364	14571	6357	8548	14905
朱圩子—宿州	6687	10898	17585	6816	10247	17063
宿州—蚌埠	7661	11089	18750	7724	9640	17364
蚌埠—合肥	5770	9915	15685	5829	9166	14995
合肥—芜湖	11036	11107	22143	11281	11151	22432
芜湖—苏皖	9960	9649	19609	9868	9451	19319
界首—蚌埠	7600	9614	17214	6705	8902	15607
蚌埠—曹庄	14736	14764	29500	15772	14797	30569
黄庄—阜阳	4148	6603	10751	4314	7465	11779
阜阳—淮南	10390	6622	17012	10053	6567	16620
淮南—合肥	19542	8894	28436	19073	9344	28417
合肥—庐江	15746	13534	29280	15784	13671	29455
庐江—铜陵	5002	2244	7246	5075	2075	7150
铜陵—黄山	4111	3175	7286	4074	3275	7349
黄山—徽州	1935	3199	5134	2034	3015	5049
庐江—怀宁	8248	11493	19741	8352	11759	20111
怀宁—宿松	7170	13590	20760	6999	13275	20274
怀宁—安庆	8764	9503	18267	9340	10042	19382
叶集—六安	8717	14121	22838	8094	13331	21425
六安—合肥	13796	16102	29898	14812	17094	31906
合肥—吴庄	8540	8963	17503	8843	8954	17797
大顾店—长岭关	4102	11869	15971	3853	10755	14608
潜山互通—六安西	2790	4527	7317	2772	4407	7179
马鞍山—芜湖	12993	11583	24576	12999	11679	24678
芜湖—铜陵	7761	9240	17001	7464	9026	16490
铜陵—安庆	8610	9784	18394	7902	9434	17336
安庆—花园(皖赣省界)	4188	7655	11843	4103	7719	11822
宿州—泗县	1536	446	1982	1489	396	1885
合肥绕城(顺时针)	14967	13674	28641	14661	13867	28528
亳鹿主线—亳永主线	3155	1739	4894	3045	1778	4823
宿州—淮永主线	4138	3233	7371	4384	3859	8243
芜湖—水阳	1490	2573	4063	1469	3099	4568
阜阳南—临泉(皖豫省界)	3063	2246	5309	2905	2000	4905
屯溪西—新安(皖赣省界)	2275	601	2876	2143	705	2848
巢湖互通—博望(皖苏省界)	10452	12033	22485	10375	11543	21918
宣城互通—接宁绩	2751	1648	4399	2761	1630	4391
宁国—千秋关(皖浙省界)	1531	992	2523	1494	966	2460

续上表

路段起止点	正向		小计	反向		小计
	客车折算交通量 (辆/日)	货车折算交通量 (辆/日)		客车折算交通量 (辆/日)	货车折算交通量 (辆/日)	
明光互通—皖苏主线	2686	1525	4211	2701	1595	4296
潜山互通—香隅(皖赣省界)	3293	3147	6440	3059	3149	6208
滁州互通—和县	2610	2799	5409	2677	2793	5470
无为南—宣城	5615	4819	10434	5939	4870	10809
砀永主线—皖鲁主线	912	1182	2094	925	1202	2127
淮永主线—利辛东	1967	1263	3230	1968	1251	3219
岳西互通—皖鄂主线	1453	2254	3707	1401	1899	3300
阜阳南—六安西	3867	5483	9350	3835	5594	9429
凤阳—淮南东	4774	3204	7978	4911	3073	7984
宁国—歙县东	1287	913	2200	1292	916	2208
高店枢纽—凤台	1775	918	2693	1881	1021	2902

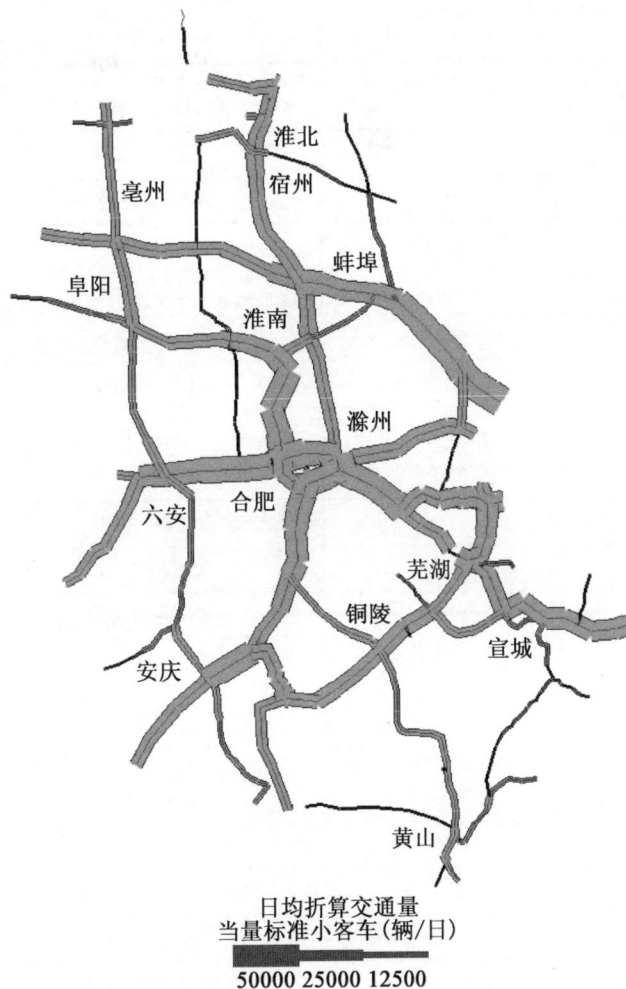

图4-24　2018年安徽省高速公路日均交通量

4.9 福建省高速公路日均运输密度

4.9.1 2018年福建省高速公路日均客运密度分布如表4-25和图4-25所示。

2018年福建省高速公路日均客运密度 表4-25

路段起止点	客运密度 （人公里/公里）	路段起止点	客运密度 （人公里/公里）
闽浙—福鼎	12313	福鼎—闽浙	8825
福鼎—霞浦	16582	霞浦—福鼎	14799
霞浦—宁德	19500	宁德—霞浦	19334
宁德—连江	26251	连江—宁德	24701
连江—闽侯	12354	闽侯—连江	18234
连江—福州	33574	福州—连江	33596
营前—福州机场	23411	福州机场—营前	42566
福州—莆田	37975	莆田—福州	36672
平潭—渔溪	15155	渔溪—平潭	15265
莆田—泉州	46260	泉州—莆田	45504
湄洲岛—仙游大济	10519	仙游大济—湄洲岛	10540
惠东—南安	15711	南安—惠东	15855
泉州—厦门	73554	厦门—泉州	73823
晋江龙湖—内坑	19644	内坑—晋江龙湖	19655
厦门—漳州	64967	漳州—厦门	64715
漳州—云霄	21858	云霄—漳州	20136
云霄—诏安	16631	诏安—云霄	15353
诏安—闽粤	12630	闽粤—诏安	11493
漳州—龙岩	22471	龙岩—漳州	21752
龙岩—新泉	22782	新泉—龙岩	23377
溪南—龙岩	6762	龙岩—溪南	6600
龙岩—永定下洋	5930	永定下洋—龙岩	5475
下道湖—古石	10353	古石—下道湖	10304
新泉—夏成闽赣	10309	夏成闽赣—新泉	9354
泉州—永春	36952	永春—泉州	35728
亭川—安溪龙门	19179	安溪龙门—亭川	18294
永春—永安	12238	永安—永春	11683
德化—蓬壶	16493	蓬壶—德化	18479
永安—泉南闽赣	7773	泉南闽赣—永安	7233
福州—青州	12023	青州—福州	11561
夏茂—闽赣省界	10504	闽赣省界—夏茂	10467
湾坞—屏南	7279	屏南—湾坞	8516

续上表

路段起止点	客运密度 （人公里/公里）	路段起止点	客运密度 （人公里/公里）
松溪旧县—建瓯东峰	3785	建瓯东峰—松溪旧县	3646
杨源—将口	3672	将口—杨源	3390
兴田—宁上闽赣	6038	宁上闽赣—兴田	5704
兴田—和平	5451	和平—兴田	5389
浦建闽浙—浦城	2022	浦城—浦建闽浙	1850
京台闽浙—浦城	3735	浦城—京台闽浙	3207
浦城—南平	7887	南平—浦城	7899
南平—三明	12514	三明—南平	12142
三明—永安	9439	永安—三明	9381
永安—新泉	4525	新泉—永安	4088
新泉—长深闽粤	5406	长深闽粤—新泉	4617
永春湖洋—安溪福田	9693	安溪福田—永春湖洋	9053
长泰枋洋—漳州西	6304	漳州西—长泰枋洋	6237
漳州西—沈海复线闽粤	10812	沈海复线闽粤—漳州西	10583
福州南—永泰梧桐	19766	永泰梧桐—福州南	18893
涵江江口—仙游榜头	4656	仙游榜头—涵江江口	4342
仙游龙华—亭川	6534	亭川—仙游龙华	6425
仙游大济—湖洋	6955	湖洋—仙游大济	6806
南安—水头	17049	水头—南安	16435
惠安—樟井	9909	樟井—惠安	10030
厦门—长泰枋洋	17389	长泰枋洋—厦门	16945
长泰—厦门	14897	厦门—长泰	14808
桃源—漳平	4782	漳平—桃源	4997
漳平—华安开发区	6943	华安开发区—漳平	6881
东山岛—东山	8011	东山—东山岛	7587
南靖靖城—龙海东泗	3443	龙海东泗—南靖靖城	3194
莆田—秀屿棣头	5517	秀屿棣头—莆田	5767
安溪东—南安	16435	南安—安溪东	16575
建瓯—闽侯甘蔗	9953	闽侯甘蔗—建瓯	9757
福安—拓荣	3538	拓荣—福安	3490
寿宁犀溪—福安	2465	福安—寿宁犀溪	2828
飞鸾—连江	4043	连江—飞鸾	3637
海沧—紫泥	21489	紫泥—海沧	20088
厦漳大桥—漳州港	11560	漳州港—厦漳大桥	14941
古武闽赣—武平	2427	武平—古武闽赣	2912
浦建闽赣—泰宁	1501	泰宁—浦建闽赣	1391

宁德

南平

福州

三明

莆田

龙岩

泉州

漳州

日均客运密度
（人公里/公里）

50000 25000 12500

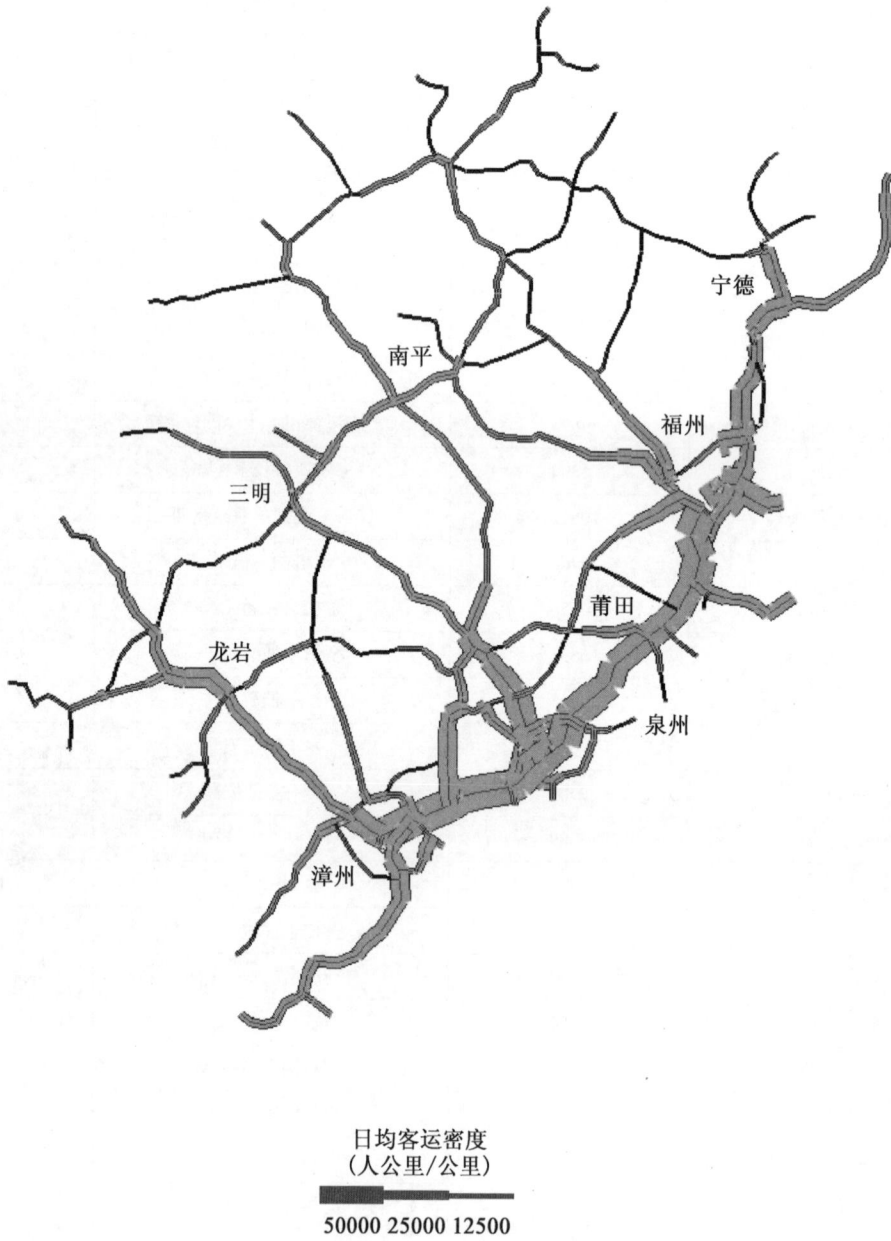

图4-25　2018年福建省高速公路日均客运密度

4.9.2　2018 年福建省高速公路日均货运密度分布如表 4-26 和图 4-26 所示。

2018 年福建省高速公路日均货运密度　　　　　　　　　　表 4-26

路段起止点	货运密度 (吨公里/公里)	路段起止点	货运密度 (吨公里/公里)
闽浙—福鼎	70780	福鼎—闽浙	66052
福鼎—霞浦	69230	霞浦—福鼎	69082
霞浦—宁德	60615	宁德—霞浦	64976
宁德—连江	52163	连江—宁德	56192
连江—闽侯	7820	闽侯—连江	9892
连江—福州	51373	福州—连江	52235
营前—福州机场	6166	福州机场—营前	7184
福州—莆田	62528	莆田—福州	65162
平潭—渔溪	2676	渔溪—平潭	5244
莆田—泉州	70041	泉州—莆田	70311
湄洲岛—仙游大济	7506	仙游大济—湄洲岛	6945
惠东—南安	6503	南安—惠东	6383
泉州—厦门	72592	厦门—泉州	74098
晋江龙湖—内坑	9065	内坑—晋江龙湖	9682
厦门—漳州	57084	漳州—厦门	63917
漳州—云霄	24860	云霄—漳州	22213
云霄—诏安	29044	诏安—云霄	22445
诏安—闽粤	34615	闽粤—诏安	24099
漳州—龙岩	24828	龙岩—漳州	21134
龙岩—新泉	19850	新泉—龙岩	13586
溪南—龙岩	7789	龙岩—溪南	9057
龙岩—永定下洋	3231	永定下洋—龙岩	2192
下道湖—古石	3728	古石—下道湖	2799
新泉—夏成闽赣	13656	夏成闽赣—新泉	9019
泉州—永春	29932	永春—泉州	30306
亭川—安溪龙门	8804	安溪龙门—亭川	10837
永春—永安	27813	永安—永春	36956
德化—蓬壶	25424	蓬壶—德化	29770
永安—泉南闽赣	20480	泉南闽赣—永安	17553
福州—青州	14781	青州—福州	18135
夏茂—闽赣省界	19748	闽赣省界—夏茂	20911
湾坞—屏南	4595	屏南—湾坞	6084
松溪旧县—建瓯东峰	2975	建瓯东峰—松溪旧县	3905
杨源—将口	3399	将口—杨源	5557

续上表

路段起止点	货运密度 （吨公里/公里）	路段起止点	货运密度 （吨公里/公里）
兴田—宁上闽赣	6169	宁上闽赣—兴田	8298
兴田—和平	3771	和平—兴田	5310
浦建闽浙—浦城	608	浦城—浦建闽浙	838
京台闽浙—浦城	16779	浦城—京台闽浙	11416
浦城—南平	13486	南平—浦城	14616
南平—三明	18009	三明—南平	21300
三明—永安	12805	永安—三明	14406
永安—新泉	9153	新泉—永安	8228
新泉—长深闽粤	10454	长深闽粤—新泉	8635
永春湖洋—安溪福田	13261	安溪福田—永春湖洋	22026
长泰枋洋—漳州西	7272	漳州西—长泰枋洋	6433
漳州西—沈海复线闽粤	20493	沈海复线闽粤—漳州西	27536
福州南—永泰梧桐	5321	永泰梧桐—福州南	7321
涵江江口—仙游榜头	2133	仙游榜头—涵江江口	3207
仙游龙华—亭川	2856	亭川—仙游龙华	4837
仙游大济—湖洋	14311	湖洋—仙游大济	23658
南安—水头	9294	水头—南安	11950
惠安—樟井	5399	樟井—惠安	3781
厦门—长泰枋洋	8096	长泰枋洋—厦门	10874
长泰—厦门	9933	厦门—长泰	11249
桃源—漳平	12190	漳平—桃源	15737
漳平—华安开发区	8754	华安开发区—漳平	11612
东山岛—东山	1700	东山—东山岛	1498
南靖靖城—龙海东泗	2134	龙海东泗—南靖靖城	2325
莆田—秀屿棣头	1170	秀屿棣头—莆田	1561
安溪东—南安	2260	南安—安溪东	3312
建瓯—闽侯甘蔗	21050	闽侯甘蔗—建瓯	16808
福安—拓荣	3073	拓荣—福安	2181
寿宁犀溪—福安	1028	福安—寿宁犀溪	1667
飞鸾—连江	3928	连江—飞鸾	4411
海沧—紫泥	30554	紫泥—海沧	29052
厦漳大桥—漳州港	2194	漳州港—厦漳大桥	4265
古武闽赣—武平	2601	武平—古武闽赣	2579
浦建闽赣—泰宁	1168	泰宁—浦建闽赣	1189

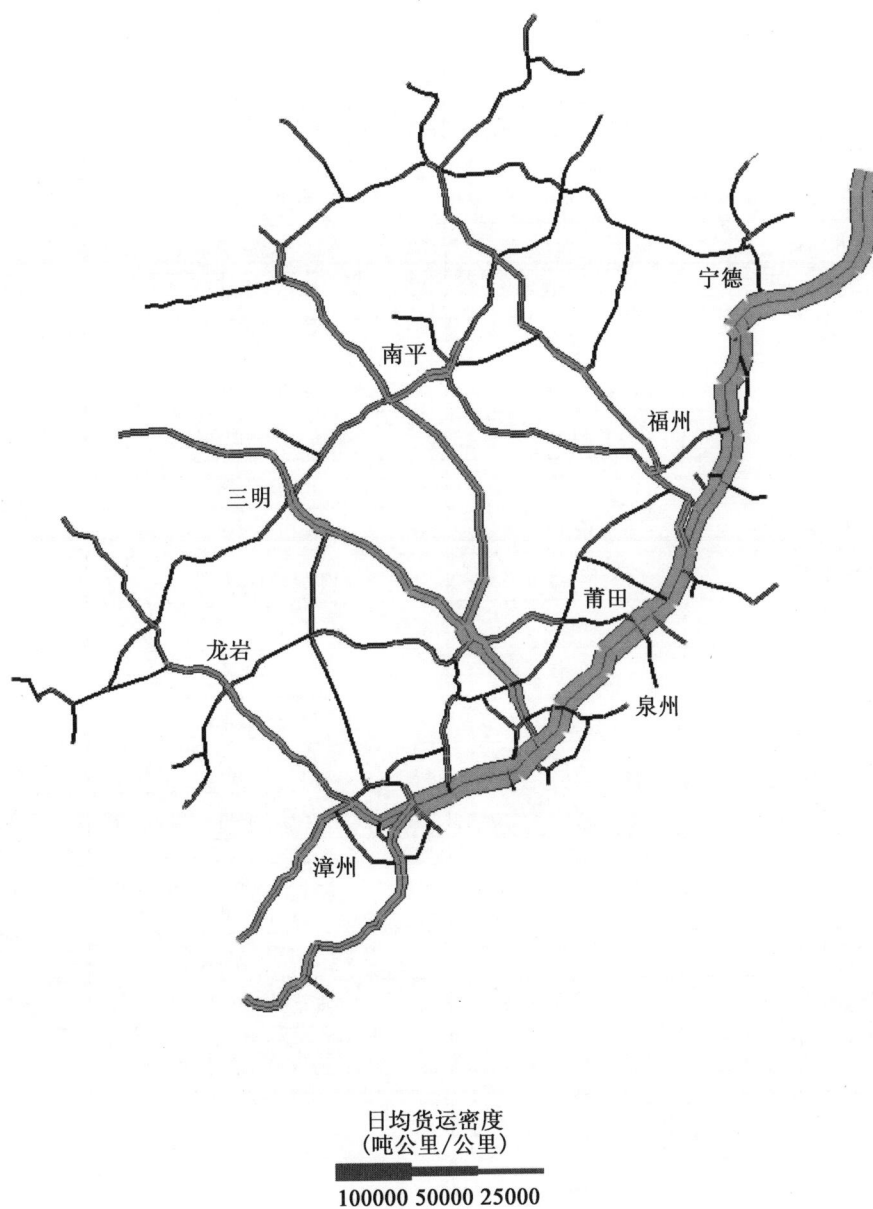

日均货运密度
(吨公里/公里)

100000 50000 25000

图 4-26　2018 年福建省高速公路日均货运密度

4.9.3 2018年福建省高速公路日均道路负荷分布如表4-27和图4-27所示。

2018 年福建省高速公路日均轴载　　　　　　　　　表 4-27

路段起止点	轴载 （标准轴载当量轴次/日）	路段起止点	轴载 （标准轴载当量轴次/日）
闽浙—福鼎	9400	福鼎—闽浙	8367
福鼎—霞浦	9150	霞浦—福鼎	8798
霞浦—宁德	8024	宁德—霞浦	8382
宁德—连江	6950	连江—宁德	7397
连江—闽侯	1081	闽侯—连江	4120
连江—福州	6856	福州—连江	6823
营前—福州机场	827	福州机场—营前	955
福州—莆田	8420	莆田—福州	8571
平潭—渔溪	412	渔溪—平潭	800
莆田—泉州	9454	泉州—莆田	9433
湄洲岛—仙游大济	1015	仙游大济—湄洲岛	962
惠东—南安	877	南安—惠东	855
泉州—厦门	10011	厦门—泉州	10378
晋江龙湖—内坑	1252	内坑—晋江龙湖	1355
厦门—漳州	8111	漳州—厦门	8826
漳州—云霄	3545	云霄—漳州	3215
云霄—诏安	4079	诏安—云霄	3430
诏安—闽粤	4763	闽粤—诏安	3243
漳州—龙岩	3660	龙岩—漳州	3186
龙岩—新泉	2803	新泉—龙岩	1840
溪南—龙岩	1086	龙岩—溪南	1312
龙岩—永定下洋	447	永定下洋—龙岩	323
下道湖—古石	491	古石—下道湖	412
新泉—夏成闽赣	1960	夏成闽赣—新泉	1214
泉州—永春	3832	永春—泉州	4360
亭川—安溪龙门	1247	安溪龙门—亭川	1517
永春—永安	3683	永安—永春	5299
德化—蓬壶	3522	蓬壶—德化	3770
永安—泉南闽赣	2545	泉南闽赣—永安	2310
福州—青州	2028	青州—福州	2563
夏茂—闽赣省界	2329	闽赣省界—夏茂	2835
湾坞—屏南	617	屏南—湾坞	800
松溪旧县—建瓯东峰	363	建瓯东峰—松溪旧县	525
杨源—将口	433	将口—杨源	721

续上表

路段起止点	轴载 (标准轴载当量轴次/日)	路段起止点	轴载 (标准轴载当量轴次/日)
兴田—宁上闽赣	757	宁上闽赣—兴田	1079
兴田—和平	485	和平—兴田	685
浦建闽浙—浦城	74	浦城—浦建闽浙	105
京台闽浙—浦城	2083	浦城—京台闽浙	1455
浦城—南平	1727	南平—浦城	1861
南平—三明	2319	三明—南平	2760
三明—永安	1668	永安—三明	1854
永安—新泉	1187	新泉—永安	999
新泉—长深闽粤	1386	长深闽粤—新泉	1065
永春湖洋—安溪福田	1861	安溪福田—永春湖洋	3283
长泰枋洋—漳州西	1024	漳州西—长泰枋洋	950
漳州西—沈海复线闽粤	2681	沈海复线闽粤—漳州西	3548
福州南—永泰梧桐	791	永泰梧桐—福州南	1051
涵江江口—仙游榜头	324	仙游榜头—涵江江口	469
仙游龙华—亭川	417	亭川—仙游龙华	695
仙游大济—湖洋	2069	湖洋—仙游大济	3553
南安—水头	1381	水头—南安	1752
惠安—樟井	718	樟井—惠安	507
厦门—长泰枋洋	1246	长泰枋洋—厦门	1484
长泰—厦门	1439	厦门—长泰	1632
桃源—漳平	1627	漳平—桃源	2124
漳平—华安开发区	1177	华安开发区—漳平	1575
东山岛—东山	266	东山—东山岛	252
南靖靖城—龙海东泗	300	龙海东泗—南靖靖城	341
莆田—秀屿棣头	172	秀屿棣头—莆田	227
安溪东—南安	297	南安—安溪东	488
建瓯—闽侯甘蔗	2801	闽侯甘蔗—建瓯	2216
福安—拓荣	434	拓荣—福安	300
寿宁犀溪—福安	133	福安—寿宁犀溪	214
飞鸾—连江	589	连江—飞鸾	655
海沧—紫泥	4483	紫泥—海沧	4141
厦漳大桥—漳州港	350	漳州港—厦漳大桥	585
古武闽赣—武平	389	武平—古武闽赣	343
浦建闽赣—泰宁	152	泰宁—浦建闽赣	150

2018 Zhongguo Gaosu Gonglu Yunshuliang Tongji Diaocha Fenxi Baogao

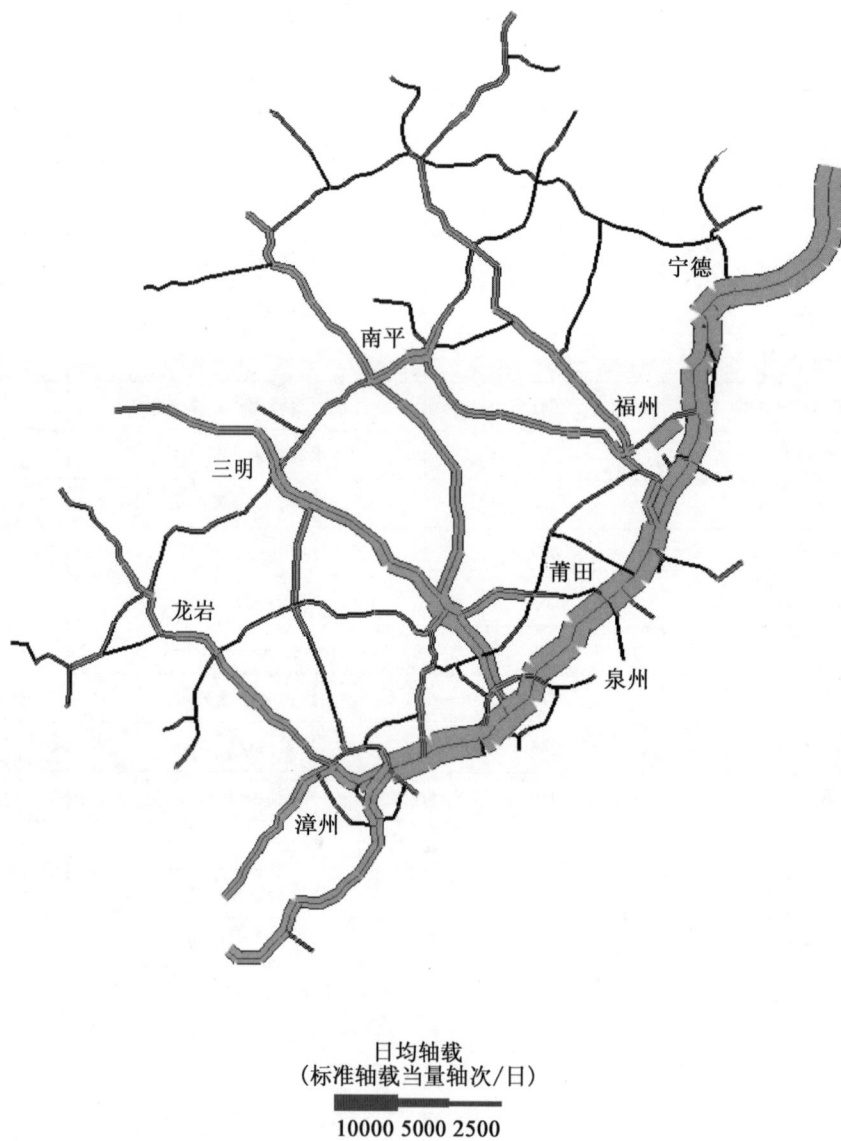

日均轴载
（标准轴载当量轴次/日）

10000 5000 2500

图 4-27　2018 年福建省高速公路日均轴载

4.9.4　2018 年福建省高速公路日均交通量分布如表 4-28 和图 4-28 所示。

2018 年福建省高速公路日均交通量

表 4-28

路段起止点	正　向		小计	反　向		小计
	客车折算交通量 （辆/日）	货车折算交通量 （辆/日）		客车折算交通量 （辆/日）	货车折算交通量 （辆/日）	
闽浙—福鼎	3498	12901	16399	2357	12600	14957
福鼎—霞浦	4451	12937	17388	3921	13334	17255
霞浦—宁德	5334	12432	17766	5282	12697	17979
宁德—连江	7247	11210	18457	6773	11295	18068
连江—闽侯	3547	2129	5676	5363	2409	7772
连江—福州	9789	11966	21755	9722	12185	21907
营前—福州机场	7220	2942	10162	12286	3144	15430
福州—莆田	10806	15191	25997	10480	14344	24824
平潭—渔溪	4374	1640	6014	4420	1580	6000
莆田—泉州	13336	17933	31269	13216	16945	30161
湄洲岛—仙游大济	3427	2190	5617	3398	1889	5287
惠东—南安	5376	2340	7716	5455	2330	7785
泉州—厦门	22037	20763	42800	21972	20390	42362
晋江龙湖—内坑	6590	3801	10391	6628	3756	10384
厦门—漳州	18656	17480	36136	18548	17378	35926
漳州—云霄	6054	6048	12102	5496	5632	11128
云霄—诏安	4250	6162	10412	3837	5537	9374
诏安—闽粤	2779	6462	9241	2452	5504	7956
漳州—龙岩	5795	6199	11994	5564	5487	11051
龙岩—新泉	5837	4176	10013	6045	3891	9936
溪南—龙岩	2194	2135	4329	2157	2253	4410
龙岩—永定下洋	1753	843	2596	1648	933	2581
下道湖—古石	3004	1076	4080	2971	1264	4235
新泉—夏成闽赣	2238	2515	4753	2025	2021	4046
泉州—永春	11330	7970	19300	10846	7601	18447
亭川—安溪龙门	6252	2798	9050	5851	2908	8759
永春—永安	3219	6372	9591	3017	6158	9175
德化—蓬壶	5086	5689	10775	5399	6341	11740
永安—泉南闽赣	2015	3493	5508	1846	3194	5040
福州—青州	3378	3977	7355	3230	4197	7427
夏茂—闽赣省界	2501	4169	6670	2464	4398	6862
湾坞—屏南	2006	1324	3330	2253	1625	3878
松溪旧县—建瓯东峰	1104	907	2011	1055	897	1952

— 121 —

续上表

路段起止点	正　向		小计	反　向		小计
	客车折算交通量（辆/日）	货车折算交通量（辆/日）		客车折算交通量（辆/日）	货车折算交通量（辆/日）	
杨源—将口	1055	904	1959	969	1107	2076
兴田—宁上闽赣	1674	1472	3146	1595	1763	3358
兴田—和平	1521	1085	2606	1487	1235	2722
浦建闽浙—浦城	600	233	833	567	261	828
京台闽浙—浦城	1070	3098	4168	855	2303	3158
浦城—南平	2288	2978	5266	2233	3094	5327
南平—三明	3275	4324	7599	3145	4426	7571
三明—永安	2410	2809	5219	2449	3047	5496
永安—新泉	1268	1702	2970	1152	1688	2840
新泉—长深闽粤	1621	1899	3520	1361	1870	3231
永春湖洋—安溪福田	3008	3735	6743	2802	4004	6806
长泰枋洋—漳州西	2025	2007	4032	1985	1870	3855
漳州西—沈海复线闽粤	3503	4499	8002	3399	5843	9242
福州南—永泰梧桐	6144	1999	8143	5834	2094	7928
涵江江口—仙游榜头	1436	722	2158	1324	745	2069
仙游龙华—亭川	2136	1182	3318	2086	1275	3361
仙游大济—湖洋	2053	4184	6237	2005	4045	6050
南安—水头	5617	3355	8972	5468	3397	8865
惠安—樟井	3455	1890	5345	3506	1766	5272
厦门—长泰枋洋	5424	3117	8541	5352	2899	8251
长泰—厦门	4583	3322	7905	4581	3821	8402
桃源—漳平	1314	2325	3639	1432	2867	4299
漳平—华安开发区	1956	1795	3751	1973	2303	4276
东山岛—东山	2613	886	3499	2460	651	3111
南靖靖城—龙海东泗	1166	914	2080	1051	848	1899
莆田—秀屿棣头	2009	664	2673	2095	710	2805
安溪东—南安	5343	1647	6990	5377	1665	7042
建瓯—闽侯甘蔗	2902	4391	7293	2861	3741	6602
福安—拓荣	1062	790	1852	1044	771	1815
寿宁犀溪—福安	723	416	1139	838	456	1294
飞鸢—连江	1229	1587	2816	1094	1337	2431
海沧—紫泥	5942	7908	13850	5543	7002	12545
厦漳大桥—漳州港	3747	1490	5237	4857	1855	6712
古武闽赣—武平	813	670	1483	987	627	1614
浦建闽赣—泰宁	457	365	822	417	316	733

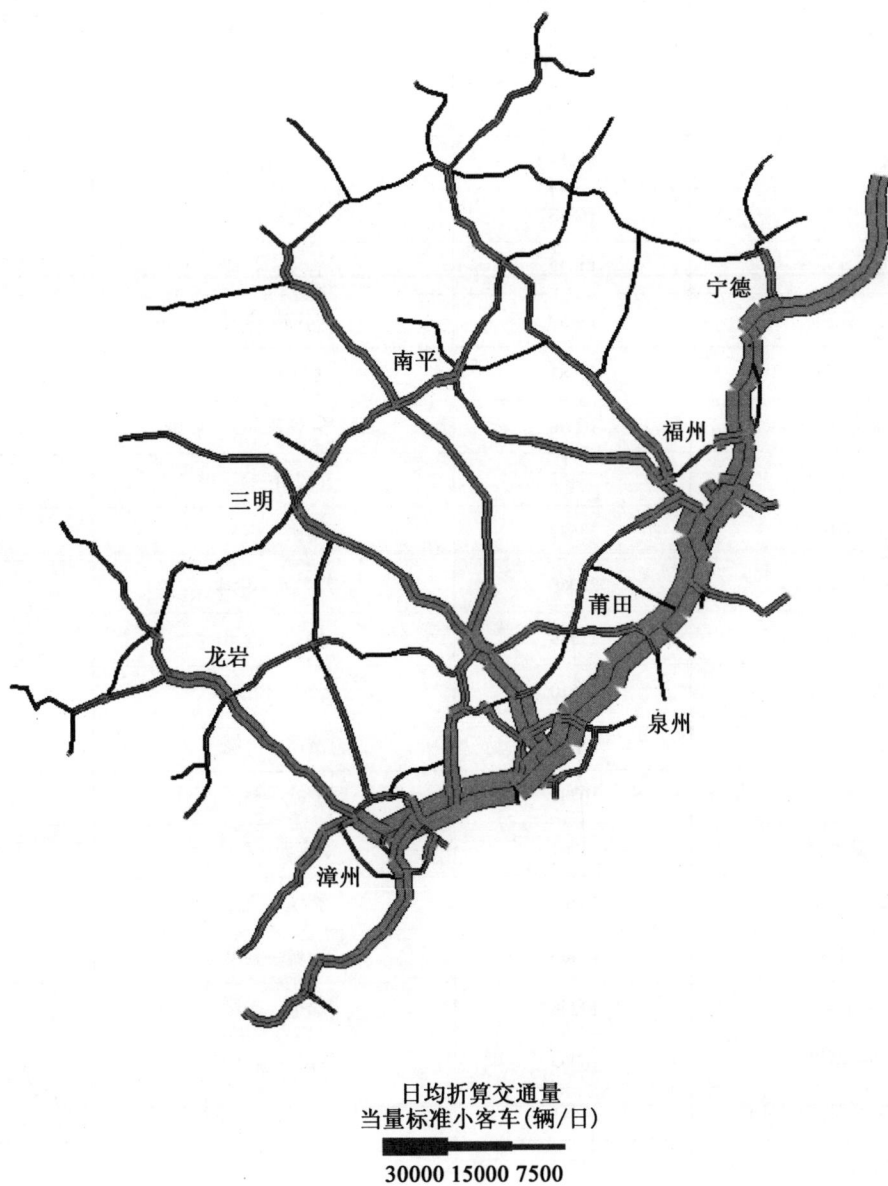

日均折算交通量
当量标准小客车(辆/日)

30000 15000 7500

图 4-28　2018 年福建省高速公路日均交通量

4.10　江西省高速公路日均运输密度

4.10.1　2018 年江西省高速公路日均客运密度分布如表 4-29 和图 4-29 所示。

2018 年江西省高速公路日均客运密度　　　　　　　　　　表 4-29

路段起止点	客运密度 （人公里/公里）	路段起止点	客运密度 （人公里/公里）
九江—南昌	35515	南昌—九江	37114
南昌北—厚田	24717	厚田—南昌北	23770
厚田—昌傅	16843	昌傅—厚田	16688
昌傅—吉安	14622	吉安—昌傅	14464
吉安—赣鄂	13459	赣鄂—吉安	12037
吉安—泰和	31681	泰和—吉安	33145
泰和—石城站（赣闽界）	16006	石城站（赣闽界）—泰和	16586
泰和—井冈山	8452	井冈山—泰和	8043
泰和—南康	25679	南康—泰和	27009
南康—赣粤界	25966	赣粤界—南康	27624
南康—梅关	11644	梅关—南康	11740
赣浙界—上饶	41510	上饶—赣浙界	38054
上饶—鹰潭	38576	鹰潭—上饶	37035
鹰潭—赣皖	10481	赣皖—鹰潭	10737
鹰潭—温家圳	21061	温家圳—鹰潭	20435
鹰潭—金溪	13761	金溪—鹰潭	13587
金溪—南城	13466	南城—金溪	13342
南城—瑞金	13206	瑞金—南城	13067
温家圳—厚田	10063	厚田—温家圳	9481
机场互通—温家圳（顺时针）	26441	温家圳（顺时针）—机场互通	26386
南昌（长埄）—生米	33573	生米—南昌（长埄）	30460
生米—梅岭	21412	梅岭—生米	21971
乐化—南昌（长埄）	20991	南昌（长埄）—乐化	21854
九江—景德镇	26911	景德镇—九江	26454
景德镇—婺源	22371	婺源—景德镇	22402
婺源—塔岭	10435	塔岭—婺源	9236
婺源—白沙关	17647	白沙关—婺源	19326
温家圳—抚州	19926	抚州—温家圳	19691

续上表

路段起止点	客运密度 (人公里/公里)	路段起止点	客运密度 (人公里/公里)
抚州—南城	18069	南城—抚州	17317
南城—赣闽界	15085	赣闽界—南城	14637
昌傅—新余	27772	新余—昌傅	27029
新余—宜春	32182	宜春—新余	30634
宜春—萍乡	31211	萍乡—宜春	30405
萍乡—赣湘界	29757	赣湘界—萍乡	27959
湖口—彭泽	7886	彭泽—湖口	8440
赣州北—崇义	14841	崇义—赣州北	13766
崇义—崇义西站(赣湘界)	3716	崇义西站(赣湘界)—崇义	3116
赣州北—赣县	21086	赣县—赣州北	21735
赣县—南康东(顺时针)	15110	南康东(顺时针)—赣县	15239
赣县—会昌北	18852	会昌北—赣县	19223
会昌—南桥站(赣粤界)	9226	南桥站(赣粤界)—会昌	8196
德兴—南昌东	18525	南昌东—德兴	17925
南昌西—奉新	17300	奉新—南昌西	12586
奉新—天宝	5301	天宝—奉新	5006
天宝—铜鼓西站(赣湘界)	5700	铜鼓西站(赣湘界)—天宝	5704
上饶—赣闽界	11186	赣闽界—上饶	11767
九江县—赣鄂界	9315	赣鄂界—九江县	7897
军山枢纽—武宁	7574	武宁—军山枢纽	7042
瑞金西—隘岭站(赣闽界)	8075	隘岭站(赣闽界)—瑞金西	8961
泰和—界化垄站(赣湘界)	15354	界化垄站(赣湘界)—泰和	15035
临川南—乐安	3258	乐安—临川南	3149
乐安—吉安北	4085	吉安北—乐安	3751
龙南—安远	6407	安远—龙南	6262
星子—姑塘	3116	姑塘—星子	3252
南昌—万载	11373	万载—南昌	11296
万载—上栗	4342	上栗—万载	4242
樟树—东乡	8284	东乡—樟树	8487
宁都—东江源	12743	东江源—宁都	12942
宁都—南昌南	24385	南昌南—宁都	25073

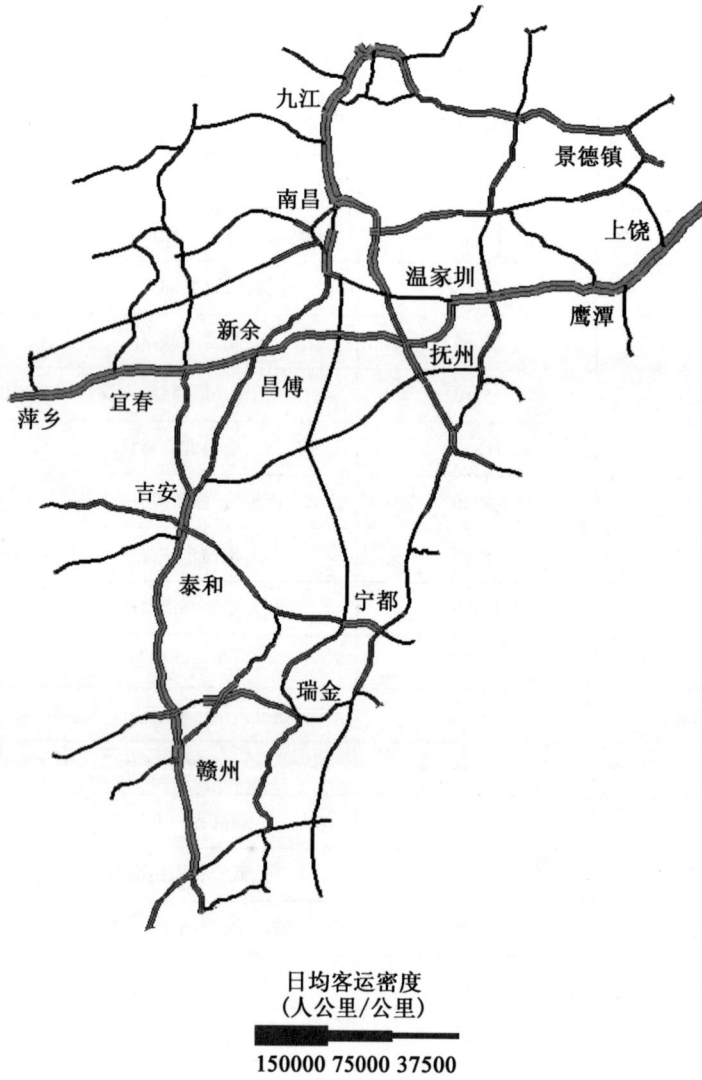

图 4-29　2018 年江西省高速公路日均客运密度

4.10.2 2018 年江西省高速公路日均货运密度分布如表 4-30 和图 4-30 所示。

2018 年江西省高速公路日均货运密度 表 4-30

路段起止点	货运密度 (吨公里/公里)	路段起止点	货运密度 (吨公里/公里)
九江—南昌	105235	南昌—九江	85772
南昌北—厚田	70904	厚田—南昌北	67621
厚田—昌傅	42555	昌傅—厚田	40152
昌傅—吉安	80063	吉安—昌傅	68313
吉安—赣鄂	22446	赣鄂—吉安	33441
吉安—泰和	113106	泰和—吉安	91004
泰和—石城站(赣闽界)	37192	石城站(赣闽界)—泰和	42988
泰和—井冈山	995	井冈山—泰和	1053
泰和—南康	133432	南康—泰和	106133
南康—赣粤界	44872	赣粤界—南康	32920
南康—梅关	92123	梅关—南康	88891
赣浙界—上饶	190946	上饶—赣浙界	184869
上饶—鹰潭	176557	鹰潭—上饶	179726
鹰潭—赣皖	35901	赣皖—鹰潭	38655
鹰潭—温家圳	70147	温家圳—鹰潭	75598
鹰潭—金溪	107610	金溪—鹰潭	105507
金溪—南城	101536	南城—金溪	100968
南城—瑞金	66292	瑞金—南城	62592
温家圳—厚田	25834	厚田—温家圳	35504
机场互通—温家圳(顺时针)	51575	温家圳(顺时针)—机场互通	39225
南昌(长堎)—生米	67706	生米—南昌(长堎)	64028
生米—梅岭	53240	梅岭—生米	50859
乐化—南昌(长堎)	72913	南昌(长堎)—乐化	69958
九江—景德镇	40891	景德镇—九江	32871
景德镇—婺源	22443	婺源—景德镇	16847
婺源—塔岭	5826	塔岭—婺源	4997
婺源—白沙关	22912	白沙关—婺源	18267
温家圳—抚州	29458	抚州—温家圳	24255
抚州—南城	26820	南城—抚州	24592
南城—赣闽界	38063	赣闽界—南城	34714
昌傅—新余	56021	新余—昌傅	48398
新余—宜春	62452	宜春—新余	51817
宜春—萍乡	94488	萍乡—宜春	73643
萍乡—赣湘界	103256	赣湘界—萍乡	68644
湖口—彭泽	20462	彭泽—湖口	23531
赣州北—崇义	12185	崇义—赣州北	9332
崇义—崇义西站(赣湘界)	4490	崇义西站(赣湘界)—崇义	6321
赣州北—赣县	11749	赣县—赣州北	36720
赣县—南康东(顺时针)	36424	南康东(顺时针)—赣县	19274

续上表

路段起止点	货运密度 （吨公里/公里）	路段起止点	货运密度 （吨公里/公里）
赣县—会昌北	14490	会昌北—赣县	29995
会昌—南桥站（赣粤界）	36274	南桥站（赣粤界）—会昌	31021
德兴—南昌东	12071	南昌东—德兴	11319
南昌西—奉新	7863	奉新—南昌西	3321
奉新—天宝	2177	天宝—奉新	2539
天宝—铜鼓西站（赣湘界）	10866	铜鼓西站（赣湘界）—天宝	8295
上饶—赣闽界	43111	赣闽界—上饶	39442
九江县—赣鄂界	25342	赣鄂界—九江县	28524
军山枢纽—武宁	6267	武宁—军山枢纽	4385
瑞金西—隘岭站（赣闽界）	10092	隘岭站（赣闽界）—瑞金西	14213
泰和—界化垄站（赣湘界）	19204	界化垄站（赣湘界）—泰和	13143
临川南—乐安	2008	乐安—临川南	1197
乐安—吉安北	7525	吉安北—乐安	7040
龙南—安远	20426	安远—龙南	21992
星子—姑塘	13291	姑塘—星子	8181
南昌—万载	12974	万载—南昌	14699
万载—上栗	10033	上栗—万载	8903
樟树—东乡	26605	东乡—樟树	23787
宁都—东江源	78609	东江源—宁都	56386
宁都—南昌南	85170	南昌南—宁都	89068

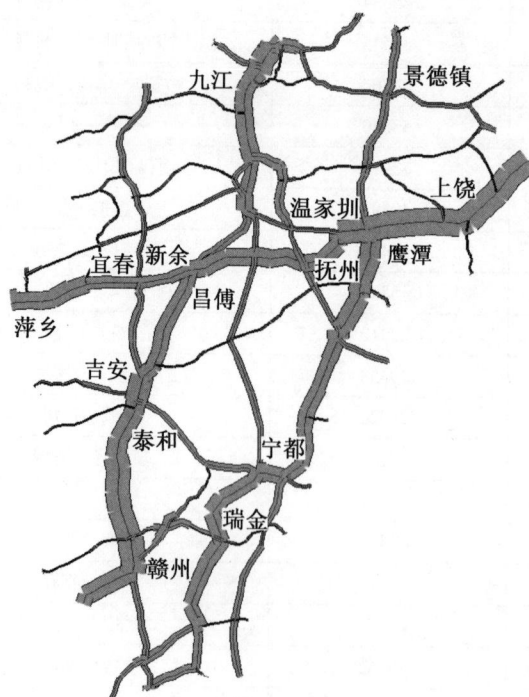

日均货运密度
（吨公里/公里）

150000 75000 37500

图4-30 2018年江西省高速公路日均货运密度

4.10.3 2018年江西省高速公路日均交通量分布如表4-31和图4-31所示。

2018年江西省高速公路日均交通量 表4-31

路段起止点	正 向			反 向		
	客车折算交通量 (辆/日)	货车折算交通量 (辆/日)	小计	客车折算交通量 (辆/日)	货车折算交通量 (辆/日)	小计
九江—南昌	10702	18771	29473	10053	19722	29775
南昌北—厚田	6935	13838	20773	7620	13812	21432
厚田—昌傅	4885	8029	12914	4848	7932	12780
昌傅—吉安	4052	12442	16494	4108	12466	16574
吉安—赣鄂	3332	6003	9335	3863	4965	8828
吉安—泰和	9448	17453	26901	8866	18195	27061
泰和—石城站(赣闽界)	3659	7997	11656	3486	7252	10738
泰和—井冈山	2106	420	2526	2263	426	2689
泰和—南康	7460	20417	27877	6894	21192	28086
南康—赣粤界	7282	7541	14823	6758	8773	15531
南康—梅关	3200	14964	18164	3156	14766	17922
赣浙界—上饶	8632	33829	42461	9502	33745	43247
上饶—鹰潭	8190	32383	40573	8783	31868	40651
鹰潭—赣皖	3071	7421	10492	2964	7857	10821
鹰潭—温家圳	4850	13720	18570	5060	12927	17987
鹰潭—金溪	3512	20204	23716	3574	20150	23724
金溪—南城	3485	19386	22871	3538	18943	22481
南城—瑞金	3171	12586	15757	3218	12129	15347
温家圳—厚田	2746	6800	9546	2958	6049	9007
机场互通—温家圳(顺时针)	7752	9654	17406	7762	10740	18502
南昌(长埂)—生米	9328	13619	22947	10127	12875	23002
生米—梅岭	6514	10430	16944	6299	10349	16648
乐化—南昌(长埂)	6666	14049	20715	6355	14408	20763
九江—景德镇	6516	7323	13839	6578	7787	14365
景德镇—婺源	5093	3716	8809	4989	4180	9169
婺源—塔岭	2136	1147	3283	2469	1269	3738
婺源—白沙关	4353	3957	8310	3910	4233	8143
温家圳—抚州	5123	5769	10892	5194	6465	11659
抚州—南城	4421	5469	9890	4580	6138	10718
南城—赣闽界	3373	7405	10778	3459	7858	11317
昌傅—新余	5676	9376	15052	5976	10325	16301
新余—宜春	6489	10968	17457	6963	11592	18555
宜春—萍乡	6519	15647	22166	6823	16295	23118
萍乡—赣湘界	5938	14345	20283	6457	17068	23525
湖口—彭泽	2734	4366	7100	2590	4233	6823
赣州北—崇义	4350	3390	7740	4671	3210	7881
崇义—赣湘界崇义西站	946	1246	2192	1138	1135	2273
赣州北—赣县	6718	6087	12805	6484	6002	12486
赣县—南康东(顺时针)	4631	6386	11017	4644	6435	11079
赣县—会昌北	5758	5138	10896	5611	5182	10793

续上表

路段起止点	正向			反向		
	客车折算交通量（辆/日）	货车折算交通量（辆/日）	小计	客车折算交通量（辆/日）	货车折算交通量（辆/日）	小计
会昌—南桥站(赣粤界)	1770	5957	7727	2059	5888	7947
德兴—南昌东	5301	3026	8327	5452	3177	8629
南昌西—奉新	4156	1246	5402	5813	2183	7996
奉新—天宝	1632	753	2385	1750	696	2446
天宝—铜鼓西站(赣湘界)	1774	2013	3787	1764	2265	4029
上饶—赣闽界	2911	7682	10593	2753	7998	10751
九江县—赣鄂界	2522	4894	7416	3004	5211	8215
军山枢纽—武宁	2078	1104	3182	2292	1384	3676
瑞金西—隘岭站(赣闽界)	1780	2698	4478	1623	2220	3843
泰和—界化垄站(赣湘界)	3332	2951	6283	3412	3582	6994
临川南—乐安	1116	382	1498	1141	490	1631
乐安—吉安北	1225	1484	2709	1332	1475	2807
龙南—安远	1808	4360	6168	1921	4680	6601
星子—姑塘	904	1640	2544	853	2256	3109
南昌—万载	3783	3841	7624	3805	3269	7074
万载—上栗	1388	2360	3748	1424	2536	3960
东乡—樟树	2419	4993	7412	2307	4880	7187
东江源—宁都	3844	12551	16395	3646	14344	17990
南昌南—宁都	5375	15024	20399	5031	14734	19765

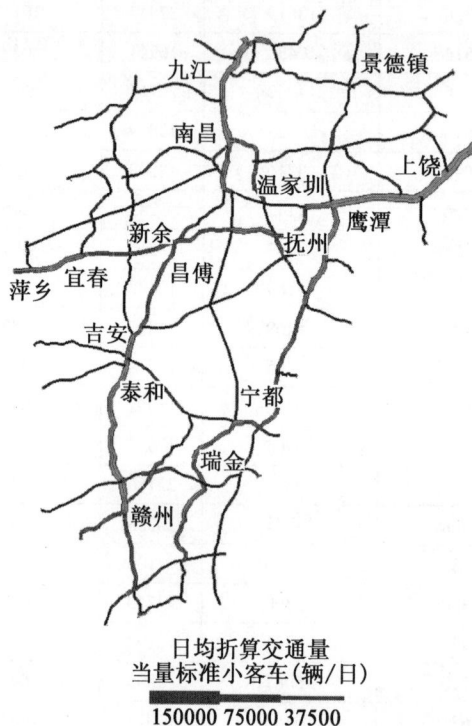

图4-31　2018年江西省高速公路日均交通量

4.11 山东省高速公路日均运输密度

4.11.1 2018年山东省高速公路日均客运密度分布如表4-32和图4-32所示。

2018年山东省高速公路日均客运密度 表4-32

路段起止点	客运密度 (人公里/公里)	路段起止点	客运密度 (人公里/公里)
京福鲁冀(德州)—齐河	23654	齐河—京福鲁冀(德州)	23366
齐河—济南	48532	济南—齐河	48954
济南—泰安	46999	泰安—济南	47622
泰安—曲阜	29139	曲阜—泰安	29924
曲阜—京福鲁苏	17769	京福鲁苏—曲阜	18523
鲁北—博山	16592	博山—鲁北	18085
博山—莱芜	9289	莱芜—博山	23362
莱芜—泰安	16898	泰安—莱芜	18302
海港—青州	21491	青州—海港	20448
坊子—明村	6714	明村—坊子	7185
明村—周格庄	7161	周格庄—明村	7221
八角—明村	18171	明村—八角	17696
八角—莱山	33236	莱山—八角	34606
福山—栖霞	34397	栖霞—福山	33190
栖霞—胶州	15251	胶州—栖霞	15082
胶州—同三鲁苏	31368	同三鲁苏—胶州	32542
齐河—冠县	22252	冠县—齐河	22731
济南—潍坊	22586	潍坊—济南	20812
潍坊—胶州	14236	胶州—潍坊	14180
胶州—青岛	18078	青岛—胶州	17828
菏泽—曲阜	26746	曲阜—菏泽	26068
曲阜—日照	25681	日照—曲阜	24844
泰安—京沪鲁苏	22938	京沪鲁苏—泰安	24429
齐河—青银鲁冀	12668	青银鲁冀—齐河	12658
济南机场—济南	22951	济南—济南机场	24113
济南—郓城	33225	郓城—济南	33921
济南—胶南	23055	胶南—济南	23261
柳花泊—海伯河	27076	海伯河—柳花泊	25792
齐河—章丘	35963	章丘—齐河	31925
菏泽—济广鲁豫	13564	济广鲁豫—菏泽	14445
东明主—菏泽	6178	菏泽—东明主	5842
滨州港—前郭	15078	前郭—滨州港	15228
寿光—新河	37606	新河—寿光	40673
平度—青岛高新	35097	青岛高新—平度	35129
即墨—威海	17413	威海—即墨	16401
菏关鲁豫—菏泽	14078	菏泽—菏关鲁豫	14197

续上表

路段起止点	客运密度 （人公里/公里）	路段起止点	客运密度 （人公里/公里）
黄岛—海湾大桥	23618	海湾大桥—黄岛	26228
滨州港—德州	7688	德州—滨州港	8004
青州—沂水北	17396	沂水北—青州	17264
沂水北—莒县	17188	莒县—沂水北	17125
莒县—长深鲁苏	11053	长深鲁苏—莒县	11483
枣庄新城—苍山	12053	苍山—枣庄新城	12065
莱山—双岛	22335	双岛—莱山	21774
滨德鲁冀—德州北	12503	德州北—滨德鲁冀	11803
烟台—海阳东	4658	海阳东—烟台	4799
东平南—济宁北	11136	济宁北—东平南	10977
高唐西—高邢鲁冀	4744	高邢鲁冀—高唐西	5014
乐陵南—济阳	12256	济阳—乐陵南	11217
乐陵南—京沪鲁冀	8277	京沪鲁冀—乐陵南	9370
菏泽北—德商鲁豫	13363	德商鲁豫—菏泽北	13047
聊城南—德商鲁豫	16536	德商鲁豫—聊城南	18396
城阳南—河头店	17380	河头店—城阳南	16007
文登—荣成	2363	荣成—文登	2443
滕州南—枣庄东城	10024	枣庄东城—滕州南	9399
蓬莱—龙岗港	2879	龙岗港—蓬莱	2100

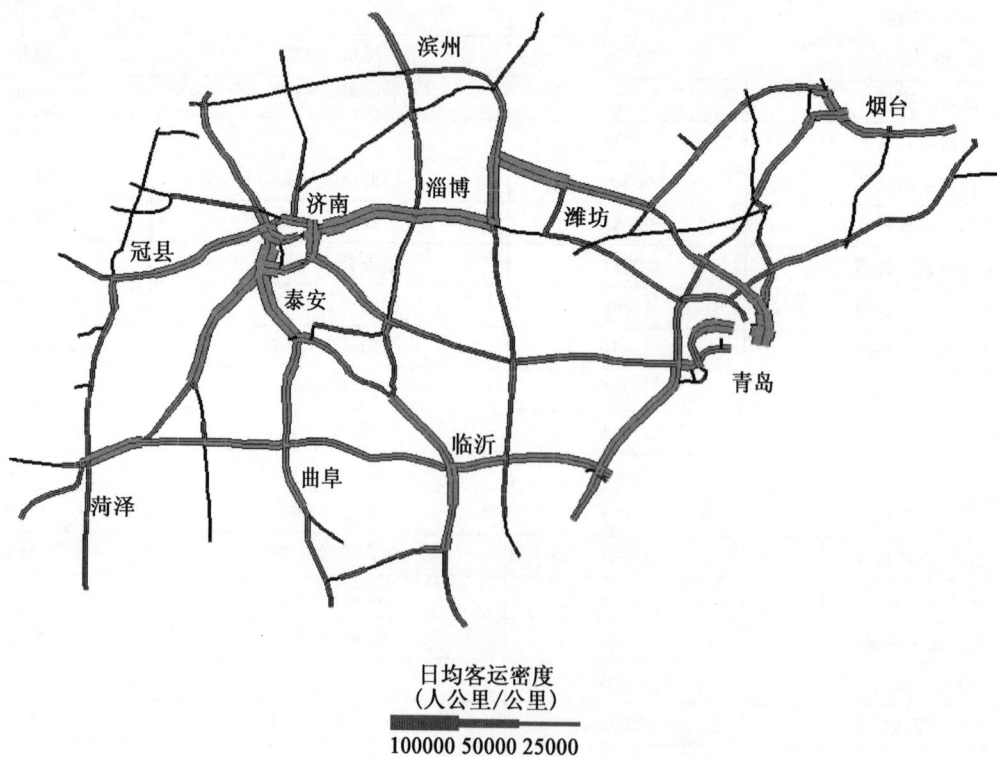

日均客运密度
（人公里/公里）
100000 50000 25000

图4-32 2018年山东省高速公路日均客运密度

4.11.2　2018年山东省高速公路日均货运密度分布如表4-33和图4-33所示。

2018年山东省高速公路日均货运密度　　　　　　　　　　　　　表4-33

路段起止点	货运密度 (吨公里/公里)	路段起止点	货运密度 (吨公里/公里)
京福鲁冀(德州)—齐河	158205	齐河—京福鲁冀(德州)	120683
齐河—济南	347365	济南—齐河	253929
济南—泰安	271574	泰安—济南	201151
泰安—曲阜	124990	曲阜—泰安	90030
曲阜—京福鲁苏	110172	京福鲁苏—曲阜	72892
鲁北—博山	100650	博山—鲁北	108699
博山—莱芜	23850	莱芜—博山	55055
莱芜—泰安	42341	泰安—莱芜	48406
海港—青州	41681	青州—海港	37236
坊子—明村	9300	明村—坊子	7627
明村—周格庄	17260	周格庄—明村	11888
八角—明村	17686	明村—八角	18219
八角—莱山	15696	莱山—八角	9946
福山—栖霞	23638	栖霞—福山	25831
栖霞—胶州	41087	胶州—栖霞	36525
胶州—同三鲁苏	81385	同三鲁苏—胶州	78922
齐河—冠县	51675	冠县—齐河	36711
济南—潍坊	26423	潍坊—济南	29267
潍坊—胶州	10160	胶州—潍坊	8583
胶州—青岛	16610	青岛—胶州	13114
菏泽—曲阜	99147	曲阜—菏泽	152920
曲阜—日照	74628	日照—曲阜	89599
泰安—京沪鲁苏	163693	京沪鲁苏—泰安	133514
齐河—青银鲁冀	91100	青银鲁冀—齐河	193595
济南机场—济南	17788	济南—济南机场	18970
济南—郓城	99679	郓城—济南	71764
济南—胶南	56879	胶南—济南	52400
柳花泊—海伯河	21587	海伯河—柳花泊	21964
齐河—章丘	95818	章丘—齐河	97293
菏泽—济广鲁豫	87456	济广鲁豫—菏泽	47695
东明主—菏泽	25895	菏泽—东明主	22872
滨州港—前郭	48348	前郭—滨州港	54122
寿光—新河	79212	新河—寿光	68019
平度—青岛高新	22279	青岛高新—平度	12496
即墨—威海	19488	威海—即墨	15653
菏关鲁豫—菏泽	75539	菏泽—菏关鲁豫	110821
黄岛—海湾大桥	9298	海湾大桥—黄岛	7807

续上表

路段起止点	货运密度 (吨公里/公里)	路段起止点	货运密度 (吨公里/公里)
滨州港—德州	24223	德州—滨州港	25875
青州—沂水北	126362	沂水北—青州	84434
沂水北—莒县	128067	莒县—沂水北	82839
莒县—长深鲁苏	120637	长深鲁苏—莒县	85934
枣庄新城—苍山	14171	苍山—枣庄新城	22366
莱山—双岛	12605	双岛—莱山	6565
滨德鲁冀—德州北	99404	德州北—滨德鲁冀	73392
烟台—海阳东	1437	海阳东—烟台	1162
东平南—济宁北	26302	济宁北—东平南	18027
高唐西—高邢鲁冀	50764	高邢鲁冀—高唐西	85379
乐陵南—济阳	56269	济阳—乐陵南	36519
乐陵南—京沪鲁冀	53003	京沪鲁冀—乐陵南	101151
菏泽北—德商鲁豫	58557	德商鲁豫—菏泽北	98656
聊城南—德商鲁豫	76319	德商鲁豫—聊城南	44823
城阳南—河头店	3635	河头店—城阳南	3559
文登—荣成	3829	荣成—文登	2969
滕州南—枣庄东城	15138	枣庄东城—滕州南	11595
蓬莱—龙岗港	2028	龙岗港—蓬莱	2472

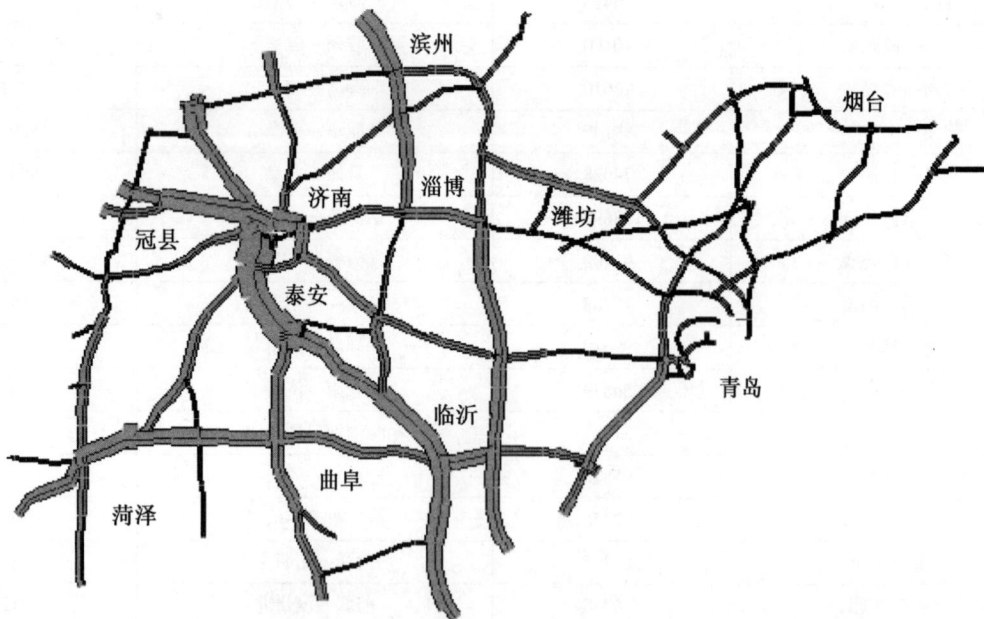

日均货运密度
(吨公里/公里)

300000 150000 75000

图4-33 2018年山东省高速公路日均货运密度

4.11.3　2018 年山东省高速公路日均道路负荷分布如表 4-34 和图 4-34 所示。

<table>
<tr><td colspan="2" style="text-align:center">2018 年山东省高速公路日均轴载</td><td colspan="2" style="text-align:right">表 4-34</td></tr>
<tr><td>路段起止点</td><td>轴载
(标准轴载当量轴次/日)</td><td>路段起止点</td><td>轴载
(标准轴载当量轴次/日)</td></tr>
<tr><td>京福鲁冀(德州)—齐河</td><td>17924</td><td>齐河—京福鲁冀(德州)</td><td>10815</td></tr>
<tr><td>齐河—济南</td><td>36395</td><td>济南—齐河</td><td>24657</td></tr>
<tr><td>济南—泰安</td><td>28801</td><td>泰安—济南</td><td>18529</td></tr>
<tr><td>泰安—曲阜</td><td>11922</td><td>曲阜—泰安</td><td>10748</td></tr>
<tr><td>曲阜—京福鲁苏</td><td>10134</td><td>京福鲁苏—曲阜</td><td>7212</td></tr>
<tr><td>鲁北—博山</td><td>8749</td><td>博山—鲁北</td><td>9209</td></tr>
<tr><td>博山—莱芜</td><td>2170</td><td>莱芜—博山</td><td>4840</td></tr>
<tr><td>莱芜—泰安</td><td>3853</td><td>泰安—莱芜</td><td>4791</td></tr>
<tr><td>海港—青州</td><td>4021</td><td>青州—海港</td><td>3879</td></tr>
<tr><td>坊子—明村</td><td>1257</td><td>明村—坊子</td><td>1085</td></tr>
<tr><td>明村—周格庄</td><td>1748</td><td>周格庄—明村</td><td>1509</td></tr>
<tr><td>八角—明村</td><td>1881</td><td>明村—八角</td><td>2039</td></tr>
<tr><td>八角—莱山</td><td>1808</td><td>莱山—八角</td><td>1561</td></tr>
<tr><td>福山—栖霞</td><td>3169</td><td>栖霞—福山</td><td>3948</td></tr>
<tr><td>栖霞—胶州</td><td>5656</td><td>胶州—栖霞</td><td>4281</td></tr>
<tr><td>胶州—同三鲁苏</td><td>9930</td><td>同三鲁苏—胶州</td><td>7081</td></tr>
<tr><td>齐河—冠县</td><td>4414</td><td>冠县—齐河</td><td>4010</td></tr>
<tr><td>济南—潍坊</td><td>3344</td><td>潍坊—济南</td><td>3407</td></tr>
<tr><td>潍坊—胶州</td><td>1586</td><td>胶州—潍坊</td><td>1283</td></tr>
<tr><td>胶州—青岛</td><td>2004</td><td>青岛—胶州</td><td>1608</td></tr>
<tr><td>菏泽—曲阜</td><td>9309</td><td>曲阜—菏泽</td><td>13127</td></tr>
<tr><td>曲阜—日照</td><td>6353</td><td>日照—曲阜</td><td>7989</td></tr>
<tr><td>泰安—京沪鲁苏</td><td>19768</td><td>京沪鲁苏—泰安</td><td>11385</td></tr>
<tr><td>齐河—青银鲁冀</td><td>9780</td><td>青银鲁冀—齐河</td><td>21720</td></tr>
<tr><td>济南机场—济南</td><td>2122</td><td>济南—济南机场</td><td>3071</td></tr>
<tr><td>济南—郓城</td><td>8771</td><td>郓城—济南</td><td>7237</td></tr>
<tr><td>济南—胶南</td><td>5452</td><td>胶南—济南</td><td>4720</td></tr>
<tr><td>柳花泊—海伯河</td><td>2345</td><td>海伯河—柳花泊</td><td>2968</td></tr>
<tr><td>齐河—章丘</td><td>13232</td><td>章丘—齐河</td><td>9952</td></tr>
<tr><td>菏泽—济广鲁豫</td><td>4925</td><td>济广鲁豫—菏泽</td><td>3519</td></tr>
<tr><td>东明主—菏泽</td><td>1933</td><td>菏泽—东明主</td><td>1882</td></tr>
<tr><td>滨州港—前郭</td><td>4514</td><td>前郭—滨州港</td><td>5266</td></tr>
<tr><td>寿光—新河</td><td>8223</td><td>新河—寿光</td><td>8192</td></tr>
<tr><td>平度—青岛高新</td><td>2295</td><td>青岛高新—平度</td><td>1593</td></tr>
<tr><td>即墨—威海</td><td>1845</td><td>威海—即墨</td><td>1921</td></tr>
<tr><td>菏关鲁豫—菏泽</td><td>6734</td><td>菏泽—菏关鲁豫</td><td>10144</td></tr>
<tr><td>黄岛—海湾大桥</td><td>863</td><td>海湾大桥—黄岛</td><td>989</td></tr>
</table>

续上表

路段起止点	轴载 (标准轴载当量轴次/日)	路段起止点	轴载 (标准轴载当量轴次/日)
滨州港—德州	2059	德州—滨州港	2636
青州—沂水北	10698	沂水北—青州	6876
沂水北—莒县	11112	莒县—沂水北	6737
莒县—长深鲁苏	10326	长深鲁苏—莒县	7089
枣庄新城—苍山	1701	苍山—枣庄新城	2489
莱山—双岛	1493	双岛—莱山	1158
滨德鲁冀—德州北	12076	德州北—滨德鲁冀	6881
烟台—海阳东	230	海阳东—烟台	160
东平南—济宁北	2340	济宁北—东平南	1908
高唐西—高邢鲁冀	3864	高邢鲁冀—高唐西	10352
乐陵南—济阳	5291	济阳—乐陵南	3423
乐陵南—京沪鲁冀	5245	京沪鲁冀—乐陵南	10656
菏泽北—德商鲁豫	4727	德商鲁豫—菏泽北	7691
聊城南—德商鲁豫	5845	德商鲁豫—聊城南	4147
城阳南—河头店	557	河头店—城阳南	597
文登—荣成	344	荣成—文登	434
滕州南—枣庄东城	1576	枣庄东城—滕州南	1156
蓬莱—龙岗港	234	龙岗港—蓬莱	334

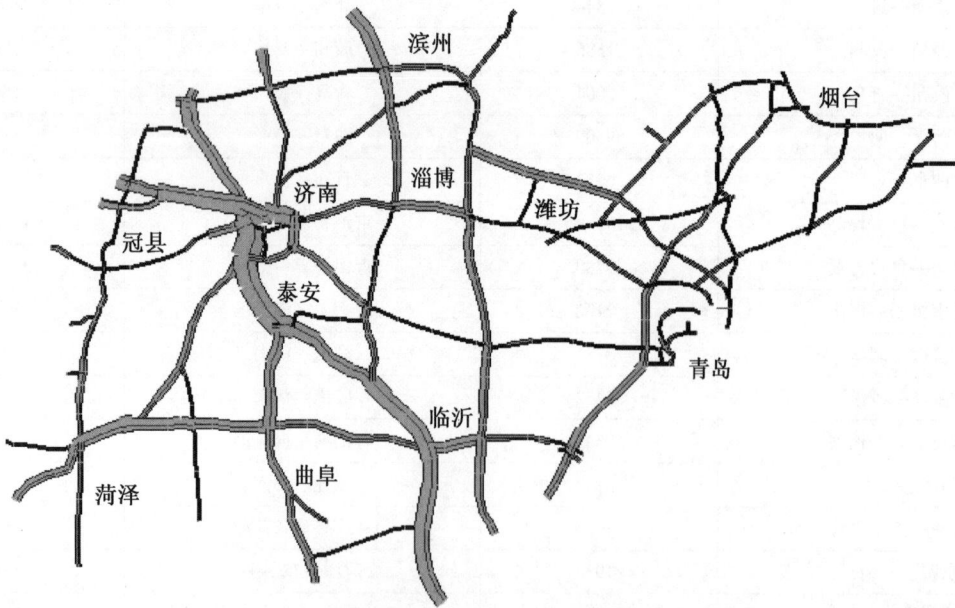

日均轴载
(标准轴载当量轴次/日)

30000 15000 7500

图4-34 2018年山东省高速公路日均轴载

4.11.4　2018 年山东省高速公路日均交通量分布如表 4-35 和图 4-35 所示。

2018 年山东省高速公路日均交通量　　　　　　　表 4-35

路段起止点	正向		小计	反向		小计
	客车折算交通量 (辆/日)	货车折算交通量 (辆/日)		客车折算交通量 (辆/日)	货车折算交通量 (辆/日)	
京福鲁冀(德州)—齐河	7476	23175	30651	7368	22563	29931
齐河—济南	15219	49633	64852	15426	47032	62458
济南—泰安	12893	37457	50350	12872	35081	47953
泰安—曲阜	8451	18516	26967	8709	18667	27376
曲阜—京福鲁苏	5374	16190	21564	5703	16042	21745
鲁北—博山	5039	16277	21316	5367	20745	26112
博山—莱芜	2373	3584	5957	5954	10476	16430
莱芜—泰安	4650	7382	12032	4960	8305	13265
海港—青州	6300	8775	15075	5946	9124	15070
坊子—明村	2136	2640	4776	2312	2799	5111
明村—周格庄	2102	3779	5881	2158	3409	5567
八角—明村	4692	4130	8822	4536	4101	8637
八角—莱山	10059	4232	14291	10204	5008	15212
福山—栖霞	9354	5604	14958	9067	5755	14822
栖霞—胶州	3930	7581	11511	4048	7777	11825
胶州—同三鲁苏	7488	14656	22144	7908	15597	23505
齐河—冠县	6160	9386	15546	6317	8161	14478
济南—潍坊	5898	5632	11530	5472	6006	11478
潍坊—胶州	4302	3315	7617	4407	3434	7841
胶州—青岛	5326	4516	9842	5163	4320	9483
菏泽—曲阜	7480	21362	28842	7389	22957	30346
曲阜—日照	6804	13849	20653	6647	14173	20820
泰安—京沪鲁苏	6358	22760	29118	6772	23695	30467
齐河—青银鲁冀	4083	21160	25243	4092	25014	29106
济南机场—济南	7687	4869	12556	8084	4943	13027
济南—郓城	9373	16483	25856	9347	16065	25412
济南—胶南	6926	9972	16898	7024	9582	16606
柳花泊—海伯河	7421	6831	14252	7118	7445	14563
齐河—章丘	9908	18640	28548	8908	18801	27709
菏泽—济广鲁豫	4153	12956	17109	4350	10616	14966
东明主—菏泽	1898	4861	6759	1747	4432	6179
滨州港—前郭	4301	10262	14563	4331	10443	14774
寿光—新河	10085	15318	25403	10916	15341	26257
平度—青岛高新	12179	4978	17157	11921	4614	16535
即墨—威海	4138	4074	8212	4003	3709	7712
菏关鲁豫—菏泽	3870	13327	17197	3964	17354	21318
黄岛—海湾大桥	7158	3165	10323	7829	2814	10643

续上表

路段起止点	正　　向		小计	反　　向		小计
	客车折算交通量 （辆/日）	货车折算交通量 （辆/日）		客车折算交通量 （辆/日）	货车折算交通量 （辆/日）	
滨州港—德州	2705	4816	7521	2832	5713	8545
青州—沂水北	5468	19964	25432	5345	18949	24294
沂水北—莒县	5548	19843	25391	5499	18794	24293
莒县—长深鲁苏	3598	17994	21592	3691	17286	20977
枣庄新城—苍山	3992	5088	9080	3969	4407	8376
莱山—双岛	6223	3453	9676	5809	3768	9577
滨德鲁冀—德州北	4243	15948	20191	3947	14962	18909
烟台—海阳东	1606	484	2090	1595	497	2092
东平南—济宁北	3722	4713	8435	3628	5436	9064
高唐西—高邢鲁冀	1581	9232	10813	1657	11092	12749
乐陵南—济阳	4271	9157	13428	3922	7651	11573
乐陵南—京沪鲁冀	2775	11836	14611	3169	15063	18232
菏泽北—德商鲁豫	3923	12953	16876	3878	14248	18126
聊城南—德商鲁豫	4952	11714	16666	5536	10575	16111
城阳南—河头店	5136	1657	6793	4746	1369	6115
文登—荣成	668	762	1430	672	701	1373
滕州南—枣庄东城	3145	3211	6356	3004	3391	6395
蓬莱—龙岗港	833	2028	2861	602	2472	3074

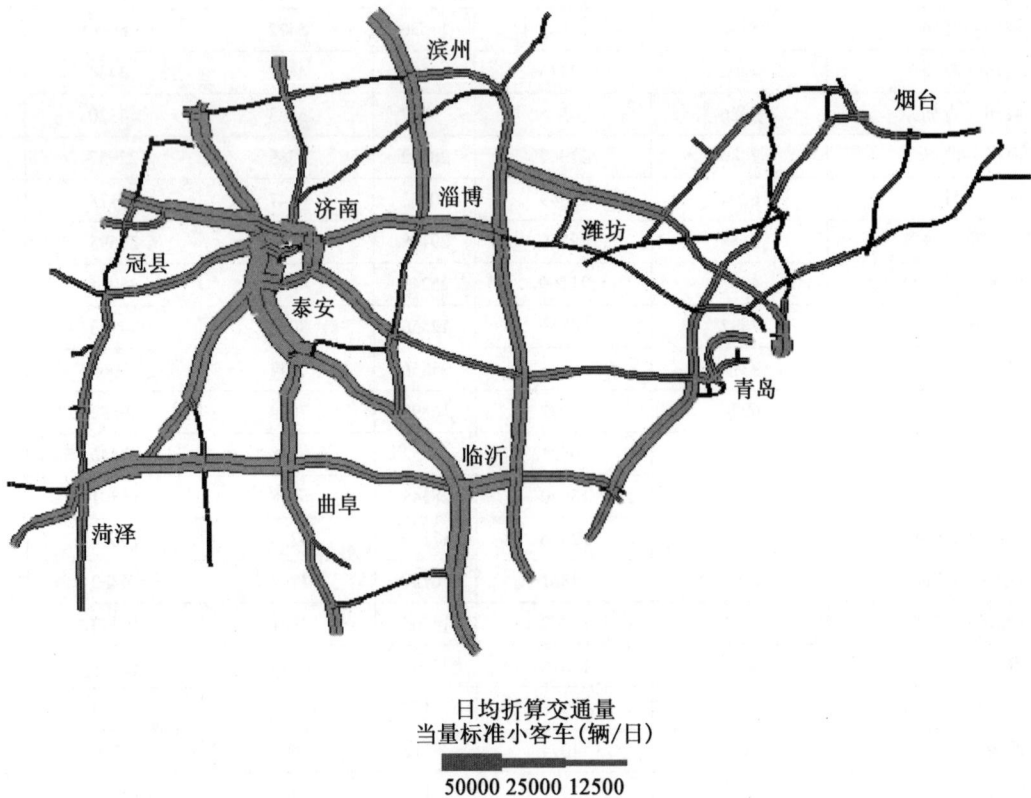

日均折算交通量
当量标准小客车(辆/日)

50000 25000 12500

图4-35　2018年山东省高速公路日均交通量

4.12 河南省高速公路日均运输密度

4.12.1 2018 年河南省高速公路日均客运密度分布如表 4-36 和图 4-36 所示。

2018 年河南省高速公路日均客运密度 表 4-36

路段起止点	客运密度 (人公里/公里)	路段起止点	客运密度 (人公里/公里)
京港澳豫冀界—鹤壁	33271	鹤壁—京港澳豫冀界	32822
鹤壁—新乡	58353	新乡—鹤壁	59534
新乡—郑州	75356	郑州—新乡	74400
郑州—许昌	87783	许昌—郑州	85184
许昌—漯河	49228	漯河—许昌	47299
漯河—驻马店	33038	驻马店—漯河	31847
驻马店—京港澳豫鄂界	17367	京港澳豫鄂界—驻马店	16000
大广豫冀省界—濮阳	22466	濮阳—大广豫冀省界	22264
濮阳—周口	21365	周口—濮阳	21107
周口—大广豫鄂界	11593	大广豫鄂界—周口	11302
二广豫晋省界—济源	4703	济源—二广豫晋省界	4588
济源—洛阳	24899	洛阳—济源	25313
洛阳—汝阳	28427	汝阳—洛阳	28276
汝阳—南阳	8614	南阳—汝阳	8401
南阳—二广豫鄂界	17540	二广豫鄂界—南阳	17105
连霍豫皖界—商丘	24413	商丘—连霍豫皖界	29855
商丘—开封	35222	开封—商丘	39338
开封—郑州	73037	郑州—开封	76499
郑州—洛阳	47518	洛阳—郑州	46090
洛阳—三门峡	28768	三门峡—洛阳	27351
三门峡—连霍豫陕界	19651	连霍豫陕界—三门峡	18518
宁洛豫皖界—漯河	29350	漯河—宁洛豫皖界	29967
漯河—平顶山	20247	平顶山—漯河	21214
平顶山—洛阳	18565	洛阳—平顶山	19019
沪陕豫皖界—南阳	17308	南阳—沪陕豫皖界	16586
南阳—沪陕豫陕界	13857	沪陕豫陕界—南阳	12799
日兰豫鲁界—兰考	19799	兰考—日兰豫鲁界	18480
兰考—许昌	17367	许昌—兰考	17443
许昌—南阳	36929	南阳—许昌	35439

续上表

路段起止点	客运密度 （人公里/公里）	路段起止点	客运密度 （人公里/公里）
大广安南互通—林州	14021	林州—大广安南互通	14671
濮阳—鹤壁	28545	鹤壁—濮阳	28529
长垣—新乡	14172	新乡—长垣	15477
新乡—济源	21775	济源—新乡	22776
济源—济邵豫晋	8807	济邵豫晋—济源	8520
原阳—焦作	37122	焦作—原阳	35742
焦作—晋新豫晋界	16310	晋新豫晋界—焦作	15602
焦作—温县	8081	温县—焦作	7123
济广豫鲁界—济广豫皖界	14576	济广豫皖界—济广豫鲁界	14276
商丘—周口	16261	周口—商丘	17190
许亳省界—鄢陵	14557	鄢陵—许亳省界	13366
十八里河—郑州西	68065	郑州西—十八里河	69665
郑州南—机场	135800	机场—郑州南	97831
郑州侯寨—禹州	54281	禹州—郑州侯寨	52047
禹州—尧山	16917	尧山—禹州	16008
郑州站—登封	58848	登封—郑州站	55283
登封—洛阳	21259	洛阳—登封	20299
登封—许昌	17002	许昌—登封	15923
叶县—泌阳	6626	泌阳—叶县	6607
泌阳—焦桐豫鄂界	12662	焦桐豫鄂界—泌阳	15338
泌阳—新蔡	11440	新蔡—泌阳	10850
安阳—南林豫晋界	11902	南林豫晋界—安阳	10905
濮阳—龙王庄	14633	龙王庄—濮阳	14321
永亳—永登豫皖界	11813	永登豫皖界—永亳	12530
新蔡—新阳豫皖界	5098	新阳豫皖界—新蔡	5077
小茴店—固始	5067	固始—小茴店	4811
永城—永登豫皖界	16199	永登豫皖界—永城	14770
洛龙—栾川	10953	栾川—洛龙	9864
周山—灵宝	6303	灵宝—周山	5939
灵宝—卢氏	4191	卢氏—灵宝	3773
卢氏—三淅豫鄂界	1626	三淅豫鄂界—卢氏	1439
尉氏西—周口刘园	31260	周口刘园—尉氏西	32090
商丘机场—富航路	12504	富航路—商丘机场	12017

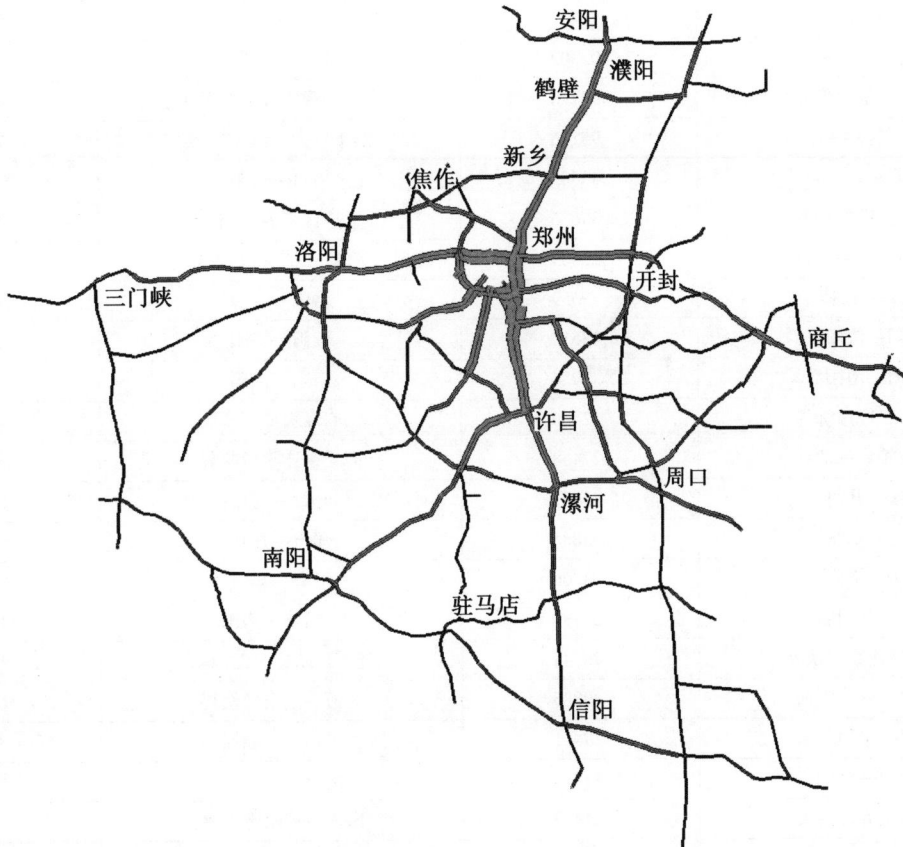

日均客运密度
(人公里/公里)

150000 75000 37500

图 4-36 2018 年河南省高速公路日均客运密度

4.12.2 **2018 年河南省高速公路日均货运密度分布如表 4-37 和图 4-37 所示。**

2018 年河南省高速公路日均货运密度   表 4-37

路段起止点	货运密度 （吨公里/公里）	路段起止点	货运密度 （吨公里/公里）
京港澳豫冀界—鹤壁	119420	鹤壁—京港澳豫冀界	86139
鹤壁—新乡	125760	新乡—鹤壁	95013
新乡—郑州	178033	郑州—新乡	113235
郑州—许昌	116705	许昌—郑州	113343
许昌—漯河	96421	漯河—许昌	82795
漯河—驻马店	92302	驻马店—漯河	81508
驻马店—京港澳豫鄂界	92778	京港澳豫鄂界—驻马店	79872
大广豫冀省界—濮阳	95186	濮阳—大广豫冀省界	74303
濮阳—周口	46503	周口—濮阳	39379
周口—大广豫鄂界	35676	大广豫鄂界—周口	25992
二广豫晋省界—济源	23409	济源—二广豫晋省界	13745
济源—洛阳	79659	洛阳—济源	44807
洛阳—汝阳	43615	汝阳—洛阳	30928
汝阳—南阳	7954	南阳—汝阳	7862
南阳—二广豫鄂界	52400	二广豫鄂界—南阳	48872
连霍豫皖界—商丘	27468	商丘—连霍豫皖界	32160
商丘—开封	45671	开封—商丘	55780
开封—郑州	93885	郑州—开封	96619
郑州—洛阳	94766	洛阳—郑州	97880
洛阳—三门峡	165199	三门峡—洛阳	119917
三门峡—连霍豫陕界	178544	连霍豫陕界—三门峡	115478
宁洛豫皖界—漯河	39885	漯河—宁洛豫皖界	62053
漯河—平顶山	29461	平顶山—漯河	87665
平顶山—洛阳	31849	洛阳—平顶山	58464
沪陕豫皖界—南阳	21427	南阳—沪陕豫皖界	21531
南阳—沪陕豫陕界	36814	沪陕豫陕界—南阳	47404
日兰豫鲁界—兰考	101306	兰考—日兰豫鲁界	73544
兰考—许昌	80754	许昌—兰考	93407
许昌—南阳	77482	南阳—许昌	83539
大广安南互通—林州	26488	林州—大广安南互通	34488
濮阳—鹤壁	33347	鹤壁—濮阳	22301
长垣—新乡	26634	新乡—长垣	27895
新乡—济源	67810	济源—新乡	59168
济源—济邵豫晋	24161	济邵豫晋—济源	62366
原阳—焦作	51763	焦作—原阳	84918
焦作—晋新豫晋界	28664	晋新豫晋界—焦作	90319
焦作—温县	7395	温县—焦作	4087
济广豫鲁界—济广豫皖界	63384	济广豫皖界—济广豫鲁界	33430
商丘—周口	32611	周口—商丘	27715
许亳省界—鄢陵	8988	鄢陵—许亳省界	19229

续上表

路段起止点	货运密度 (吨公里/公里)	路段起止点	货运密度 (吨公里/公里)
十八里河—郑州西	55146	郑州西—十八里河	68362
郑州南—机场	25493	机场—郑州南	41898
郑州侯寨—禹州	19067	禹州—郑州侯寨	31166
禹州—尧山	5207	尧山—禹州	13207
郑州站—登封	7927	登封—郑州站	15721
登封—洛阳	6122	洛阳—登封	10391
登封—许昌	31245	许昌—登封	11253
叶县—泌阳	33108	泌阳—叶县	28712
泌阳—焦桐豫鄂界	33391	焦桐豫鄂界—泌阳	41064
泌阳—新蔡	12203	新蔡—泌阳	20218
安阳—南林豫晋界	10660	南林豫晋界—安阳	33038
濮阳—龙王庄	12144	龙王庄—濮阳	14772
永亳—永登豫皖界	4238	永登豫皖界—永亳	5464
新蔡—新阳豫皖界	14715	新阳豫皖界—新蔡	9213
小茴店—固始	1584	固始—小茴店	984
永城—永登豫皖界	12226	永登豫皖界—永城	6030
洛龙—栾川	1213	栾川—洛龙	586
周山—灵宝	2528	灵宝—周山	1887
灵宝—卢氏	6965	卢氏—灵宝	3394
卢氏—三淅豫鄂界	8217	三淅豫鄂界—卢氏	5186
尉氏西—周口刘园	20670	周口刘园—尉氏西	15381
商丘机场—富航路	5079	富航路—商丘机场	5425

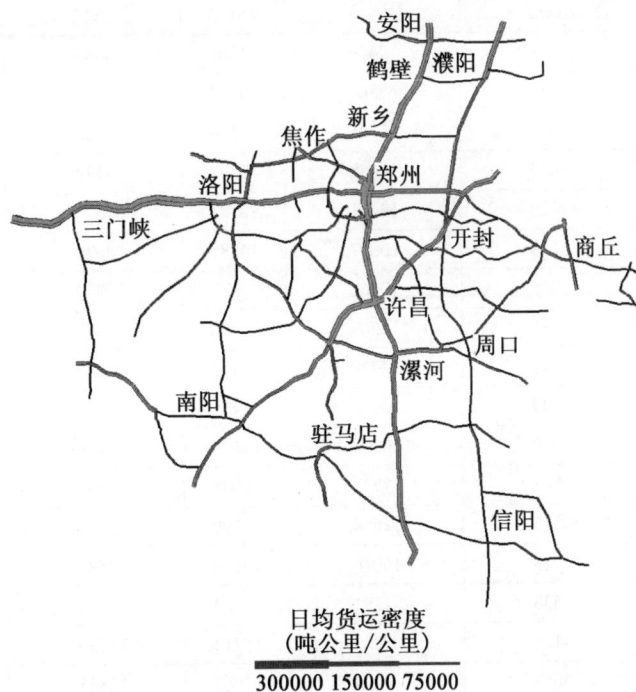

日均货运密度
(吨公里/公里)

300000　150000　75000

图4-37　2018年河南省高速公路日均货运密度

4.12.3 2018 年河南省高速公路日均交通量分布如表 4-38 和图 4-38 所示。

2018 年河南省高速公路日均交通量　　　　表 4-38

路段起止点	正　向			反　向		
	客车折算交通量（辆/日）	货车折算交通量（辆/日）	小计	客车折算交通量（辆/日）	货车折算交通量（辆/日）	小计
京港澳豫冀界—鹤壁	8672	15909	24581	8342	16404	24746
鹤壁—新乡	13812	15931	29743	14021	15278	29299
新乡—郑州	19383	22928	42311	18985	22333	41318
郑州—许昌	22456	14554	37010	21691	16910	38601
许昌—漯河	11195	11385	22580	10690	12814	23504
漯河—驻马店	6547	11128	17675	6263	11530	17793
驻马店—京港澳豫鄂界	3730	12215	15945	3389	12158	15547
大广豫冀省界—濮阳	5314	13060	18374	5186	12141	17327
濮阳—周口	4594	5773	10367	4484	5893	10377
周口—大广豫鄂界	2400	4457	6857	2350	3318	5668
二广豫晋省界—济源	1054	2900	3954	1065	5891	6956
济源—洛阳	5238	9780	15018	5321	8914	14235
洛阳—汝阳	6447	4964	11411	6357	5453	11810
汝阳—南阳	1718	605	2323	1625	676	2301
南阳—二广豫鄂界	3934	6802	10736	3813	6951	10764
连霍豫皖界—商丘	5359	4116	9475	6603	4094	10697
商丘—开封	8228	6832	15060	9196	6097	15293
开封—郑州	20298	15232	35530	21394	12570	33964
郑州—洛阳	11888	16276	28164	11547	11873	23420
洛阳—三门峡	7001	24222	31223	6819	16517	23336
三门峡—连霍豫陕界	5102	25733	30835	4881	16749	21630
宁洛豫皖界—漯河	6462	8666	15128	6545	7205	13750
漯河—平顶山	3813	7549	11362	4049	8075	12124
平顶山—洛阳	3869	5863	9732	3955	6341	10296
沪陕豫皖界—南阳	3681	3225	6906	3450	3043	6493
南阳—沪陕豫陕界	3479	5858	9337	3174	6263	9437
日兰豫鲁界—兰考	4720	14461	19181	4329	10131	14460
兰考—许昌	3688	10897	14585	3630	11830	15460
许昌—南阳	7765	10062	17827	7359	10150	17509
大广安南互通—林州	3581	6269	9850	3695	5062	8757
濮阳—鹤壁	6782	4720	11502	6818	3105	9923
长垣—新乡	3539	4950	8489	3931	3519	7450
新乡—济源	4970	10208	15178	5179	7820	12999
济源—济邵豫晋	1803	7232	9035	1698	7797	9495
原阳—焦作	9215	11584	20799	8678	11097	19775
焦作—晋新豫晋界	3713	16016	19729	3581	11651	15232
焦作—温县	2533	1291	3824	2231	1244	3475
济广豫鲁界—济广豫皖界	4128	9285	13413	4099	6724	10823
商丘—周口	3683	4224	7907	3841	3186	7027
许亳省界—鄢陵	3234	2241	5475	2862	1491	4353

续上表

路段起止点	正 向		小计	反 向		小计
	客车折算交通量 (辆/日)	货车折算交通量 (辆/日)		客车折算交通量 (辆/日)	货车折算交通量 (辆/日)	
十八里河—郑州西	18081	12536	30617	18667	11148	29815
郑州南—机场	40351	6124	46475	28524	7377	35901
郑州侯寨—禹州	12697	2555	15252	12160	3653	15813
禹州—尧山	4023	1242	5265	3781	1149	4930
郑州站—登封	15764	1306	17070	14314	1490	15804
登封—洛阳	4468	588	5056	4172	547	4719
登封—许昌	3503	2661	6164	3153	3191	6344
叶县—泌阳	1434	4069	5503	1448	4302	5750
泌阳—焦桐豫鄂界	2743	4492	7235	3516	5222	8738
泌阳—新蔡	2664	3285	5949	2525	2559	5084
安阳—南林豫晋界	2933	6056	8989	2698	4388	7086
濮阳—龙王庄	3960	1814	5774	3822	2420	6242
永亳—永登豫皖界	3455	1157	4612	3685	1373	5058
新蔡—新阳豫皖界	1159	1778	2937	1155	2502	3657
小茴店—固始	1027	169	1196	973	131	1104
永城—永登豫皖界	4166	1895	6061	3820	1373	5193
洛龙—栾川	2841	208	3049	2484	144	2628
周山—灵宝	1412	338	1750	1299	223	1522
灵宝—卢氏	1083	788	1871	987	595	1582
卢氏—三淅豫鄂界	336	865	1201	275	774	1049
尉氏西—周口刘园	7338	2169	9507	7578	2952	10530
商丘机场—富航路	3089	695	3784	2967	415	3382

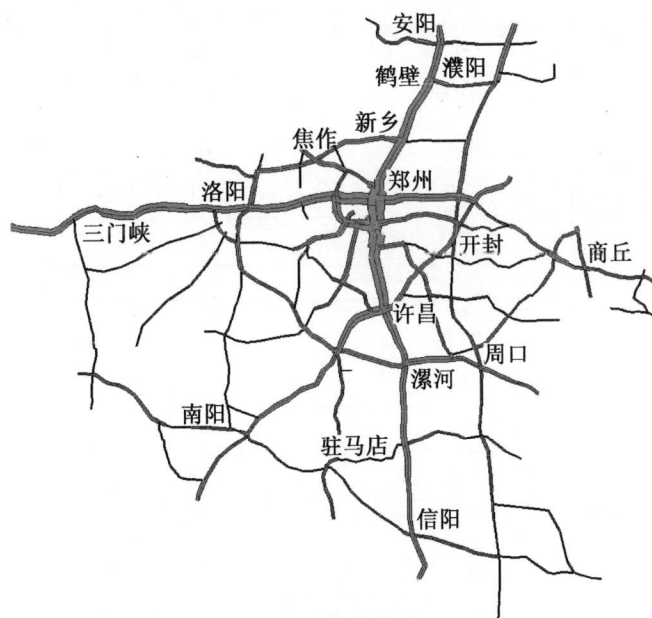

日均折算交通量
当量标准小客车(辆/日)
75000 37500 18750

图 4-38 2018 年河南省高速公路日均交通量

4.13 湖北省高速公路日均运输密度

4.13.1 2018 年湖北省高速公路日均客运密度分布如表 4-39 和图 4-39 所示。

2018 年湖北省高速公路日均客运密度   表 4-39

路段起止点	客运密度 （人公里/公里）	路段起止点	客运密度 （人公里/公里）
鄂西北—十堰东	6010	十堰东—鄂西北	6471
十堰东—襄樊北	16433	襄樊北—十堰东	17181
襄樊北—孝感	17420	孝感—襄樊北	18377
襄阳北—荆门	15200	荆门—襄阳北	14673
荆门—荆州	11328	荆州—荆门	10948
荆州—东岳庙	16656	东岳庙—荆州	14777
武汉北—京山	24722	京山—武汉北	23766
京山—荆门	15453	荆门—京山	14722
荆门—宜都	16109	宜都—荆门	15300
宜都—恩施	13890	恩施—宜都	13023
恩施—白羊塘	12980	白羊塘—恩施	12059
宜昌—枝江	23357	枝江—宜昌	26927
枝江—潜江	23601	潜江—枝江	24863
潜江—仙桃	33198	仙桃—潜江	34617
仙桃—武汉西	38939	武汉西—仙桃	40728
鄂豫—潜江	8401	潜江—鄂豫	8448
潜江—荆岳桥	12474	荆岳桥—潜江	12844
鄂北—武汉北	16032	武汉北—鄂北	15486
武汉北—鄂南	22080	鄂南—武汉北	21159
武汉—麻城	17890	麻城—武汉	18032
麻城—鄂东	7831	鄂东—麻城	9294
武汉—杨柳	11048	杨柳—武汉	11325
武东—黄石	49920	黄石—武东	51219
黄石—黄梅	30849	黄梅—黄石	30996
黄梅—鄂皖界	12803	鄂皖界—黄梅	13033
黄梅—鄂赣界	19587	鄂赣界—黄梅	19522
黄冈北—黄石	8146	黄石—黄冈北	8382
黄陂—府河	53960	府河—黄陂	54538
武汉绕城（顺时针）	21514	武汉绕城（逆时针）	21467
汉南—新滩	14639	新滩—汉南	6167
麻城—浠水	10109	浠水—麻城	10241

路段起止点	客运密度 (人公里/公里)	路段起止点	客运密度 (人公里/公里)
龚家岭—黄石西	15854	黄石西—龚家岭	15870
黄石西—鄂赣界	7050	鄂赣界—黄石西	7795
鄂东南—鄂湘	6586	鄂湘—鄂东南	5812
十堰西—鄂陕	5222	鄂陕—十堰西	5039
咸安—大冶	4743	大冶—咸安	4814
咸宁—通山	6220	通山—咸宁	6665
玉泉—远安北	3338	远安北—玉泉	3414
葛店—黄州	12267	黄州—葛店	12012
宜昌北—神农溪	12694	神农溪—宜昌北	11524
恩施北—丁寨	7434	丁寨—恩施北	7327
宜都—石首南	4935	石首南—宜都	4605
宜城—关垭子	3460	关垭子—宜都	2943
安居—宜城	3381	宜城—安居	3244

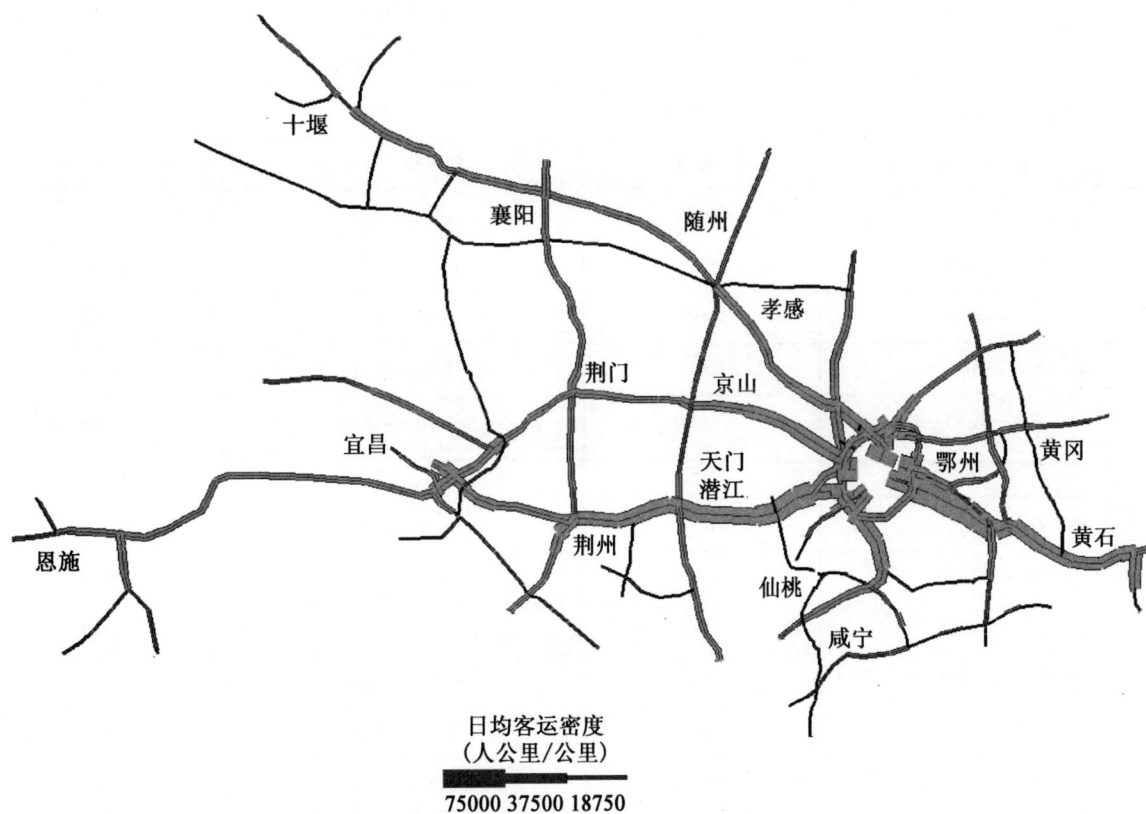

日均客运密度
(人公里/公里)

75000 37500 18750

图4-39 2018年湖北省高速公路日均客运密度

4.13.2 2018 年湖北省高速公路日均货运密度分布如表 4-40 和图 4-40 所示。

2018 年湖北省高速公路日均货运密度   表 4-40

路段起止点	货运密度 （吨公里/公里）	路段起止点	货运密度 （吨公里/公里）
鄂西北—十堰东	19491	十堰东—鄂西北	14938
十堰东—襄樊北	25807	襄樊北—十堰东	32107
襄樊北—孝感	20144	孝感—襄樊北	15151
襄阳北—荆门	95484	荆门—襄阳北	69135
荆门—荆州	72184	荆州—荆门	49353
荆州—东岳庙	71329	东岳庙—荆州	53910
武汉北—京山	20142	京山—武汉北	20280
京山—荆门	17346	荆门—京山	18273
荆门—宜都	35372	宜都—荆门	24098
宜都—恩施	29656	恩施—宜都	15605
恩施—白羊塘	22263	白羊塘—恩施	14151
宜昌—枝江	12977	枝江—宜昌	21470
枝江—潜江	29775	潜江—枝江	36304
潜江—仙桃	31296	仙桃—潜江	36741
仙桃—武汉西	23969	武汉西—仙桃	28471
鄂豫—潜江	53497	潜江—鄂豫	42111
潜江—荆岳桥	70840	荆岳桥—潜江	55558
鄂北—武汉北	64056	武汉北—鄂北	55436
武汉北—鄂南	75625	鄂南—武汉北	69585
武汉—麻城	37692	麻城—武汉	51200
麻城—鄂东	44607	鄂东—麻城	53315
武汉—杨柳	12824	杨柳—武汉	14398
武东—黄石	37572	黄石—武东	34508
黄石—黄梅	44150	黄梅—黄石	37769
黄梅—鄂皖界	48505	鄂皖界—黄梅	58946
黄梅—鄂赣界	48128	鄂赣界—黄梅	37443
黄冈北—黄石	23900	黄石—黄冈北	16353
黄陂—府河	7400	府河—黄陂	6121
武汉绕城（顺时针）	45550	武汉绕城（逆时针）	43489
汉南—新滩	6402	新滩—汉南	4776
麻城—浠水	33960	浠水—麻城	22688

路段起止点	货运密度 (吨公里/公里)	路段起止点	货运密度 (吨公里/公里)
龚家岭—黄石西	17921	黄石西—龚家岭	17583
黄石西—鄂赣界	22750	鄂赣界—黄石西	14007
鄂东南—鄂湘	6795	鄂湘—鄂东南	8169
十堰西—鄂陕	21551	鄂陕—十堰西	11749
咸安—大冶	12499	大冶—咸安	12728
咸宁—通山	3163	通山—咸宁	2851
玉泉—远安北	2359	远安北—玉泉	2595
葛店—黄州	5976	黄州—葛店	9599
宜昌北—神农溪	18270	神农溪—宜昌北	11595
恩施北—丁寨	3641	丁寨—恩施北	2863
宜都—石首南	5935	石首南—宜都	4487
宜城—关垭子	1997	关垭子—宜都	1224
安居—宜城	1687	宜城—安居	2029

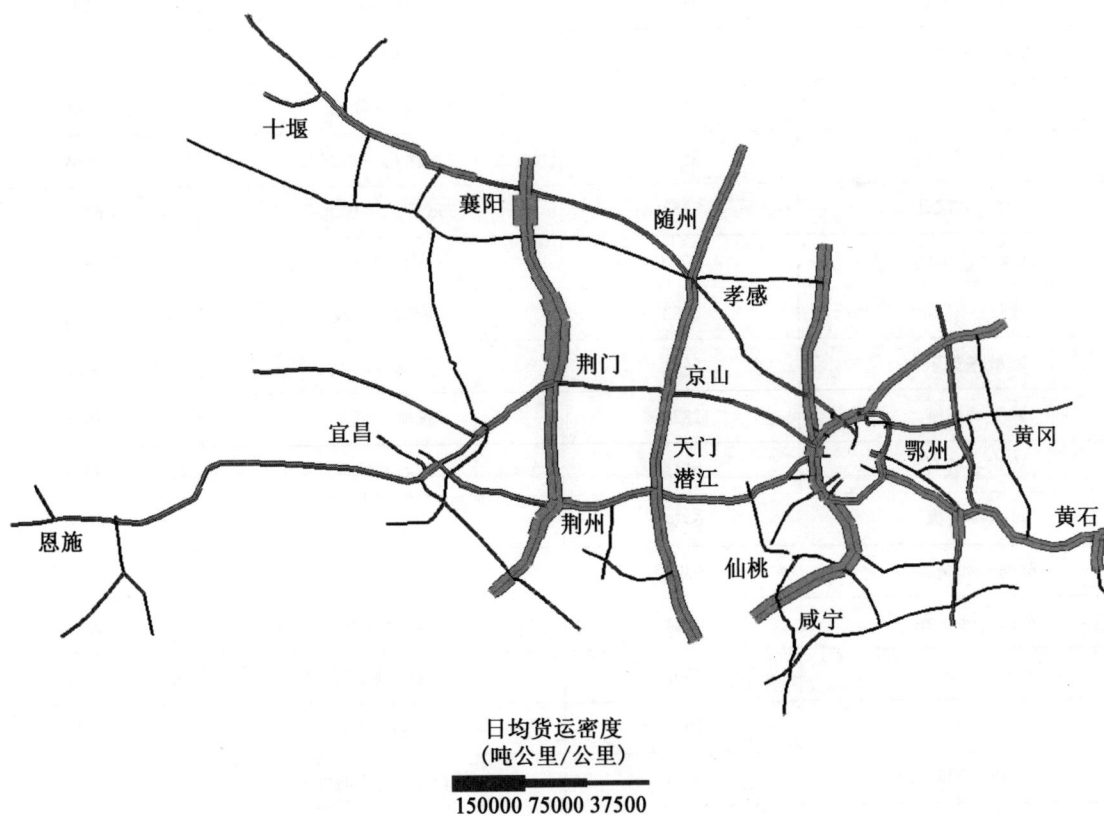

图 4-40　2018 年湖北省高速公路日均货运密度

4.13.3 **2018 年湖北省高速公路日均道路负荷分布如表 4-41 和图 4-41 所示。**

2018 年湖北省高速公路日均轴载

表 4-41

路段起止点	轴载 （标准轴载当量轴次／日）	路段起止点	轴载 （标准轴载当量轴次／日）
鄂西北—十堰东	2595	十堰东—鄂西北	2032
十堰东—襄樊北	3666	襄樊北—十堰东	4359
襄樊北—孝感	2890	孝感—襄樊北	1981
襄阳北—荆门	13343	荆门—襄阳北	9047
荆门—荆州	9154	荆州—荆门	6381
荆州—东岳庙	8207	东岳庙—荆州	6796
武汉北—京山	2710	京山—武汉北	2833
京山—荆门	2426	荆门—京山	2661
荆门—宜都	5909	宜都—荆门	3676
宜都—恩施	4531	恩施—宜都	2233
恩施—白羊塘	2777	白羊塘—恩施	1844
宜昌—枝江	2073	枝江—宜昌	3809
枝江—潜江	4193	潜江—枝江	5227
潜江—仙桃	4146	仙桃—潜江	4970
仙桃—武汉西	3227	武汉西—仙桃	3918
鄂豫—潜江	6613	潜江—鄂豫	4960
潜江—荆岳桥	8574	荆岳桥—潜江	6781
鄂北—武汉北	8253	武汉北—鄂北	6581
武汉北—鄂南	9650	鄂南—武汉北	8531
武汉—麻城	4883	麻城—武汉	6331
麻城—鄂东	5471	鄂东—麻城	6465
武汉—杨柳	1778	杨柳—武汉	1825
武东—黄石	6141	黄石—武东	5828
黄石—黄梅	6424	黄梅—黄石	4990
黄梅—鄂皖界	6305	鄂皖界—黄梅	7543
黄梅—鄂赣界	6824	鄂赣界—黄梅	4720
黄冈北—黄石	3207	黄石—黄冈北	2403
黄陂—府河	1057	府河—黄陂	976
武汉绕城（顺时针）	6094	武汉绕城（逆时针）	5637
汉南—新滩	1267	新滩—汉南	891
麻城—浠水	4700	浠水—麻城	3221

路段起止点	轴载 (标准轴载当量轴次/日)	路段起止点	轴载 (标准轴载当量轴次/日)
龚家岭—黄石西	2912	黄石西—龚家岭	3457
黄石西—鄂赣界	3017	鄂赣界—黄石西	1854
鄂东南—鄂湘	899	鄂湘—鄂东南	1121
十堰西—鄂陕	2653	鄂陕—十堰西	1340
咸安—大冶	1845	大冶—咸安	1849
咸宁—通山	647	通山—咸宁	469
玉泉—远安北	490	远安北—玉泉	888
葛店—黄州	1085	黄州—葛店	1511
宜昌北—神农溪	2561	神农溪—宜昌北	1490
恩施北—丁寨	595	丁寨—恩施北	415
宜都—石首南	860	石首南—宜都	668
宜城—关垭子	333	关垭子—宜都	194
安居—宜城	477	宜城—安居	371

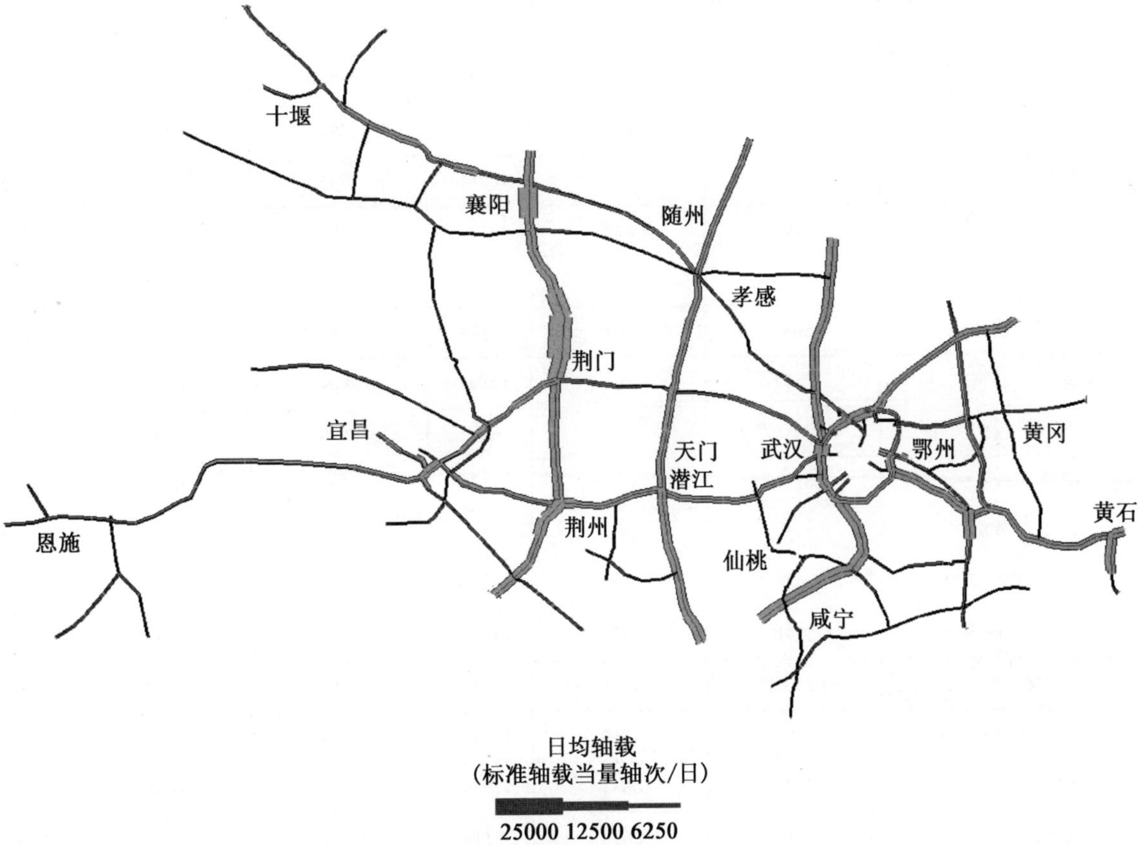

日均轴载
(标准轴载当量轴次/日)

25000 12500 6250

图4-41 2018年湖北省高速公路日均轴载

4.13.4 2018 年湖北省高速公路日均交通量分布如表 4-42 和图 4-42 所示。

2018 年湖北省高速公路日均交通量   表 4-42

路段起止点	正向			反向		
	客车折算交通量（辆/日）	货车折算交通量（辆/日）	小计	客车折算交通量（辆/日）	货车折算交通量（辆/日）	小计
鄂西北—十堰东	2109	3964	6073	2098	3921	6019
十堰东—襄樊北	5247	6539	11787	5247	7087	12333
襄樊北—孝感	5511	4690	10202	5521	4701	10222
襄阳北—荆门	4456	16751	21207	4338	15700	20038
荆门—荆州	3623	13036	16659	3587	11880	15467
荆州—东岳庙	4980	13583	18563	4568	12450	17018
武汉北—京山	8252	6354	14606	7845	5281	13126
京山—荆门	5209	4839	10048	4902	4617	9519
荆门—宜都	5107	7050	12158	4850	7366	12216
宜都—恩施	3931	6074	10004	3690	5463	9153
恩施—白羊塘	3916	5023	8939	3602	3954	7556
宜昌—枝江	8130	4464	12593	8745	5162	13907
枝江—潜江	7182	8152	15334	7633	9033	16666
潜江—仙桃	10244	8302	18546	10792	9002	19794
仙桃—武汉西	12201	6747	18947	12620	7213	19833
鄂豫—潜江	2440	9762	12202	2597	9121	11717
潜江—荆岳桥	3487	12964	16451	3751	11983	15735
鄂北—武汉北	4895	12208	17104	4997	12601	17598
武汉北—鄂南	7116	14374	21490	6833	14244	21076
武汉—麻城	5633	9550	15183	5756	10483	16239
麻城—鄂东	2759	9436	12195	2909	10592	13501
武汉—杨柳	3668	3144	6812	3606	3391	6998
武东—黄石	15257	8919	24176	14790	8244	23034
黄石—黄梅	8157	9211	17368	8075	8838	16912
黄梅—鄂皖界	3640	10727	14367	3629	11271	14901
黄梅—鄂赣界	5541	9434	14974	5467	8671	14138
黄冈北—黄石	2504	4681	7185	2712	4207	6918
黄陂—府河	18663	1719	20382	18860	1816	20676
武汉绕城（顺时针）	7120	10833	17954	7182	11064	18246
汉南—新滩	5416	2698	8114	2254	1641	3896
麻城—浠水	3048	6643	9691	3210	5967	9176

路段起止点	正 向		小计	反 向		小计
	客车折算交通量（辆/日）	货车折算交通量（辆/日）		客车折算交通量（辆/日）	货车折算交通量（辆/日）	
龚家岭—黄石西	5843	4444	10287	5908	4337	10245
黄石西—鄂赣界	2376	4310	6686	2654	3392	6046
鄂东南—鄂湘	2329	1632	3961	2047	1796	3843
十堰西—鄂陕	1491	4111	5601	1444	2689	4133
咸安—大冶	1562	2944	4506	1569	2750	4319
咸宁—通山	2348	891	3239	2154	755	2910
玉泉—远安北	1131	979	2111	1130	750	1880
葛店—黄州	4417	2336	6753	4360	2276	6636
宜昌北—神农溪	3211	3988	7199	2843	3788	6631
恩施北—丁寨	2538	996	3534	2510	1139	3649
宜都—石首南	1587	1304	2891	1487	1480	2967
宜城—关垭子	1020	590	1610	974	531	1505
安居—宜城	1148	539	1687	1102	622	1724

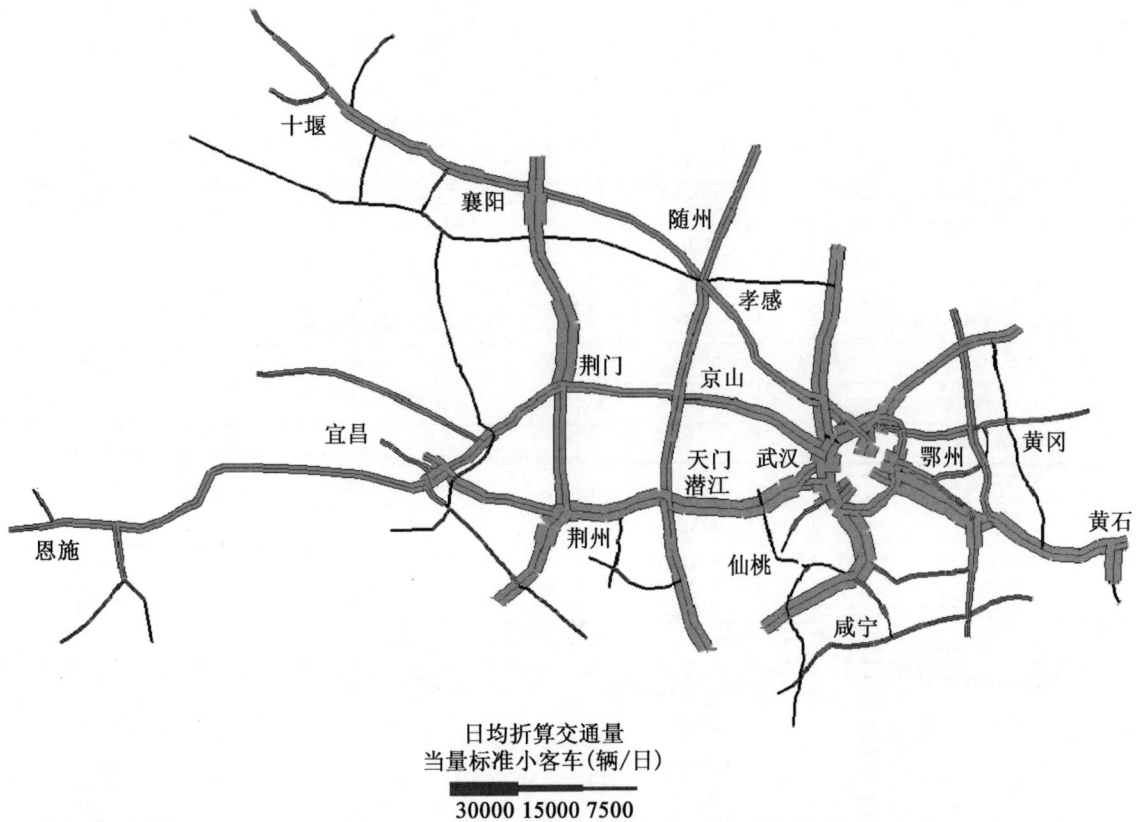

日均折算交通量
当量标准小客车(辆/日)

30000 15000 7500

图 4-42 2018 年湖北省高速公路日均交通量

4.14　湖南省高速公路日均运输密度

4.14.1　2018 年湖南省高速公路日均客运密度分布如表 4-43 和图 4-43 所示。

2018 年湖南省高速公路日均客运密度 　　　　　表 4-43

路段起止点	客运密度 （人公里/公里）	路段起止点	客运密度 （人公里/公里）
羊楼司(湘鄂)—岳阳	16676	岳阳—羊楼司(湘鄂)	15547
岳阳—长沙	37669	长沙—岳阳	38848
长沙—永安	57730	永安—长沙	55257
长沙—湘潭	61573	湘潭—长沙	62994
湘潭—醴陵	32175	醴陵—湘潭	33239
望城区—湘潭	16978	湘潭—望城区	18106
湘潭—衡阳蒸湘	16747	衡阳蒸湘—湘潭	16264
衡阳—常宁	13908	常宁—衡阳	13599
常宁—临武	10366	临武—常宁	10080
新晃(湘黔界)—怀化南	10964	怀化南—新晃(湘黔界)	11703
怀化南—洞口	27396	洞口—怀化南	28548
洞口—隆回	36530	隆回—洞口	37680
隆回—邵阳南	42340	邵阳南—隆回	37303
邵阳南—娄底	25964	娄底—邵阳南	26461
娄底—新化	19576	新化—娄底	18224
娄底—韶山	34603	韶山—娄底	35351
韶山—湘潭	48169	湘潭—韶山	50227
小塘(湘粤界)—宜章	26762	宜章—小塘(湘粤界)	21540
宜章—郴州	30311	郴州—宜章	28460
郴州—耒阳	28673	耒阳—郴州	26567
耒阳—衡阳	31262	衡阳—耒阳	30038
衡阳—湘潭	42906	湘潭—衡阳	40276
枣木铺(湘桂界)—永州	7935	永州—枣木铺(湘桂界)	8316
永州—石埠	11541	石埠—永州	11727
石埠—衡阳	13963	衡阳—石埠	14452
张家界—常德	20194	常德—张家界	26985
常德—益阳	51697	益阳—常德	55236
益阳—长沙	68358	长沙—益阳	71467
常德—吉首	14600	吉首—常德	15117
吉首—茶峒	10915	茶峒—吉首	11418
吉首—怀化南	28090	怀化南—吉首	26751
邵阳县—永州东	22084	永州东—邵阳县	22473
永州东—宁远	23896	宁远—永州东	24642
宁远东—蓝山	25733	蓝山—宁远东	26685
衡东—炎陵	9287	炎陵—衡东	9248
大浦—松木塘	20080	松木塘—大浦	20369
松木塘—邵阳	13022	邵阳—松木塘	12633

路段起止点	客运密度 (人公里/公里)	路段起止点	客运密度 (人公里/公里)
长沙—株洲	35662	株洲—长沙	39119
郴州南—嘉禾	5739	嘉禾—郴州南	5754
嘉禾—宁远南	7973	宁远南—嘉禾	7898
宁远南—道州西	5966	道州西—宁远南	5751
道州—江永	4468	江永—道州	4218
郴州—汝城	5100	汝城—郴州	5211
宜章—堡城	4529	堡城—宜章	3945
张家界—花垣东	8759	花垣东—张家界	7148
怀化南—通道	9026	通道—怀化南	8690
醴陵—上塔市	8323	上塔市—醴陵	8849
蕉溪—张坊	4608	张坊—蕉溪	5203
洞阳—大瑶	10798	大瑶—洞阳	9796
凤凰—凤凰西	16936	凤凰西—凤凰	16446
醴陵工业园—攸县	15431	攸县—醴陵工业园	15941
常德—城头山	19454	城头山—常德	18994
湘潭—学士	28123	学士—湘潭	29315
怀化—新化	11880	新化—怀化	12357
涟源—娄底	12027	娄底—涟源	12763
娄底—岳麓	20255	岳麓—娄底	21306
金竹山—坪上	16365	坪上—金竹山	15125

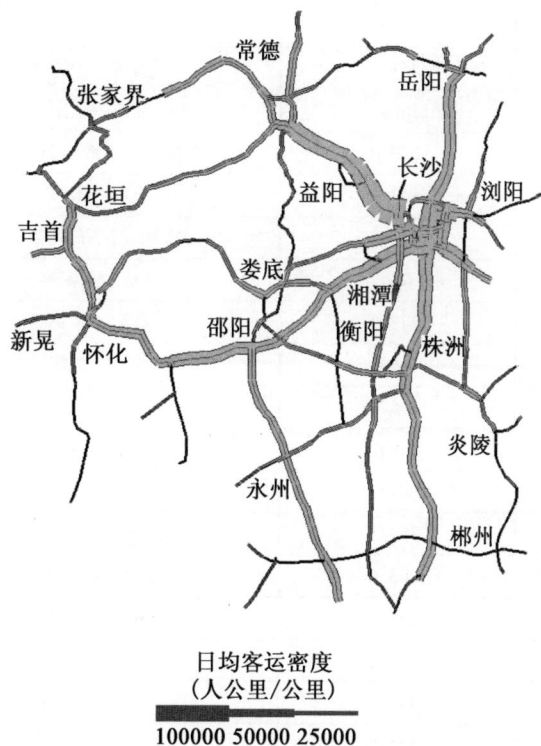

日均客运密度
(人公里/公里)

100000　50000　25000

图 4-43　2018 年湖南省高速公路日均客运密度

4.14.2 2018年湖南省高速公路日均货运密度分布如表4-44和图4-44所示。

2018年湖南省高速公路日均货运密度   表4-44

路段起止点	货运密度 （吨公里/公里）	路段起止点	货运密度 （吨公里/公里）
羊楼司(湘鄂)—岳阳	105023	岳阳—羊楼司(湘鄂)	86685
岳阳—长沙	167326	长沙—岳阳	133286
长沙—永安	36092	永安—长沙	36731
长沙—湘潭	166048	湘潭—长沙	155905
湘潭—醴陵	64004	醴陵—湘潭	77411
望城区—湘潭	10959	湘潭—望城区	11367
湘潭—衡阳蒸湘	9950	衡阳蒸湘—湘潭	11447
衡阳—常宁	9813	常宁—衡阳	10754
常宁—临武	6577	临武—常宁	8259
新晃(湘黔界)—怀化南	22374	怀化南—新晃(湘黔界)	27954
怀化南—洞口	43780	洞口—怀化南	59173
洞口—隆回	44900	隆回—洞口	60727
隆回—邵阳南	43015	邵阳南—隆回	54430
邵阳南—娄底	23915	娄底—邵阳南	30091
娄底—新化	13064	新化—娄底	10674
娄底—韶山	35284	韶山—娄底	37754
韶山—湘潭	44989	湘潭—韶山	50268
小塘(湘粤界)—宜章	111210	宜章—小塘(湘粤界)	117255
宜章—郴州	113142	郴州—宜章	118187
郴州—耒阳	109201	耒阳—郴州	115611
耒阳—衡阳	125187	衡阳—耒阳	129413
衡阳—湘潭	156692	湘潭—衡阳	158350
枣木铺(湘桂界)—永州	67920	永州—枣木铺(湘桂界)	63916
永州—石埠	61778	石埠—永州	58755
石埠—衡阳	61093	衡阳—石埠	57495
张家界—常德	7447	常德—张家界	15666
常德—益阳	27713	益阳—常德	29615
益阳—长沙	34507	长沙—益阳	36517
常德—吉首	53574	吉首—常德	44274
吉首—茶峒	34957	茶峒—吉首	24728
吉首—怀化南	38596	怀化南—吉首	49612
邵阳县—永州东	38741	永州东—邵阳县	42547
永州东—宁远	26356	宁远—永州东	31205
宁远东—蓝山	24107	蓝山—宁远东	29451
衡东—炎陵	9052	炎陵—衡东	10457
大浦—松木塘	44116	松木塘—大浦	37025
松木塘—邵阳	15414	邵阳—松木塘	9467
长沙—株洲	25076	株洲—长沙	28786

路段起止点	货运密度 (吨公里/公里)	路段起止点	货运密度 (吨公里/公里)
郴州南—嘉禾	4360	嘉禾—郴州南	6485
嘉禾—宁远南	9927	宁远南—嘉禾	15669
宁远南—道州西	7486	道州西—宁远南	12568
道州—江永	6715	江永—道州	11470
郴州—汝城	4993	汝城—郴州	2286
宜章—堡城	3801	堡城—宜章	3612
张家界—花垣东	6571	花垣东—张家界	3917
怀化南—通道	8067	通道—怀化南	11804
醴陵—上塔市	7481	上塔市—醴陵	7359
蕉溪—张坊	2827	张坊—蕉溪	3458
洞阳—大瑶	16789	大瑶—洞阳	16593
凤凰—凤凰西	45502	凤凰西—凤凰	38633
醴陵工业园—攸县	7055	攸县—醴陵工业园	5519
常德—城头山	47224	城头山—常德	64668
湘潭—学士	7663	学士—湘潭	9524
怀化—新化	8053	新化—怀化	13826
涟源—娄底	8501	娄底—涟源	10531
娄底—岳麓	10828	岳麓—娄底	7870
金竹山—坪上	9895	坪上—金竹山	10113

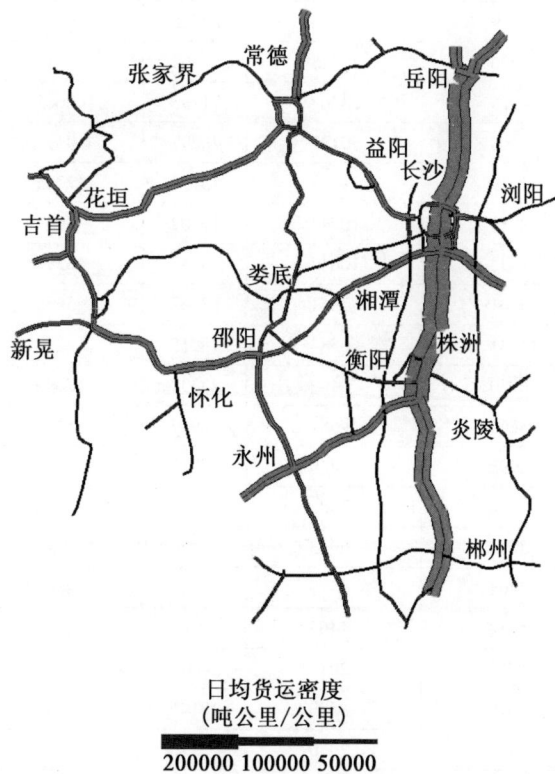

日均货运密度
(吨公里/公里)

200000 100000 50000

图4-44　2018年湖南省高速公路日均货运密度

4.14.3 2018 年湖南省高速公路日均交通量分布如表 4-45 和图 4-45 所示。

2018 年湖南省高速公路日均交通量   表 4-45

路段起止点	正 向		小计	反 向		小计
	客车折算交通量（辆/日）	货车折算交通量（辆/日）		客车折算交通量（辆/日）	货车折算交通量（辆/日）	
羊楼司（湘鄂界）—岳阳	4046	18038	22084	3733	17998	21731
岳阳—长沙	9242	28686	37928	9651	28420	38071
长沙—永安	17034	10448	27482	16055	9265	25320
长沙—湘潭	16627	32026	48653	17253	33653	50906
湘潭—醴陵	7283	13848	21131	7661	13926	21587
望城区—湘潭	4816	2714	7530	5141	2686	7827
湘潭—衡阳蒸湘	4588	2316	6904	4474	2569	7043
衡阳—常宁	3891	2150	6041	3877	2398	6275
常宁—临武	2534	1387	3921	2565	1636	4201
新晃（湘黔界）—怀化南	2066	4442	6508	2124	5176	7300
怀化南—洞口	4519	8717	13236	4863	11023	15886
洞口—隆回	6536	9278	15814	6915	11373	18288
隆回—邵阳南	7850	9260	17110	7060	10168	17228
邵阳南—娄底	5734	5397	11131	5966	5983	11949
娄底—新化	4934	2893	7827	4550	2856	7406
娄底—韶山	8147	7504	15651	8348	8205	16553
韶山—湘潭	11587	9984	21571	12167	10714	22881
小塘（湘粤界）—宜章	5673	21154	26827	5168	20056	25224
宜章—郴州	6819	21646	28465	6226	20359	26585
郴州—耒阳	6276	21228	27504	5641	19952	25593
耒阳—衡阳	7025	24268	31293	6641	22607	29248
衡阳—湘潭	10160	30137	40297	9495	28435	37930
枣木铺（湘桂界）—永州	1939	11237	13176	2085	10798	12883
永州—石埠	2959	10743	13702	3037	10272	13309
石埠—衡阳	3433	10814	14247	3599	10208	13807
张家界—常德	4501	2961	7462	5496	3190	8686
常德—益阳	11631	6584	18215	12294	7066	19360
益阳—长沙	16930	8402	25332	17696	8879	26575
常德—吉首	3266	9681	12947	3166	8903	12069
吉首—茶峒	2293	6420	8713	2283	4862	7145
吉首—怀化南	5436	7985	13421	5336	9502	14838
邵阳县—永州东	3883	6953	10836	4118	7607	11725
永州东—宁远	4464	4829	9293	4842	5735	10577
宁远东—蓝山	4839	4463	9302	5310	5472	10782
衡东—炎陵	2056	2019	4075	2064	2060	4124
大浦—松木塘	4619	8530	13149	4619	7647	12266
松木塘—邵阳	2750	2970	5720	2603	2577	5180
长沙—株洲	10591	7108	17699	11409	7354	18763
郴州南—嘉禾	1812	1010	2822	1825	1345	3170

续上表

路段起止点	正 向			反 向		
	客车折算交通量（辆/日）	货车折算交通量（辆/日）	小计	客车折算交通量（辆/日）	货车折算交通量（辆/日）	小计
嘉禾—宁远南	2393	2048	4441	2365	2959	5324
宁远南—道州西	1806	1623	3429	1744	2387	4131
道州—江永	1390	1490	2880	1321	2105	3426
郴州—汝城	1328	1026	2354	1332	871	2203
宜章—堡城	1248	960	2208	1171	866	2037
张家界—花垣东	1850	1276	3126	1636	1317	2953
怀化南—通道	2137	1879	4016	2093	2424	4517
醴陵—上塔市	2444	1781	4225	2601	1677	4278
蕉溪—张坊	1402	970	2372	1578	930	2508
洞阳—大瑶	3307	5556	8863	2964	3791	6755
凤凰—凤凰西	3847	8614	12461	3695	7859	11554
醴陵工业园—攸县	3934	1849	5783	4106	1491	5597
常德—城头山	4588	9603	14191	4439	10984	15423
湘潭—学士	7694	1847	9541	8177	2525	10702
怀化—新化	2849	2885	5734	3012	2796	5808
涟源—娄底	3110	1879	4989	3460	2059	5519
娄底—岳麓	5483	2382	7865	5792	2252	8044
金竹山—坪上	5959	3935	9894	6114	3999	10113

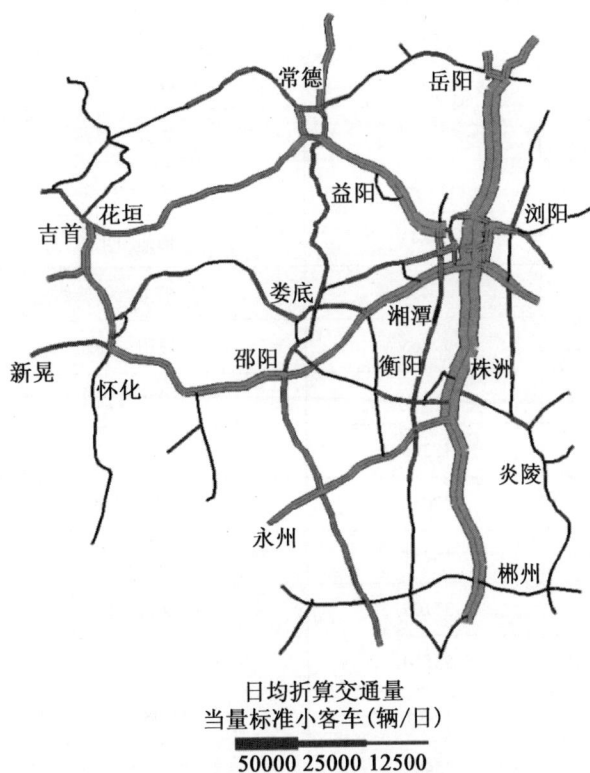

日均折算交通量
当量标准小客车(辆/日)

50000 25000 12500

图4-45 2018年湖南省高速公路日均交通量

4.15 广东省高速公路日均运输密度

4.15.1 2018 年广东省高速公路日均客运密度分布如表 **4-46** 和图 **4-46** 所示。

2018 年广东省高速公路日均客运密度 表 4-46

路段起止点	客运密度 （人公里/公里）	路段起止点	客运密度 （人公里/公里）
广州—阳江	86375	阳江—广州	82276
阳江—湛江	47716	湛江—阳江	44354
粤西—湛江	4252	湛江—粤西	14730
湛江—徐闻	13908	徐闻—湛江	16397
广州—三水	238887	三水—广州	235714
三水—云浮	45855	云浮—三水	43721
云浮—平台	22317	平台—云浮	21387
粤北主线—广州	24717	广州—粤北主线	25026
韶关—梅关	11746	梅关—韶关	11813
广州—太平	170382	太平—广州	160358
太平—深圳皇岗	157696	深圳皇岗—太平	143315
广州—惠州	103434	惠州—广州	104414
惠州—河源	76561	河源—惠州	73474
惠州—凌坑	34137	凌坑—惠州	35095
惠州—龙岗	78747	龙岗—惠州	76518
河源—粤赣	32366	粤赣—河源	30069
东源—梅州	15843	梅州—东源	15154
城西—广福主线	6499	广福主线—城西	6175
梅州—揭阳	17365	揭阳—梅州	16777
揭阳—潮州	24539	潮州—揭阳	23813
揭阳—东港	18306	东港—揭阳	18403
汾水关—汕头	22052	汕头—汾水关	23083
汕头—陆丰	18231	陆丰—汕头	22797
陆丰—惠东	37105	惠东—陆丰	42421
惠东—深圳	83510	深圳—惠东	87096
珠海—东城	15861	东城—珠海	16252
江门—珠海西	25482	珠海西—江门	25119
司前—斗山	12660	斗山—司前	11157

路段起止点	客运密度 （人公里/公里）	路段起止点	客运密度 （人公里/公里）
广州—怀集	72624	怀集—广州	71410
清新—凤头岭	20250	凤头岭—清新	19818
义和—沥林	23409	沥林—义和	24885
月环—南屏主线	45627	南屏主线—月环	48551
沙溪—坦洲	84174	坦洲—沙溪	85212
附城—碚滨主线	31636	碚滨主线—附城	34943
粤北主线(复线)—广州	30634	广州—粤北主线(复线)	32481
镇隆—三栋	42885	三栋—镇隆	42123
清新—清远	3912	清远—清新	3703

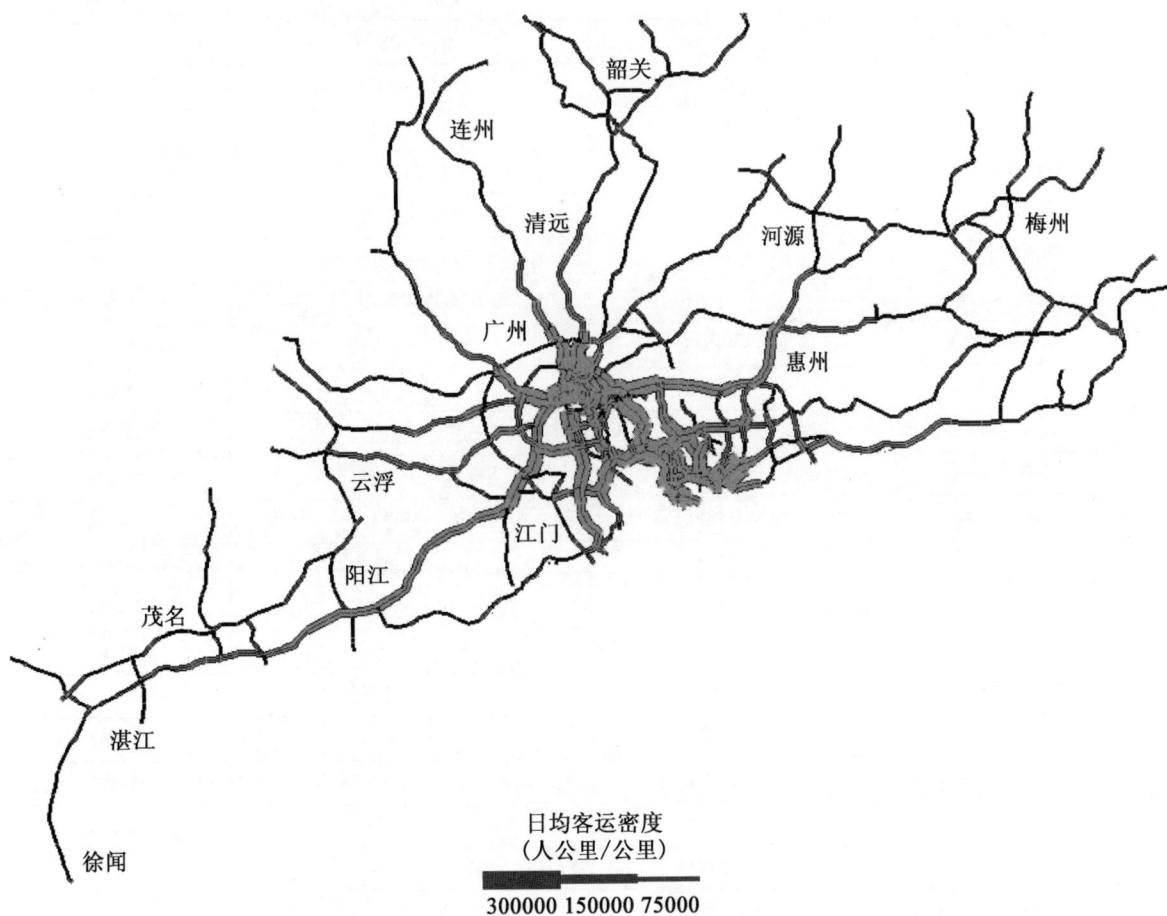

日均客运密度
（人公里/公里）

300000 150000 75000

图 4-46　2018 年广东省高速公路日均客运密度

4.15.2 2018 年广东省高速公路日均货运密度分布如表 4-47 和图 4-47 所示。

2018 年广东省高速公路日均货运密度   表 4-47

路段起止点	货运密度 （吨公里/公里）	路段起止点	货运密度 （吨公里/公里）
广州—阳江	91832	阳江—广州	87272
阳江—湛江	67535	湛江—阳江	62995
粤西—湛江	1572	湛江—粤西	29015
湛江—徐闻	18296	徐闻—湛江	37669
广州—三水	129662	三水—广州	138670
三水—云浮	59931	云浮—三水	63776
云浮—平台	42860	平台—云浮	47469
粤北主线—广州	54467	广州—粤北主线	54054
韶关—梅关	70558	梅关—韶关	68177
广州—太平	79427	太平—广州	68858
太平—深圳皇岗	42690	深圳皇岗—太平	32799
广州—惠州	106642	惠州—广州	83867
惠州—河源	82742	河源—惠州	104865
惠州—凌坑	33740	凌坑—惠州	20695
惠州—龙岗	66547	龙岗—惠州	62785
河源—粤赣	46383	粤赣—河源	67589
东源—梅州	14563	梅州—东源	14697
城西—广福主线	21326	广福主线—城西	25378
梅州—揭阳	79944	揭阳—梅州	50826
揭阳—潮州	39105	潮州—揭阳	41052
揭阳—东港	21401	东港—揭阳	14996
汾水关—汕头	49699	汕头—汾水关	41570
汕头—陆丰	28999	陆丰—汕头	27629
陆丰—惠东	39254	惠东—陆丰	43533
惠东—深圳	37537	深圳—惠东	37236
珠海—东城	11401	东城—珠海	9638
江门—珠海西	15338	珠海西—江门	17891
司前—斗山	6076	斗山—司前	4159
广州—怀集	85636	怀集—广州	84390
清新—凤头岭	18606	凤头岭—清新	23769
义和—沥林	32955	沥林—义和	23551
月环—南屏主线	14524	南屏主线—月环	11112
沙溪—坦洲	41407	坦洲—沙溪	38716
附城—替滨主线	52273	替滨主线—附城	46517
粤北—广州（复线）	174655	广州—粤北主线（复线）	164711
镇隆—三栋	36839	三栋—镇隆	38989
清新—清远	4614	清远—清新	3920

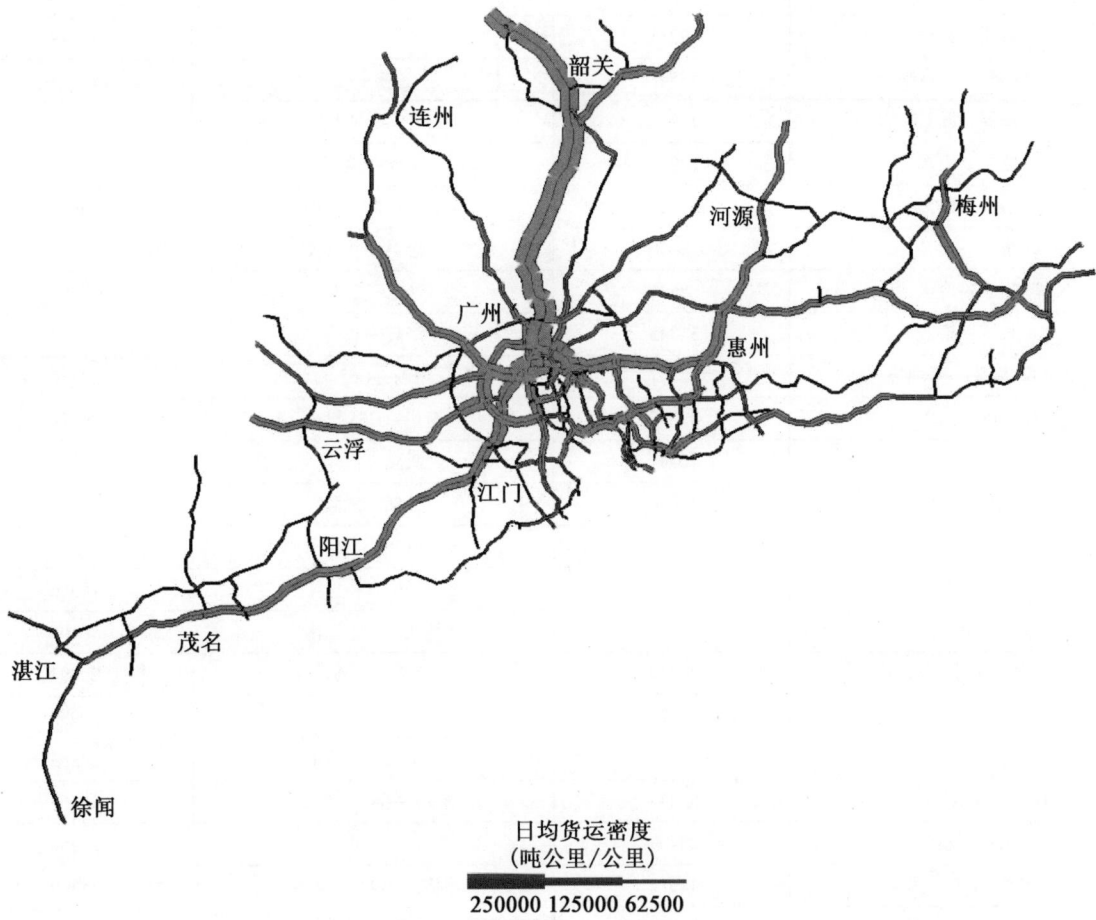

日均货运密度
(吨公里/公里)

250000 125000 62500

图 4-47　2018 年广东省高速公路日均货运密度

4.16 重庆市高速公路日均运输密度

4.16.1 2018 年重庆市高速公路日均客运密度分布如表 4-48 和图 4-48 所示。

2018 年重庆市高速公路日均客运密度　　　　　　　　表 4-48

路段起止点	客运密度 （人公里/公里）	路段起止点	客运密度 （人公里/公里）
G65 渝北—长寿	47920	长寿—G65 渝北	48040
长寿—垫江	29535	垫江—长寿	29188
垫江—万州	14998	万州—垫江	14796
万州—云阳	19211	云阳—万州	18549
云阳—小三峡	13548	小三峡—云阳	13828
小周—开县	17979	开县—小周	17694
夔门—巫溪	5011	巫溪—夔门	4958
垫江—牡丹源	6512	牡丹源—垫江	6391
垫江—忠县	9450	忠县—垫江	9573
忠县—冷水	8531	冷水—忠县	8866
长寿—涪陵	11345	涪陵—长寿	11363
G65 渝北—草坝场	23847	草坝场—G65 渝北	24130
G65 巴南—南川	42092	南川—G65 巴南	39879
南川—武隆	26587	武隆—南川	25585
武隆—黔江	14086	黔江—武隆	14078
黔江—酉阳	11439	酉阳—黔江	11462
酉阳—G65 洪安	10587	G65 洪安—酉阳	10586
G75 巴南—綦江	51348	綦江—G75 巴南	50105
綦江—崇溪河	20939	崇溪河—綦江	20097
綦江—南川	11726	南川—綦江	9938
西彭—G93 江津	31175	G93 江津—西彭	29283
G85 九龙坡—永川	50285	永川—G85 九龙坡	46668
永川—渝荣	25409	渝荣—永川	23958
G93 沙坪坝—铜梁	44917	铜梁—G93 沙坪坝	45209
铜梁—书房坝	20202	书房坝—铜梁	19973
G75 北碚—合川	47068	合川—G75 北碚	46413
合川—兴山	16997	兴山—合川	16556
西彭——品	28634	一品—西彭	26745
一品—复盛	12195	复盛——品	12113
复盛—G75 北碚	19828	G75 北碚—复盛	21119
G75 北碚—璧山	28741	璧山—G75 北碚	30412
璧山—西彭	34037	西彭—璧山	35733
G50 南岸—麻柳嘴	18710	麻柳嘴—G50 南岸	18967
茶店互通—涪陵南	23075	涪陵南—茶店互通	23896
涪陵南—丰都	13261	丰都—涪陵南	13376

续上表

路段起止点	客运密度 (人公里/公里)	路段起止点	客运密度 (人公里/公里)
丰都—石柱	7977	石柱—丰都	8286
马鞍—双河口	8822	双河口—马鞍	9903
沙坪坝—大足	22115	大足—沙坪坝	22408
永川—石蟆	5986	石蟆—永川	5860
铜梁—永川	6836	永川—铜梁	7119
沙溪—铜梁	3720	铜梁—沙溪	3842
綦江—江津	2970	江津—綦江	3088
金佛山—G69 南川	9543	G69 南川—金佛山	9261
复兴—G85 合川	7809	G85 合川—复兴	7113
刁家—S21 江津	7315	S21 江津—刁家	3784

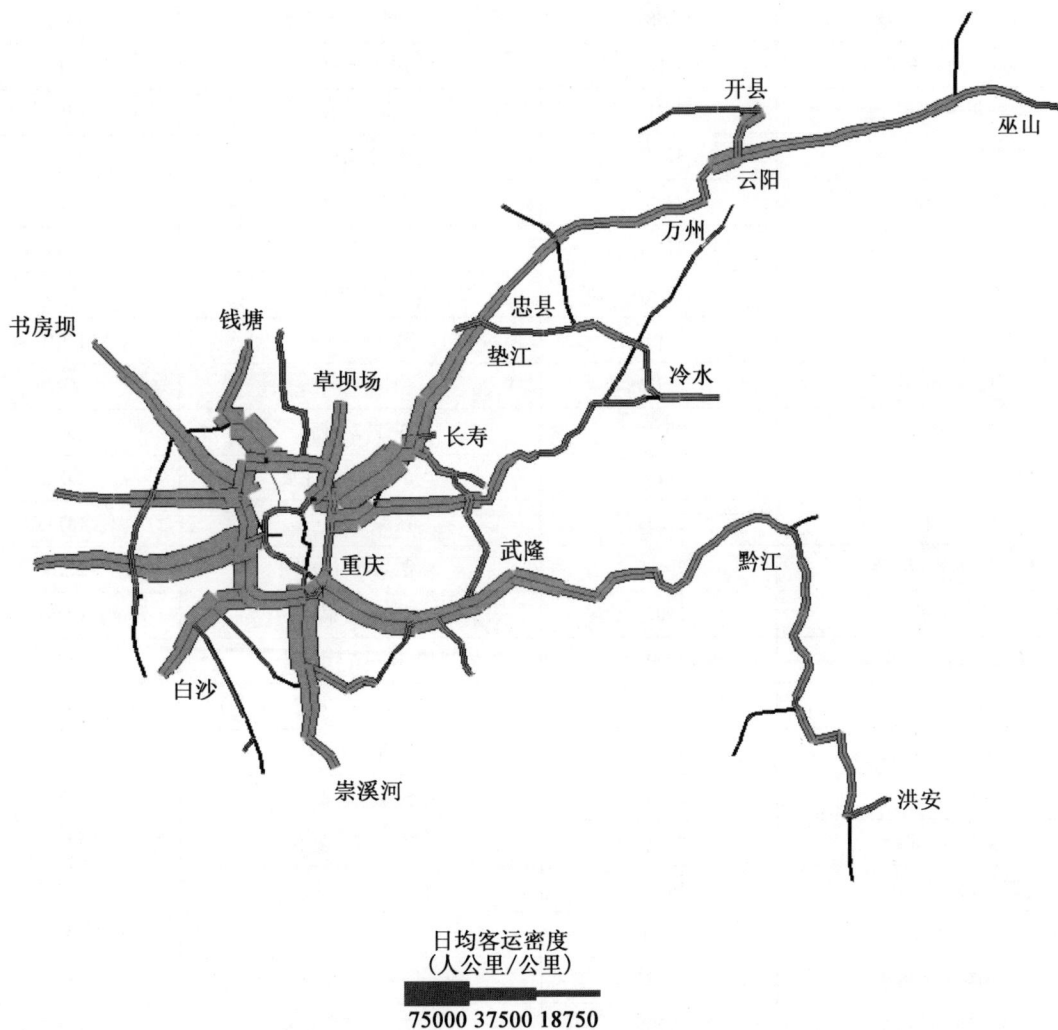

日均客运密度
(人公里/公里)

75000 37500 18750

图 4-48　2018 年重庆市高速公路日均客运密度

4.16.2 2018年重庆市高速公路日均货运密度分布如表4-49和图4-49所示。

2018年重庆市高速公路日均货运密度   表4-49

路段起止点	货运密度 （吨公里/公里）	路段起止点	货运密度 （吨公里/公里）
G50 江北—长寿	30807	长寿—G50 江北	36291
长寿—垫江	18827	垫江—长寿	15351
垫江—万州	19281	万州—垫江	16336
万州—云阳	16671	云阳—万州	15313
云阳—小三峡	15049	小三峡—云阳	16296
小周—开县	5097	开县—小周	5900
夔门—巫溪	2181	巫溪—夔门	2183
垫江—牡丹源	11042	牡丹源—垫江	13567
垫江—忠县	9268	忠县—垫江	8459
忠县—冷水	13201	冷水—忠县	14716
长寿—涪陵	13008	涪陵—长寿	15062
G65 渝北—草坝场	22989	草坝场—G65 渝北	40191
G65 巴南—南川	41689	南川—G65 巴南	51176
南川—武隆	36414	武隆—南川	43917
武隆—黔江	37332	黔江—武隆	45751
黔江—酉阳	34303	酉阳—黔江	44647
酉阳—G65 洪安	31692	G65 洪安—酉阳	43991
G75 巴南—綦江	22142	綦江—G75 巴南	21464
綦江—崇溪河	21195	崇溪河—綦江	17910
綦江—南川	3731	南川—綦江	5930
西彭—G93 江津	20318	G93 江津—西彭	15678
G85 九龙坡—永川	29187	永川—G85 九龙坡	24820
永川—渝荣	22939	渝荣—永川	18743
G93 沙坪坝—铜梁	29689	铜梁—G93 沙坪坝	27100
铜梁—书房坝	29078	书房坝—铜梁	18954
G75 北碚—合川	17907	合川—G75 北碚	36745
合川—兴山	10275	兴山—合川	9669
西彭——品	20965	一品—西彭	21772
一品—复盛	29863	复盛——品	29723
复盛—G75 北碚	35632	G75 北碚—复盛	27354
G75 北碚—璧山	54946	璧山—G75 北碚	34717
璧山—西彭	41366	西彭—璧山	40541
G50 南岸—麻柳嘴	8135	麻柳嘴—G50 南岸	16724
茶店互通—涪陵南	7705	涪陵南—茶店互通	12347
涪陵南—丰都	12318	丰都—涪陵南	17161

路段起止点	货运密度 (吨公里/公里)	路段起止点	货运密度 (吨公里/公里)
丰都—石柱	13503	石柱—丰都	17028
马鞍—双河口	10609	双河口—马鞍	12155
沙坪坝—大足	46208	大足—沙坪坝	35821
永川—石蟆	4985	石蟆—永川	4304
铜梁—永川	4051	永川—铜梁	3854
沙溪—铜梁	2766	铜梁—沙溪	1400
綦江—江津	6291	江津—綦江	5030
金佛山—G69 南川	9972	G69 南川—金佛山	7452
复兴—G85 合川	3784	G85 合川—复兴	2502
刁家—S21 江津	1998	S21 江津—刁家	476

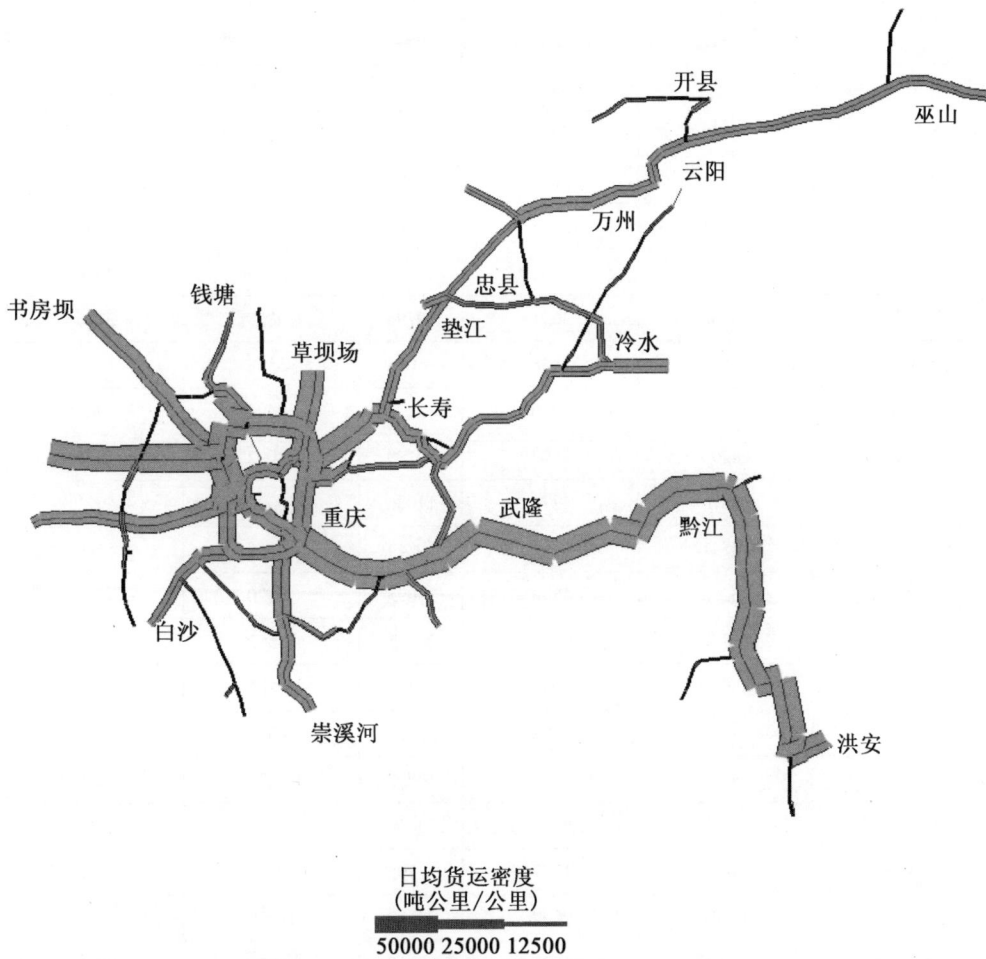

图 4-49　2018 年重庆市高速公路日均货运密度

4.16.3 2018年重庆市高速公路日均交通量分布如表4-50和图4-50所示。

2018年重庆市高速公路日均交通量   表4-50

路段起止点	正 向			反 向		
	客车折算交通量（辆/日）	货车折算交通量（辆/日）	小计	客车折算交通量（辆/日）	货车折算交通量（辆/日）	小计
G50 江北—长寿	13713	7743	21456	13804	7661	21465
长寿—垫江	8482	3864	12346	8341	3441	11782
垫江—万州	4392	3739	8131	4359	3558	7917
万州—云阳	5526	3567	9093	5327	3465	8792
云阳—小三峡	3495	3358	6853	3622	3315	6937
小周—开县	5237	1500	6737	5112	1491	6603
夔门—巫溪	1538	626	2164	1515	639	2154
垫江—牡丹源	1950	2334	4284	1885	2346	4231
垫江—忠县	2966	1724	4690	3016	1686	4702
忠县—冷水	2518	2534	5052	2617	2935	5552
长寿—涪陵	3249	2915	6164	3312	3326	6638
G65 渝北—草坝场	7111	5909	13020	7143	6271	13414
G65 巴南—南川	11687	7857	19544	11191	8705	19896
南川—武隆	6479	6374	12853	6315	7661	13976
武隆—黔江	3170	6296	9466	3210	7994	11204
黔江—酉阳	2456	5840	8296	2488	7661	10149
酉阳—G65 洪安	2335	5663	7998	2384	7352	9736
G75 巴南—綦江	15592	4700	20292	15275	4554	19829
綦江—崇溪河	6102	3691	9793	5858	3796	9654
綦江—南川	3610	1438	5048	3558	1217	4775
西彭—G93 江津	9245	3986	13231	8495	3962	12457
G85 九龙坡—永川	14297	5892	20189	13092	5570	18662
永川—渝荣	6816	4270	11086	6322	3921	10243
G93 沙坪坝—铜梁	14541	6103	20644	14556	5576	20132
铜梁—书房坝	6200	4893	11093	6120	4353	10473
G75 北碚—合川	13777	6534	20311	13562	6163	19725
合川—兴山	5094	2042	7136	4886	2066	6952
西彭——一品	8896	5078	13974	8327	4996	13323
一品—复盛	3752	7017	10769	3670	6640	10310
复盛—G75 北碚	5468	8142	13610	5737	6969	12706
G75 北碚—璧山	9428	11777	21205	10080	10732	20812
璧山—西彭	11363	9037	20400	11950	9654	21604
G50 南岸—麻柳嘴	6118	2720	8838	6079	2933	9012
茶店互通—涪陵南	7366	1753	9119	7462	2272	9734

续上表

路段起止点	正　向		小计	反　向		小计
	客车折算交通量（辆/日）	货车折算交通量（辆/日）		客车折算交通量（辆/日）	货车折算交通量（辆/日）	
涪陵南—丰都	4095	2415	6510	4136	3188	7324
丰都—石柱	2374	2525	4899	2463	3262	5725
马鞍—双河口	2480	2138	4618	2738	2815	5553
沙坪坝—大足	7561	8407	15968	7639	7074	14713
永川—石蟆	1964	1263	3227	1924	1290	3214
铜梁—永川	2478	922	3400	2586	986	3572
沙溪—铜梁	1357	471	1828	1399	578	1977
綦江—江津	1019	1261	2280	1070	1201	2271
金佛山—G69 南川	3147	1710	4857	3079	1671	4750
复兴—G85 合川	2378	865	3243	2138	705	2843
刁家—S21 江津	2656	368	3024	1371	218	1589

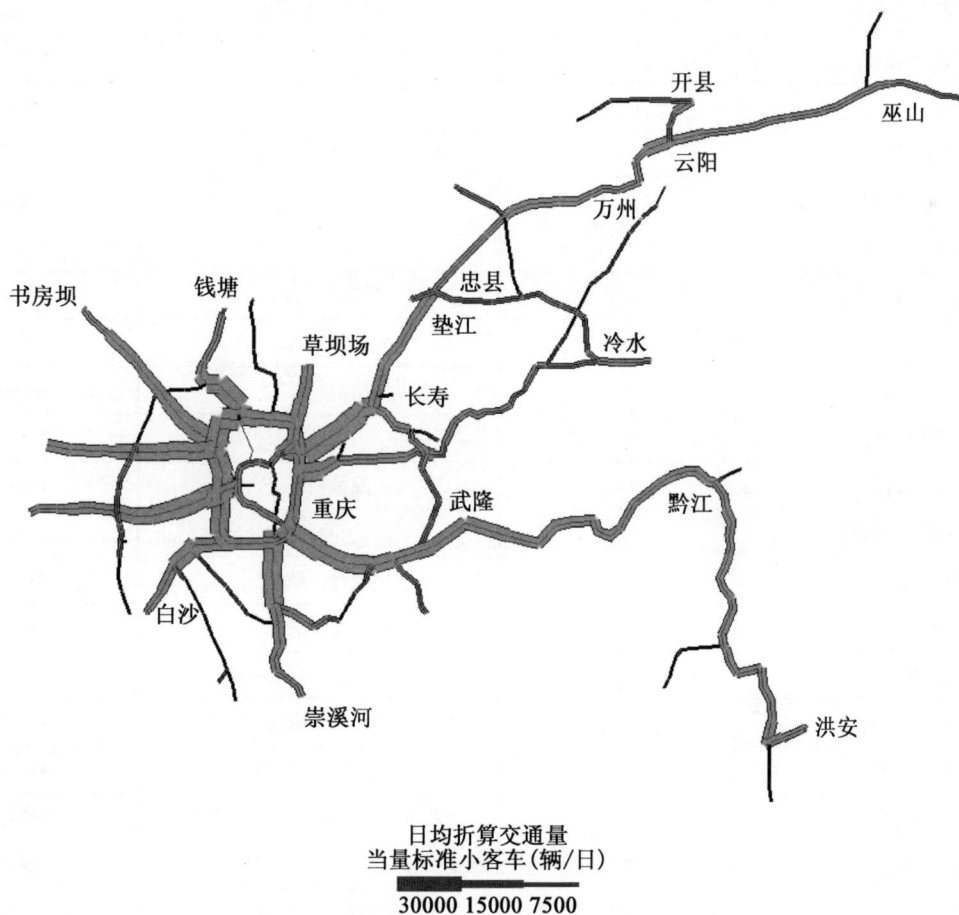

日均折算交通量
当量标准小客车(辆/日)

30000 15000 7500

图 4-50　2018 年重庆市高速公路日均交通量

4.17 四川省高速公路日均运输密度

4.17.1 2018年四川省高速公路日均客运密度分布如表4-51和图4-51所示。

2018年四川省高速公路日均客运密度 表4-51

路段起止点	客运密度 （人公里/公里）	路段起止点	客运密度 （人公里/公里）
棋盘关—广元	8783	广元—棋盘关	8352
广元—绵阳	17216	绵阳—广元	16668
绵阳—德阳	37423	德阳—绵阳	36479
德阳—成都	73409	成都—德阳	76378
绵阳南—什邡北	21868	什邡北—绵阳南	19482
什邡北—成都	41976	成都—什邡北	31434
成都—崇州	116590	崇州—成都	111418
崇州—邛崃	44592	邛崃—崇州	45718
桑园—名山	17959	名山—桑园	16432
名山—汉源北	20784	汉源北—名山	20050
汉源北—西昌	14897	西昌—汉源北	14595
西昌—盐边	11065	盐边—西昌	10431
盐边—田房	6888	田房—盐边	6698
攀田鱼塘—丽攀民主(川滇界)	5769	丽攀民主(川滇界)—攀田鱼塘	4638
成都—眉山	94934	眉山—成都	90200
眉山—乐山	42590	乐山—眉山	41489
乐山—宜宾北	12869	宜宾北—乐山	11820
名山—青龙	28236	青龙—名山	29755
成都—简阳	49373	简阳—成都	46410
简阳—内江	37136	内江—简阳	33842
内江—隆昌	15447	隆昌—内江	15651
隆昌—渔箭(川渝界)	20786	渔箭(川渝界)—隆昌	21238
隆昌—泸州	21117	泸州—隆昌	20521
泸州—纳溪	23302	纳溪—纳溪	21667
纳溪—纳黔四川(川黔界)	20969	纳黔四川(川黔界)—纳溪	19983
内江—自贡	42610	自贡—内江	40545
自贡—宜宾北	36916	宜宾北—自贡	35781
宜宾北—四川主线(川滇界)	22664	四川主线(川滇界)—宜宾北	22746
成都—都江堰	73756	都江堰—成都	72447
都江堰—映秀	23029	映秀—都江堰	23274
成都绕城(逆时针)	147704	成都绕城(顺时针)	143129

续上表

路段起止点	客运密度 (人公里/公里)	路段起止点	客运密度 (人公里/公里)
成都第二绕城(逆时针)	20390	成都第二绕城(顺时针)	20095
成都—仁寿	57619	仁寿—成都	56618
仁寿—自贡东	39348	自贡东—仁寿	39690
自贡东—泸州	21681	泸州—自贡东	21334
宜宾—泸渝四川(川渝界)	20450	泸渝四川(川渝界)—宜宾	19486
乐山—雅安	8068	雅安—乐山	7727
乐山—自贡	9389	自贡—乐山	9399
荣县—内江	5818	内江—荣县	6003
内江—安居	12113	安居—内江	11851
洪雅—资阳	6178	资阳—洪雅	6529
资阳—遂宁	8277	遂宁—资阳	8937
遂宁—广安	12590	广安—遂宁	12190
成都—南充	35815	南充—成都	35407
南充—广安	12952	广安—南充	12690
广安—邻水	26155	邻水—广安	24768
邻水—邻垫四川(川渝界)	12833	邻垫四川(川渝界)—邻水	13425
成都—三台	48609	三台—成都	48475
三台—巴中	19042	巴中—三台	19949
巴中—南江北	6198	南江北—巴中	5812
绵阳—遂宁	10569	遂宁—绵阳	11069
大英回马—遂渝四川(川渝界)	19591	遂渝四川(川渝界)—大英回马	19548
遂宁—西充	5872	西充—遂宁	5712
南充—广元	12711	广元—南充	13396
广元—广甘四川(川甘界)	6609	广甘四川(川甘界)—广元	6267
广元绕城(逆时针)	5406	广元绕城(顺时针)	5379
广元—巴中	6791	巴中—广元	6267
巴中—达州	10974	达州—巴中	10412
达州—达万四川(川渝界)	7593	达万四川(川渝界)—达州	7539
南充绕城(逆时针)	14003	南充绕城(顺时针)	13217
南充—南渝四川(川渝界)	15729	南渝四川(川渝界)—南充	15566
南充—大竹	15420	大竹—南充	15222
南充新店—广安	6227	广安—南充新店	6202
达渝四川(川渝界)—邻水	22383	邻水—达渝四川(川渝界)	22863
邻水—达州	20851	达州—邻水	22404
达州—达陕四川(川陕界)	10519	达陕四川(川陕界)—达州	9907

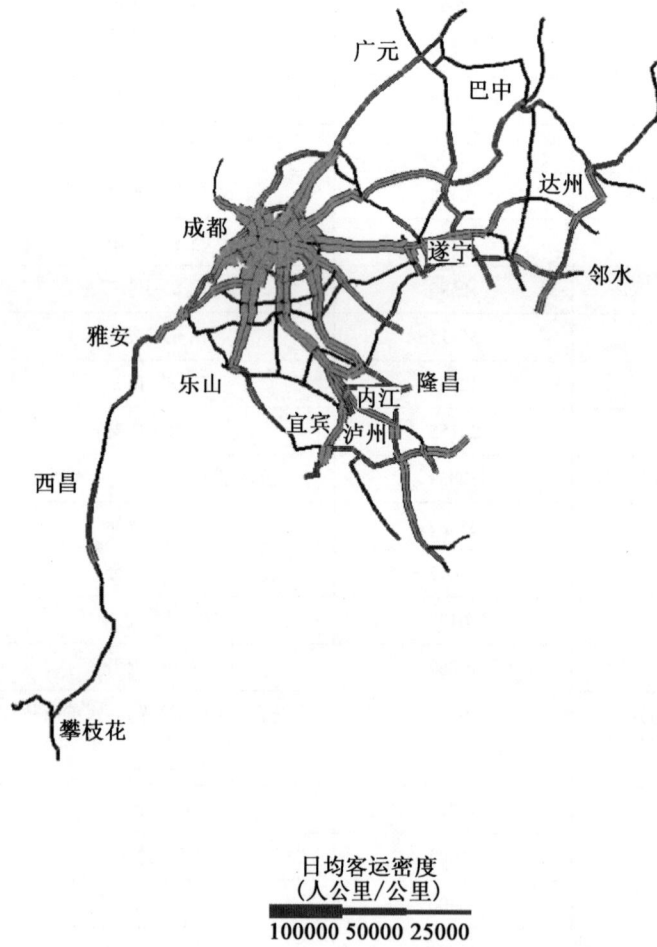

日均客运密度
（人公里/公里）

100000 50000 25000

图4-51　2018年四川省高速公路日均客运密度

4.17.2 2018 年四川省高速公路日均货运密度分布如表 4-52 和图 4-52 所示。

2018 年四川省高速公路日均货运密度

表 4-52

路段起止点	货运密度 (吨公里/公里)	路段起止点	货运密度 (吨公里/公里)
棋盘关—广元	115972	广元—棋盘关	64673
广元—绵阳	114446	绵阳—广元	68165
绵阳—德阳	85990	德阳—绵阳	45464
德阳—成都	46931	成都—德阳	27050
绵阳南—什邡北	66309	什邡北—绵阳南	45260
什邡北—成都	51064	成都—什邡北	37877
成都—崇州	23186	崇州—成都	22989
崇州—邛崃	20931	邛崃—崇州	20546
桑园—名山	21115	名山—桑园	20640
名山—汉源北	21248	汉源北—名山	21879
汉源北—西昌	20542	西昌—汉源北	18891
西昌—盐边	16500	盐边—西昌	18936
盐边—田房	12382	田房—盐边	13803
攀田鱼塘—丽攀民主(川滇界)	6151	丽攀民主(川滇界)—攀田鱼塘	10070
成都—眉山	34604	眉山—成都	62524
眉山—乐山	21272	乐山—眉山	72902
乐山—宜宾北	19650	宜宾北—乐山	13348
名山—青龙	7598	青龙—名山	7998
成都—简阳	9313	简阳—成都	6960
简阳—内江	21424	内江—简阳	17953
内江—隆昌	8892	隆昌—内江	7511
隆昌—渔箭(川渝界)	18172	渔箭(川渝界)—隆昌	20406
隆昌—泸州	11358	泸州—隆昌	8128
泸州—纳溪	20041	纳溪—泸州	16957
纳溪—纳黔四川(川黔界)	22827	纳黔四川(川黔界)—纳溪	19438
内江—自贡	38320	自贡—内江	27070
自贡—宜宾北	41084	宜宾北—自贡	36844
宜宾北—四川主线(川滇界)	34692	四川主线(川滇界)—宜宾北	30059
成都—都江堰	18411	都江堰—成都	29419
都江堰—映秀	21178	映秀—都江堰	36470
成都绕城(逆时针)	43329	成都绕城(顺时针)	45083
成都第二绕城(逆时针)	23937	成都第二绕城(顺时针)	20563
成都—仁寿	27853	仁寿—成都	26968

续上表

路段起止点	货运密度 （吨公里/公里）	路段起止点	货运密度 （吨公里/公里）
仁寿—自贡东	34437	自贡东—仁寿	28547
自贡东—泸州	24900	泸州—自贡东	20084
宜宾—泸渝四川（川渝界）	11766	泸渝四川（川渝界）—宜宾	12649
乐山—雅安	10216	雅安—乐山	6484
乐山—自贡	27548	自贡—乐山	9009
荣县—内江	9387	内江—荣县	3477
内江—安居	19431	安居—内江	27254
洪雅—资阳	9922	资阳—洪雅	4235
资阳—遂宁	12500	遂宁—资阳	9628
遂宁—广安	14349	广安—遂宁	15495
成都—南充	28984	南充—成都	33243
南充—广安	7693	广安—南充	13238
广安—邻水	22553	邻水—广安	24363
邻水—邻垫四川（川渝界）	13212	邻垫四川（川渝界）—邻水	11437
成都—三台	13764	三台—成都	11128
三台—巴中	15465	巴中—三台	7273
巴中—南江北	2532	南江北—巴中	10517
绵阳—遂宁	9737	遂宁—绵阳	9285
大英回马—遂渝四川（川渝界）	20189	遂渝四川（川渝界）—大英回马	19701
遂宁—西充	14501	西充—遂宁	25505
南充—广元	14813	广元—南充	26592
广元—广甘四川（川甘界）	12243	广甘四川（川甘界）—广元	15327
广元绕城（逆时针）	26880	广元绕城（顺时针）	31661
广元—巴中	8748	巴中—广元	2228
巴中—达州	5505	达州—巴中	4707
达州—达万四川（川渝界）	8114	达万四川（川渝界）—达州	3645
南充绕城（逆时针）	7183	南充绕城（顺时针）	7335
南充—南渝四川（川渝界）	7536	南渝四川（川渝界）—南充	7543
南充—大竹	19590	大竹—南充	23498
南充新店—广安	2800	广安—南充新店	3634
达渝四川（川渝界）—邻水	23518	邻水—达渝四川（川渝界）	39054
邻水—达州	31362	达州—邻水	46108
达州—达陕四川（川陕界）	27442	达陕四川（川陕界）—达州	47002

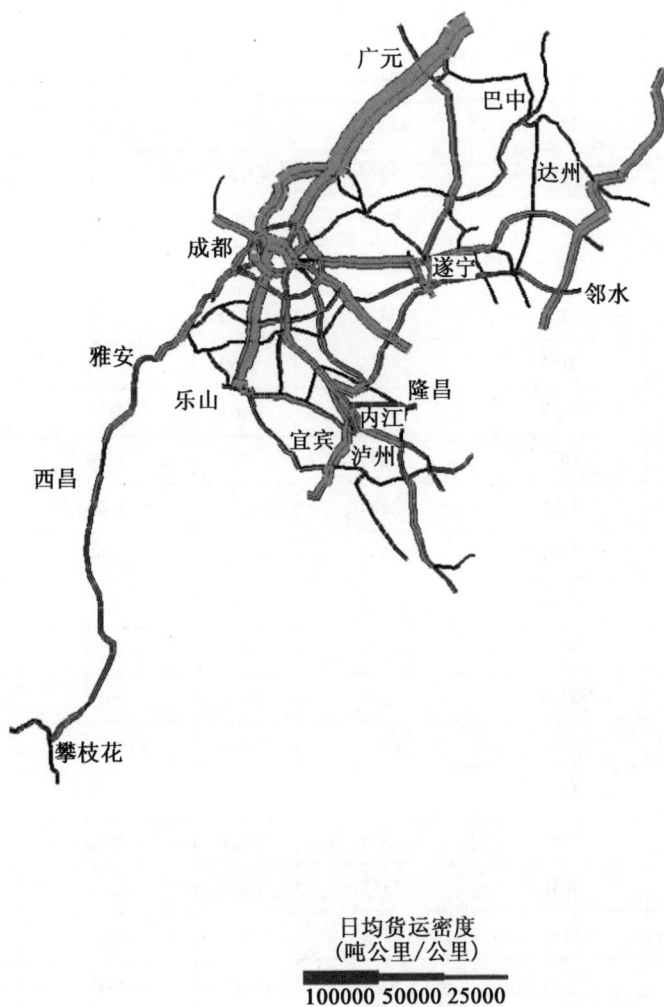

日均货运密度
(吨公里/公里)

100000 50000 25000

图 4-52　2018 年四川省高速公路日均货运密度

4.17.3 2018 年四川省高速公路日均交通量分布如表 4-53 和图 4-53 所示。

2018 年四川省高速公路日均交通量 　　　　　　　　　　表 4-53

路段起止点	正　向		小计	反　向		小计
	客车折算交通量（辆/日）	货车折算交通量（辆/日）		客车折算交通量（辆/日）	货车折算交通量（辆/日）	
棋盘关—广元	1895	18099	19994	1863	17626	19489
广元—绵阳	4062	18585	22647	3981	18221	22202
绵阳—德阳	9673	15230	24903	9472	13972	23444
德阳—成都	20314	10599	30913	20890	10081	30971
绵阳南—什邡北	6102	12496	18598	5376	13068	18444
什邡北—成都	12363	11404	23767	9076	10869	19945
成都—崇州	31398	9326	40724	31602	9136	40738
崇州—邛崃	11566	5718	17284	12071	5830	17901
桑园—名山	4618	4826	9444	4520	4640	9160
名山—汉源北	4701	4639	9340	4620	4426	9046
汉源北—西昌	3144	4016	7160	3162	3677	6839
西昌—盐边	2457	4006	6463	2529	3840	6369
盐边—田房	1674	3231	4905	1679	3176	4855
攀田鱼塘—丽攀民主（川滇界）	1481	2200	3681	1504	2229	3733
成都—眉山	23604	15568	39172	22839	14726	37565
眉山—乐山	10364	13402	23766	10323	12946	23269
乐山—宜宾北	3218	4108	7326	3223	4514	7737
名山—青龙	6450	2230	8680	6613	2310	8923
成都—简阳	11341	2603	13944	10964	2589	13553
简阳—内江	8094	5273	13367	7787	5052	12839
内江—隆昌	3480	2228	5708	3526	2385	5911
隆昌—渔箭（川渝界）	4051	4353	8404	4159	4371	8530
隆昌—泸州	5131	2794	7925	5214	2511	7725
泸州—纳溪	5564	5033	10597	5537	4204	9741
纳溪—纳黔四川（川黔界）	5112	4949	10061	5002	4428	9430
内江—自贡	8994	7704	16698	8633	6743	15376
自贡—宜宾北	8332	9319	17651	8289	8116	16405
宜宾北—四川主线（川滇界）	6120	7364	13484	6082	6780	12862
成都—都江堰	19094	7381	26475	20326	7463	27789
都江堰—映秀	5207	7464	12671	5140	7285	12425
成都绕城（逆时针）	44056	17210	61266	42952	17861	60813
成都第二绕城（逆时针）	5722	6584	12306	5679	6375	12054
成都—仁寿	15600	7608	23208	15238	7108	22346

续上表

路段起止点	正　向			反　向		
	客车折算交通量 (辆/日)	货车折算交通量 (辆/日)	小计	客车折算交通量 (辆/日)	货车折算交通量 (辆/日)	小计
仁寿—自贡东	10204	8057	18261	10175	7288	17463
自贡东—泸州	4925	5336	10261	4925	5178	10103
宜宾—泸渝四川(川渝界)	4829	3128	7957	4867	3287	8154
乐山—雅安	1961	2284	4245	1995	2170	4165
乐山—自贡	2292	4505	6797	2322	5098	7420
荣县—内江	1538	1852	3390	1553	2017	3570
内江—安居	2825	4528	7353	2804	4989	7793
洪雅—资阳	1859	1992	3851	1837	1774	3611
资阳—遂宁	2320	3082	5402	2318	2286	4604
遂宁—广安	3298	3613	6911	3230	3424	6654
成都—南充	9335	7845	17180	9350	8240	17590
南充—广安	3350	2729	6079	3398	2844	6242
广安—邻水	6914	6164	13078	6981	5843	12824
邻水—邻垫四川(川渝界)	2887	2938	5825	3138	2891	6029
成都—三台	12344	3913	16257	11913	3779	15692
三台—巴中	4740	3312	8052	4675	2885	7560
巴中—南江北	1561	2338	3899	1582	1743	3325
绵阳—遂宁	2667	2253	4920	2808	2543	5351
大英回马—遂渝四川(川渝界)	4764	4786	9550	4851	5362	10213
遂宁—西充	1530	3718	5248	1518	4140	5658
南充—广元	3475	4272	7747	3493	4538	8031
广元—广甘四川(川甘界)	1721	2635	4356	1702	2614	4316
广元绕城(逆时针)	1325	2916	4241	1296	2741	4037
广元—巴中	1631	1579	3210	1679	1822	3501
巴中—达州	2719	1501	4220	2752	1607	4359
达州—达万四川(川渝界)	1939	1519	3458	2018	1481	3499
南充绕城(逆时针)	3809	2421	6230	3606	2703	6309
南充—南渝四川(川渝界)	3764	2033	5797	3833	2028	5861
南充—大竹	4049	4939	8988	4297	5068	9365
南充新店—广安	1552	946	2498	1593	979	2572
达渝四川(川渝界)—邻水	5253	6380	11633	5297	6914	12211
邻水—达州	5519	8164	13683	5477	8793	14270
达州—达陕四川(川陕界)	2600	7690	10290	2515	7961	10476

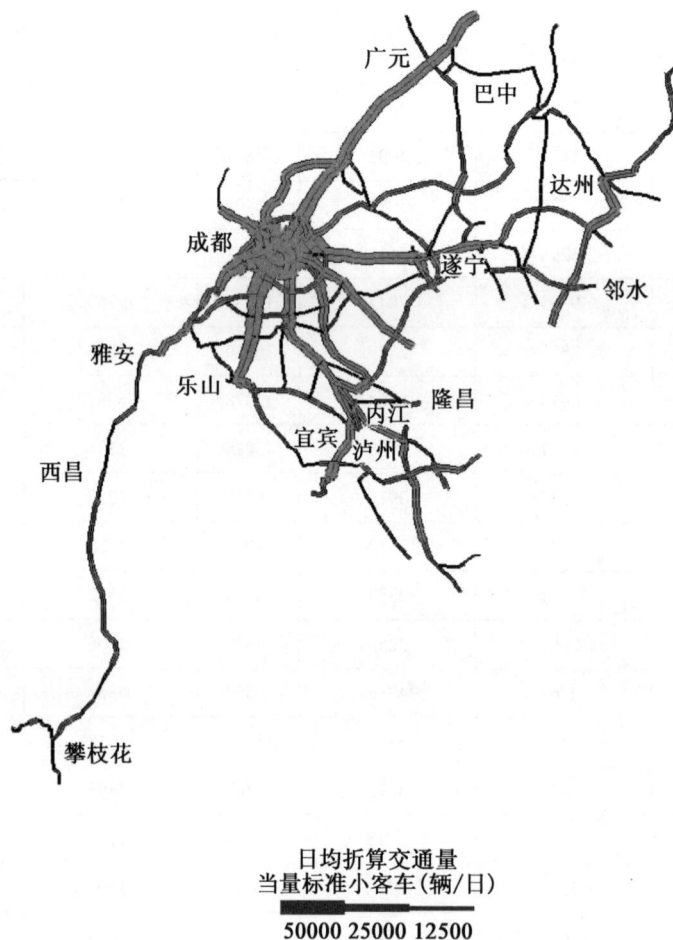

日均折算交通量
当量标准小客车(辆/日)

50000 25000 12500

图 4-53　2018 年四川省高速公路日均交通量

4.18　陕西省高速公路日均运输密度

4.18.1　2018年陕西省高速公路日均客运密度分布如表4-54和图4-54所示。

2018年陕西省高速公路日均客运密度　　　　　　　　表4-54

路段起止点	客运密度 (人公里/公里)	路段起止点	客运密度 (人公里/公里)
陕蒙界—榆林	5761	榆林—陕蒙界	5784
榆林—店塔	8261	店塔—榆林	8172
榆林—靖边	9131	靖边—榆林	9568
靖边—延安南	10993	延安南—靖边	11197
延安南—铜川	10019	铜川—延安南	10173
铜川—聂冯(环城)	2336	聂冯(环城)铜川	2370
新筑—禹门口	26058	禹门口—新筑	25900
灞桥—潼关	41958	潼关—灞桥	40651
香王—商洛西	18435	商洛西—香王	19023
商洛西—界牌	6363	界牌—商洛西	6413
阎村—漫川关主线	6104	漫川关主线—阎村	5989
曲江—五里	16139	五里—曲江	15939
流水—陕川界	7187	陕川界—流水	7221
河池寨—汉中	14908	汉中—河池寨	14509
汉中—宁强	8000	宁强—汉中	7820
三桥—咸阳西	66184	咸阳西—三桥	63982
咸阳西—杨凌	46983	杨凌—咸阳西	44719
杨凌—宝鸡	26741	宝鸡—杨凌	26091
宝鸡—陈仓	6472	陈仓—宝鸡	6390
六村堡—永寿南	47225	永寿南—六村堡	47282
永寿南—彬县	23584	彬县—永寿南	23266
彬县—陕甘界	15726	陕甘界—彬县	15316
汉城—机场	64487	机场—汉城	60051
法门寺—太白山	6425	太白山—法门寺	6137
西安南环城(逆时针)	79028	西安南环城(顺时针)	80005
西安北环城(逆时针)	66442	西安北环城(顺时针)	66359
牛家梁—史家湾	5681	史家湾—牛家梁	5693
吴堡主线—靖边	2491	靖边—吴堡主线	2195
靖边—王圈梁	7931	王圈梁—靖边	7818
陕西壶口—富县	4340	富县—陕西壶口	5136
富县—张家湾	1359	张家湾—富县	1406
虢镇—陇关	5399	陇关—虢镇	5437
茅坪—安康	5893	安康—茅坪	5978
安康—汉中	7069	汉中—安康	6971
汉中东—略阳	2937	略阳—汉中东	2986

续上表

路段起止点	客运密度 （人公里/公里）	路段起止点	客运密度 （人公里/公里）
神木—府谷	3797	府谷—神木	3868
渭南东—孙镇	4559	孙镇—渭南东	4495
田王—商洛	9414	商洛—田王	8906
榆林—陕西佳县	3919	陕西佳县—榆林	3896
沿河湾立交—吴起	4265	吴起—沿河湾立交	4264
马庄—旬邑	7739	旬邑—马庄	7598
未央—铜川	20180	铜川—未央	20040
铜川—黄陵	12212	黄陵—铜川	12657
黄陵—延安	9494	延安—黄陵	9614
汉中—陕西南郑	1561	陕西南郑—汉中	1413
延安—陕西延川	3569	陕西延川—延安	3464
安康—陕西平利	3756	陕西平利—安康	3856
锦界—王家砭	731	王家砭—锦界	708
渭南—玉山	1839	玉山—渭南	1783
西咸北环线（逆时针）	7390	西咸北环线（顺时针）	7337

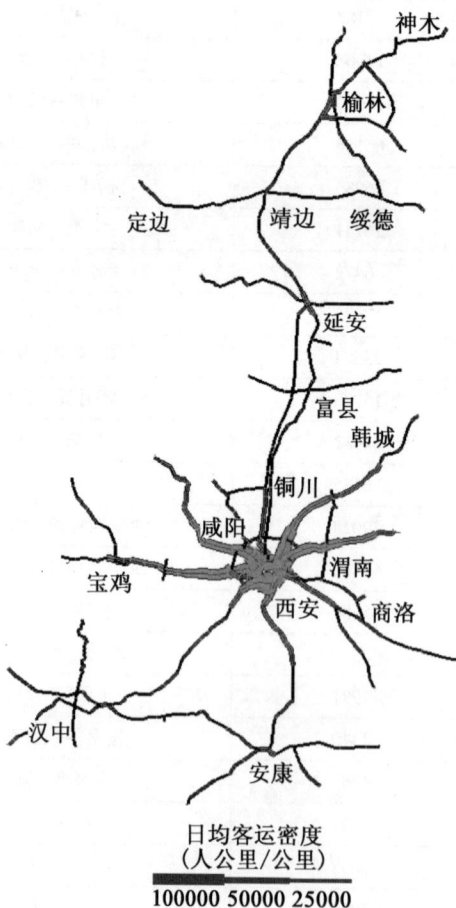

图4-54　2018年陕西省高速公路日均客运密度

4.18.2 2018年陕西省高速公路日均货运密度分布如表4-55和图4-55所示。

2018年陕西省高速公路日均货运密度 表4-55

路段起止点	货运密度 (吨公里/公里)	路段起止点	货运密度 (吨公里/公里)
陕蒙界—榆林	19915	榆林—陕蒙界	10107
榆林—店塔	18268	店塔—榆林	17639
榆林—靖边	73281	靖边—榆林	39393
靖边—延安南	74521	延安南—靖边	26180
延安南—铜川	15265	铜川—延安南	14308
铜川—聂冯(环城)	17734	聂冯(环城)—铜川	12576
新筑—禹门口	34136	禹门口—新筑	62053
灞桥—潼关	116719	潼关—灞桥	143744
香王—商洛西	105552	商洛西—香王	68283
商洛西—界牌	110641	界牌—商洛西	70279
阎村—漫川关主线	22476	漫川关主线—阎村	14017
曲江—五里	50021	五里—曲江	28346
流水—陕川界	50262	陕川界—流水	26436
河池寨—汉中	77269	汉中—河池寨	67811
汉中—宁强	93645	宁强—汉中	66399
三桥—咸阳西	37692	咸阳西—三桥	31620
咸阳西—杨凌	50336	杨凌—咸阳西	38966
杨凌—宝鸡	37365	宝鸡—杨凌	34359
宝鸡—陈仓	21672	陈仓—宝鸡	14572
六村堡—永寿南	65663	永寿南—六村堡	100189
永寿南—彬县	68508	彬县—永寿南	96414
彬县—陕甘界	60837	陕甘界—彬县	65064
汉城—机场	5	机场—汉城	7
法门寺—太白山	6128	太白山—法门寺	3735
西安南环城(逆时针)	63866	西安南环城(顺时针)	73169
西安北环城(逆时针)	106927	西安北环城(顺时针)	128305
牛家梁—史家湾	11299	史家湾—牛家梁	3950
吴堡主线—靖边	65004	靖边—吴堡主线	31724
靖边—王圈梁	54262	王圈梁—靖边	50840
陕西壶口—富县	11733	富县—陕西壶口	22110
富县—张家湾	2717	张家湾—富县	1956
虢镇—陇关	7056	陇关—虢镇	8632
茅坪—安康	30652	安康—茅坪	19185
安康—汉中	20896	汉中—安康	18844
汉中东—略阳	2308	略阳—汉中东	2401
神木—府谷	201652	府谷—神木	13707
渭南东—孙镇	3265	孙镇—渭南东	7244
田王—商洛	27561	商洛—田王	17686

路段起止点	货运密度 （吨公里/公里）	路段起止点	货运密度 （吨公里/公里）
榆林—陕西佳县	79607	陕西佳县—榆林	12337
沿河湾立交—吴起	2245	吴起—沿河湾立交	1029
马庄—旬邑	5037	旬邑—马庄	12350
未央—铜川	24082	铜川—未央	76939
铜川—黄陵	28335	黄陵—铜川	82978
黄陵—延安	31254	延安—黄陵	68105
汉中—陕西南郑	4948	陕西南郑—汉中	2263
延安—陕西延川	815	陕西延川—延安	958
安康—陕西平利	3513	陕西平利—安康	1729
锦界—王家砭	18652	王家砭—锦界	868
渭南—玉山	8590	玉山—渭南	3946
西咸北环线（逆时针）	34638	西咸北环线（顺时针）	44118

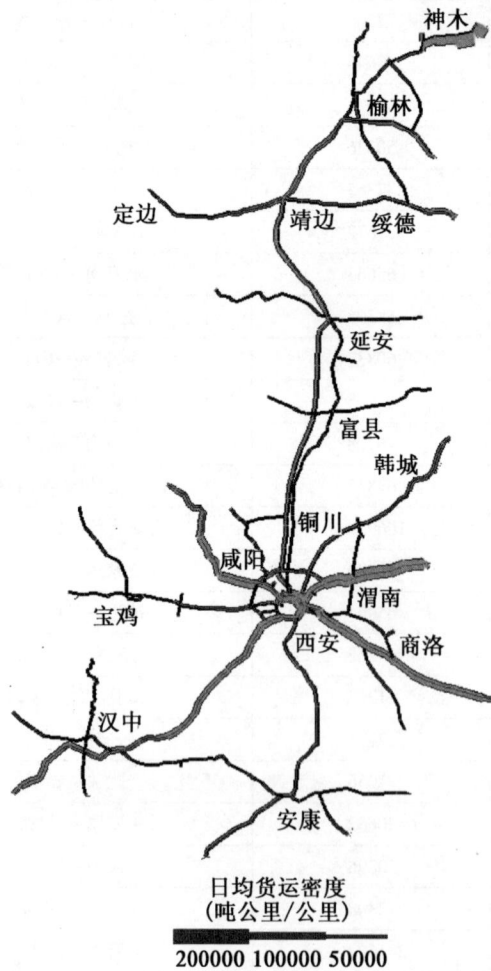

图4-55　2018年陕西省高速公路日均货运密度

4.18.3 2018年陕西省高速公路日均道路负荷分布如表4-56和图4-56所示。

表 4-56

2018 年陕西省高速公路日均轴载

路段起止点	轴载 (标准轴载当量轴次/日)	路段起止点	轴载 (标准轴载当量轴次/日)
陕蒙界—榆林	2961	榆林—陕蒙界	1625
榆林—店塔	3254	店塔—榆林	2774
榆林—靖边	11080	靖边—榆林	5753
靖边—延安南	11326	延安南—靖边	4058
延安南—铜川	2366	铜川—延安南	2040
铜川—聂冯(环城)	2848	聂冯(环城)—铜川	2459
新筑—禹门口	5614	禹门口—新筑	8544
灞桥—潼关	17393	潼关—灞桥	19757
香王—商洛西	16325	商洛西—香王	10016
商洛西—界碑	17210	界碑—商洛西	10102
阎村—漫川关主线	3565	漫川关主线—阎村	2227
曲江—五里	7259	五里—曲江	4436
流水—陕川界	6793	陕川界—流水	3832
河池寨—汉中	10788	汉中—河池寨	10591
汉中—宁强	12602	宁强—汉中	9702
三桥—咸阳西	5010	咸阳西—三桥	4574
咸阳西—杨凌	6855	杨凌—咸阳西	5844
杨凌—宝鸡	5315	宝鸡—杨凌	5025
宝鸡—陈仓	3100	陈仓—宝鸡	2281
六村堡—永寿南	9612	永寿南—六村堡	15677
永寿南—彬县	9962	彬县—永寿南	15176
彬县—陕甘界	8905	陕甘界—彬县	10147
汉城—机场	1	机场—汉城	1
法门寺—太白山	767	太白山—法门寺	461
西安南环城(逆时针)	9454	西安南环城(顺时针)	10258
西安北环城(逆时针)	15280	西安北环城(顺时针)	19135
牛家梁—史家湾	1746	史家湾—牛家梁	598
吴堡主线—靖边	7969	靖边—吴堡主线	4765
靖边—王圈梁	6508	王圈梁—靖边	7400
陕西壶口—富县	1832	富县—陕西壶口	3060
富县—张家湾	461	张家湾—富县	291
虢镇—陇关	1093	陇关—虢镇	1348
茅坪—安康	4098	安康—茅坪	2239
安康—汉中	2765	汉中—安康	2382
汉中东—略阳	314	略阳—汉中东	325
神木—府谷	36774	府谷—神木	2476
渭南东—孙镇	462	孙镇—渭南东	1165
田王—商洛	4309	商洛—田王	2641

续上表

路段起止点	轴载 (标准轴载当量轴次/日)	路段起止点	轴载 (标准轴载当量轴次/日)
榆林—陕西佳县	9968	陕西佳县—榆林	1792
沿河湾立交—吴起	388	吴起—沿河湾立交	185
马庄—旬邑	834	旬邑—马庄	2277
未央—铜川	3282	铜川—未央	11659
铜川—黄陵	4111	黄陵—铜川	12448
黄陵—延安	4550	延安—黄陵	10131
汉中—陕西南郑	671	陕西南郑—汉中	375
延安—陕西延川	129	陕西延川—延安	143
安康—陕西平利	500	陕西平利—安康	285
锦界—王家砭	2409	王家砭—锦界	157
渭南—玉山	1422	玉山—渭南	528
西咸北环线(逆时针)	5022	西咸北环线(顺时针)	6742

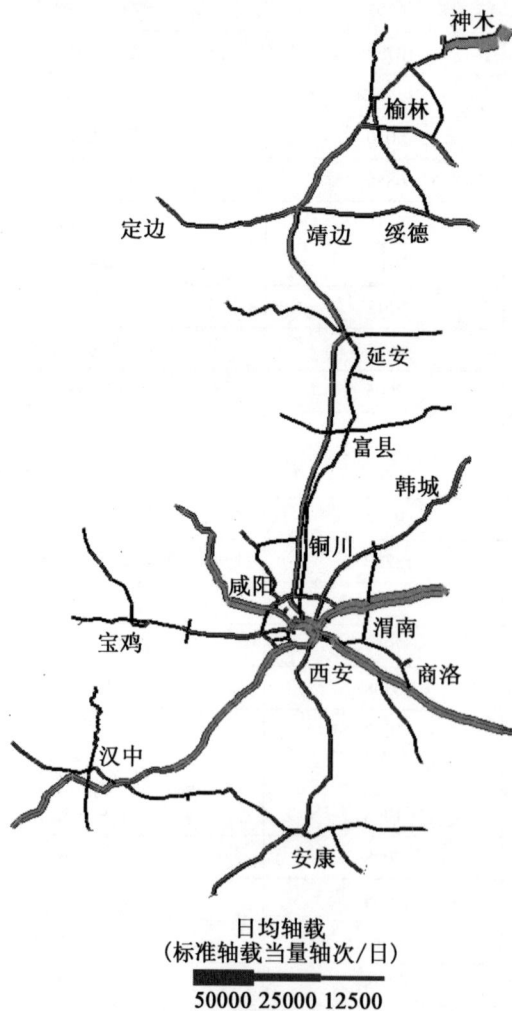

图4-56　2018年陕西省高速公路日均轴载

4.18.4 2018年陕西省高速公路日均交通量分布如表4-57和图4-57所示。

2018年陕西省高速公路日均交通量 表4-57

路段起止点	正 向			反 向		
	客车折算交通量 (辆/日)	货车折算交通量 (辆/日)	小计	客车折算交通量 (辆/日)	货车折算交通量 (辆/日)	小计
陕蒙界—榆林	1743	3042	4785	1772	5685	7457
榆林—店塔	2510	5122	7632	2494	3229	5723
榆林—靖边	2711	11024	13735	2848	19131	21979
靖边—延安南	3209	11045	14254	3303	14554	17857
延安南—铜川	2441	2894	5335	2318	4229	6547
铜川—聂冯(环城)	756	4132	4888	663	5812	6475
新筑—禹门口	7837	9427	17264	7761	10711	18472
灞桥—潼关	11661	20046	31707	11129	24908	36037
香王—商洛西	4501	14659	19160	4457	13226	17683
商洛西—界牌	1654	14207	15861	1688	12795	14483
阎村—漫川关主线	1652	3805	5457	1593	3505	5098
曲江—五里	4014	7734	11748	3956	7968	11924
流水—陕川界	2063	7444	9507	2105	6856	8961
河池寨—汉中	4105	13071	17176	3977	14278	18255
汉中—宁强	2236	15087	17323	2183	15899	18082
三桥—咸阳西	20247	10048	30295	19465	8805	28270
咸阳西—杨凌	13002	11460	24462	12335	9736	22071
杨凌—宝鸡	7560	8529	16089	7403	7993	15396
宝鸡—陈仓	1924	4203	6127	1907	3183	5090
六村堡—永寿南	12612	16035	28647	12668	15710	28378
永寿南—彬县	5774	14809	20583	5700	14193	19893
彬县—陕甘界	3921	11151	15072	3807	10048	13855
汉城—机场	19754	4	19758	18535	11	18546
法门寺—太白山	1699	1196	2895	1697	1263	2960
西安南环城(逆时针)	26971	13499	40470	27206	15543	42749
西安北环城(逆时针)	22538	25604	48142	22519	26729	49248
牛家梁—史家湾	1974	1889	3863	1963	2242	4205
吴堡主线—靖边	823	11035	11858	744	6462	7206
靖边—王圈梁	2317	10608	12925	2286	9981	12267
陕西壶口—富县	1054	2519	3573	1108	3330	4438
富县—张家湾	403	512	915	416	547	963
虢镇—陇关	1609	1801	3410	1613	1726	3339
茅坪—安康	1473	5398	6871	1510	4347	5857
安康—汉中	1772	3955	5727	1743	3843	5586
汉中东—略阳	836	603	1439	856	601	1457

续上表

路段起止点	正 向		小计	反 向		小计
	客车折算交通量（辆/日）	货车折算交通量（辆/日）		客车折算交通量（辆/日）	货车折算交通量（辆/日）	
神木—府谷	1195	22789	23984	1215	16526	17741
渭南东—孙镇	1508	1136	2644	1481	1421	2902
田王—商洛	2620	4157	6777	2503	3841	6344
榆林—陕西佳县	1231	11006	12237	1228	6541	7769
沿河湾立交—吴起	1182	568	1750	1185	466	1651
马庄—旬邑	2305	1908	4213	2249	1995	4244
未央—铜川	6297	13669	19966	5924	11208	17132
铜川—黄陵	3558	15518	19076	3445	11933	15378
黄陵—延安	2882	13126	16008	2687	9960	12647
汉中—陕西南郑	549	789	1338	496	1234	1730
延安—陕西延川	928	383	1311	872	303	1175
安康—陕西平利	1115	946	2061	1147	880	2027
锦界—王家砭	229	3614	3843	225	1346	1571
渭南—玉山	559	1336	1895	548	1164	1712
西咸北环线(逆时针)	2303	6641	8944	2317	7720	10037

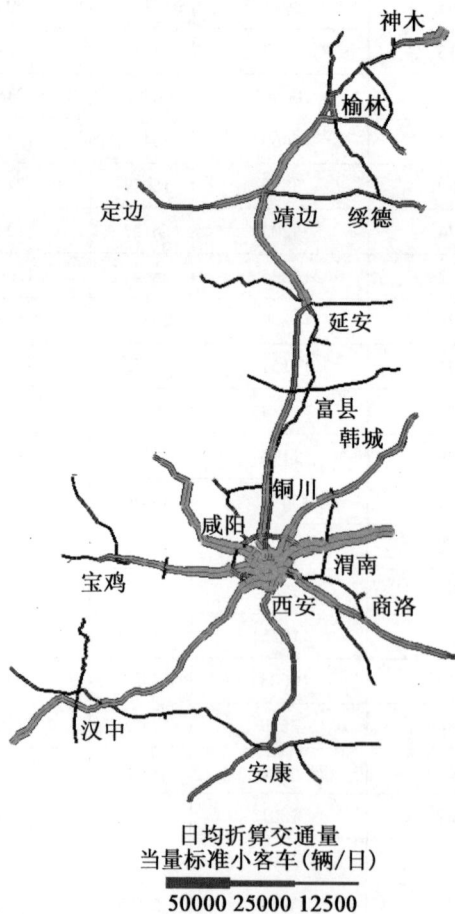

日均折算交通量
当量标准小客车(辆/日)
50000 25000 12500

图 4-57 2018 年陕西省高速公路日均交通量

4.19　贵州省高速公路日均运输密度

4.19.1　2018 年贵州省高速公路日均客运密度分布见表 4-58 和图 4-58。

路段起止点	客运密度 (人公里/公里)	路段起止点	客运密度 (人公里/公里)
黔渝界松坎主线—桐梓	15630	桐梓—黔渝界松坎主线	15930
桐梓—遵义	26812	遵义—桐梓	27311
遵义—黔川界茅台主线	36384	黔川界茅台主线—遵义	35343
遵义—金沙	12254	金沙—遵义	12470
金沙—毕节	12674	毕节—金沙	12632
遵义—息烽	32866	息烽—遵义	32798
息烽—贵阳	46823	贵阳—息烽	47269
贵阳—清镇	77311	清镇—贵阳	80492
清镇—安顺	42937	安顺—清镇	42785
安顺—普定	12559	普定—安顺	11991
安顺—晴隆	21863	晴隆—安顺	21274
晴隆—黔滇界胜境关主线	11519	黔滇界胜境关主线—晴隆	11424
晴隆—兴仁	7401	兴仁—晴隆	7429
惠水—紫云	6024	紫云—惠水	5735
紫云—兴仁	8937	兴仁—紫云	8979
兴仁—兴义	21402	兴义—兴仁	22404
兴义—黔滇界岔江主线	4779	黔滇界岔江主线—兴义	4775
兴义—黔桂界板坝主线	8148	黔桂界板坝主线—兴义	8821
贵阳绕城(顺时针)	31071	贵阳绕城(逆时针)	31206
贵阳—贵定	42797	贵定—贵阳	42277
贵定—台江	31989	台江—贵定	32134
台江—三穗	25113	三穗—台江	25007
三穗—铜仁	23217	铜仁—三穗	22858
龙里—都匀	9616	都匀—龙里	10576
都匀—榕江	12434	榕江—都匀	13129
榕江—黔桂界雷洞主线	10359	黔桂界雷洞主线—榕江	11088
从江—黎平	6655	黎平—从江	6683
都匀—黔桂界新寨主线	20022	黔桂界新寨主线—都匀	19947
独山—荔波	9865	荔波—独山	9841
赤水—仁怀	12145	仁怀—赤水	12399
遵义汇川区高坪镇—绥阳	16612	绥阳—遵义汇川区高坪镇	16261
遵义—思南	21406	思南—遵义	21585
思南—镇远	11913	镇远—思南	12318
贵阳—惠水	19090	惠水—贵阳	19840
安顺—六枝	10089	六枝—安顺	9934
盘县—水城	9117	水城—盘县	8998
毕节—周家院主线	9314	周家院主线—毕节	9271
惠水—断杉	9293	断杉—惠水	9189
大方—黔西	21680	黔西—大方	21884
黔西—织金	5617	织金—黔西	5520

续上表

路段起止点	客运密度 (人公里/公里)	路段起止点	客运密度 (人公里/公里)
麻江—瓮安	23689	瓮安—麻江	22995
遵义绕城(顺时针)	13852	遵义绕城(逆时针)	13989
思南—铜仁	15397	铜仁—思南	15529
铜仁北—铜仁大兴	17814	铜仁大兴—铜仁北	18145
铜仁—黄板	8315	黄板—铜仁	8463
贵阳南环线(顺时针)	16711	贵阳南环线(逆时针)	16542
镇宁—魏旗站	30257	魏旗站—镇宁	30920
凯里北—丹寨	7283	丹寨—凯里北	7251
黎平—瓦寨	6127	瓦寨—黎平	6188
瓮安—湄潭	10903	湄潭—瓮安	11201
百宜—闵孝镇	14248	闵孝镇—百宜	14261
红枫—九洞天	10514	九洞天—红枫	10488
毕节—法窝	15005	法窝—毕节	15083
六枝—滥坝	10078	滥坝—六枝	10115
凯里东—雷山主线	8856	雷山主线—凯里东	8819
重安—余庆	6914	余庆—重安	7093
合兴—沙子	3054	沙子—合兴	3045
余安高速立交—望谟西	4730	望谟西—余安高速立交	5037
黔西东—小寨坝	2167	小寨坝—黔西东	2185
盘州东—兴义东	5390	兴义东—盘州东	5395
黔西—曹关	25774	曹关—黔西	25395
羊昌—喇叭	10735	喇叭—羊昌	10480
龙宫北—桐木岭	11453	桐木岭—龙宫北	11463

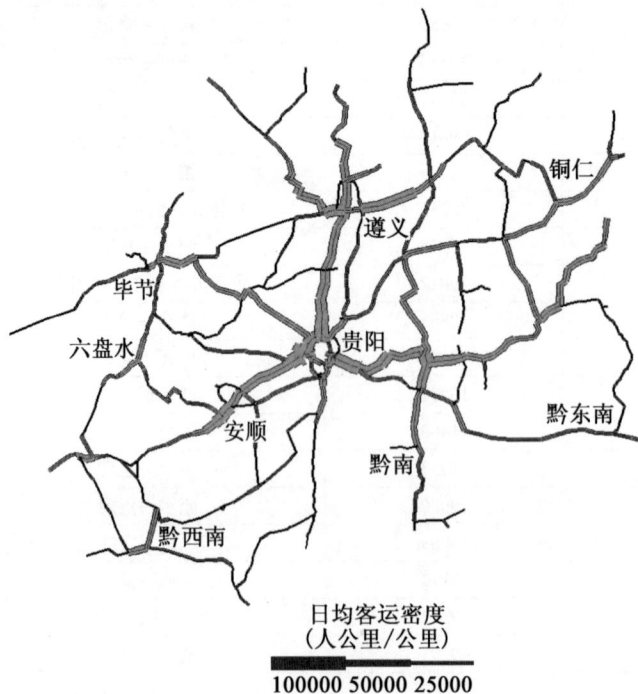

图4-58　2018年贵州省高速公路日均客运密度

4.19.2 2018 年贵州省高速公路日均货运密度分布见表 4-59 和图 4-59。

2018 年贵州省高速公路日均货运密度 表 4-59

路段起止点	货运密度 (吨公里/公里)	路段起止点	货运密度 (吨公里/公里)
黔渝界松坎主线—桐梓	17473	桐梓—黔渝界松坎主线	14494
桐梓—遵义	17402	遵义—桐梓	16929
遵义—黔川界茅台主线	11717	黔川界茅台主线—遵义	10171
遵义—金沙	4331	金沙—遵义	4431
金沙—毕节	5642	毕节—金沙	4607
遵义—息烽	15672	息烽—遵义	15559
息烽—贵阳	17638	贵阳—息烽	16621
贵阳—清镇	32549	清镇—贵阳	23160
清镇—安顺	23541	安顺—清镇	26931
安顺—普定	6956	普定—安顺	8701
安顺—晴隆	31472	晴隆—安顺	40255
晴隆—黔滇界胜境关主线	29857	黔滇界胜境关主线—晴隆	36655
晴隆—兴仁	1663	兴仁—晴隆	1738
惠水—紫云	954	紫云—惠水	1369
紫云—兴仁	3155	兴仁—紫云	4148
兴仁—兴义	10257	兴义—兴仁	10665
兴义—黔滇界岔江主线	17974	黔滇界岔江主线—兴义	13433
兴义—黔桂界板坝主线	20003	黔桂界板坝主线—兴义	15119
贵阳绕城(顺时针)	30419	贵阳绕城(逆时针)	27864
贵阳—贵定	54352	贵定—贵阳	52260
贵定—台江	37397	台江—贵定	37364
台江—三穗	28005	三穗—台江	26160
三穗—铜仁	17876	铜仁—三穗	16804
龙里—都匀	2204	都匀—龙里	3510
都匀—榕江	7816	榕江—都匀	5765
榕江—黔桂界雷洞主线	4433	黔桂界雷洞主线—榕江	5563
从江—黎平	1001	黎平—从江	1088
都匀—黔桂界新寨主线	32420	黔桂界新寨主线—都匀	32696
独山—荔波	13842	荔波—独山	17310
赤水—仁怀	4228	仁怀—赤水	4705
遵义汇川区高坪镇—绥阳	1526	绥阳—遵义汇川区高坪镇	836
遵义—思南	8906	思南—遵义	10999
思南—镇远	2613	镇远—思南	2634
贵阳—惠水	4649	惠水—贵阳	2875
安顺—六枝	4716	六枝—安顺	2850
盘县—水城	3108	水城—盘县	2671
毕节—周家院主线	4744	毕节—周家院主线	2718
惠水—断杉	4180	断杉—惠水	1789
大方—黔西	8998	黔西—大方	13069
黔西—织金	1870	织金—黔西	3697
麻江—瓮安	15831	瓮安—麻江	15612
遵义绕城(顺时针)	5649	遵义绕城(逆时针)	6457

续上表

路段起止点	货运密度 （吨公里/公里）	路段起止点	货运密度 （吨公里/公里）
思南—铜仁	19494	铜仁—思南	22471
铜仁北—铜仁大兴	31845	铜仁大兴—铜仁北	34498
铜仁—黄板	5051	黄板—铜仁	3611
贵阳南环线（顺时针）	13664	贵阳南环线（逆时针）	13614
镇宁—魏旗站	27303	魏旗站—镇宁	24093
凯里北—丹寨	1297	丹寨—凯里北	982
黎平—瓦寨	1378	瓦寨—黎平	1038
瓮安—湄潭	10476	湄潭—瓮安	12064
百宜—闵孝镇	28055	闵孝镇—百宜	29162
红枫—九洞天	2833	九洞天—红枫	2835
毕节—法窝	8497	法窝—毕节	8972
六枝—滥坝	4161	滥坝—六枝	2773
凯里东—雷山主线	1705	雷山主线—凯里东	312
重安—余庆	1370	余庆—重安	1503
合兴—沙子	869	沙子—合兴	799
余安高速立交—望谟西	1952	望谟西—余安高速立交	1050
黔西东—小寨坝	506	小寨坝—黔西东	793
盘州东—兴义东	5494	兴义东—盘州东	2840
黔西—曹关	12326	曹关—黔西	13955
羊昌—喇叭	2174	喇叭—羊昌	1652
龙宫北—桐木岭	12904	桐木岭—龙宫北	12038

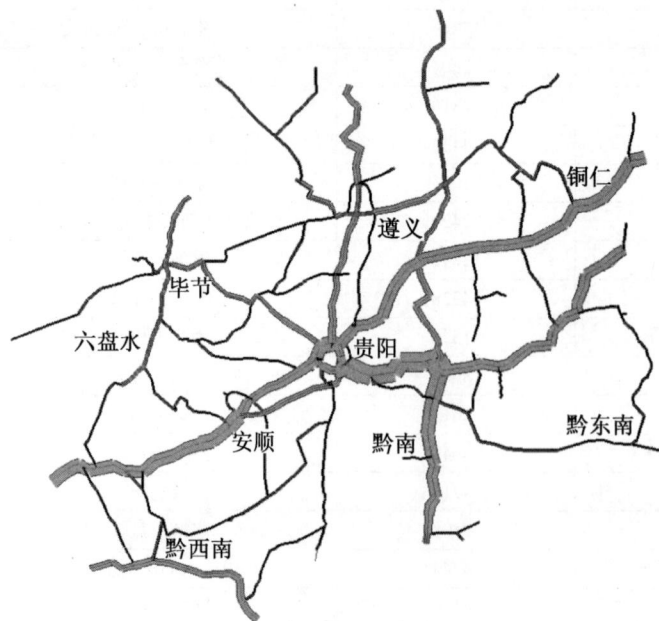

图4-59　2018年贵州省高速公路日均货运密度

4.19.3 2018 年贵州省高速公路日均交通量分布如表 4-60 和图 4-60 所示。

2018 年贵州省高速公路日均交通量 表 4-60

路段起止点	正 向			反 向		
	客车折算交通量（辆/日）	货车折算交通量（辆/日）	小计	客车折算交通量（辆/日）	货车折算交通量（辆/日）	小计
黔渝界松坎主线—桐梓	4794	3736	8530	4915	4018	8933
桐梓—遵义	8546	4382	12928	8743	4532	13275
遵义—黔川界茅台主线	12058	3458	15516	12177	3437	15614
遵义—金沙	3797	1425	5222	3854	1575	5429
金沙—毕节	3916	1495	5411	3880	1671	5551
遵义—息烽	10506	4447	14953	10495	4206	14701
息烽—贵阳	15599	5460	21059	15638	5331	20969
贵阳—清镇	25402	8262	33664	26173	7546	33719
清镇—安顺	12759	6085	18844	12727	6469	19196
安顺—普定	3759	1923	5682	3696	2098	5794
安顺—晴隆	6117	7059	13176	6031	7600	13631
晴隆—黔滇界胜境关主线	3808	6439	10247	3778	6904	10682
晴隆—兴仁	2222	755	2977	2224	645	2869
惠水—紫云	2120	517	2637	2019	539	2558
紫云—兴仁	2944	1039	3983	2983	1361	4344
兴仁—兴义	7258	3123	10381	7593	3249	10842
兴义—黔滇界岔江主线	1509	3537	5046	1524	3317	4841
兴义—黔桂界板坝主线	2656	3967	6623	2888	3137	6025
贵阳绕城(顺时针)	10070	8048	18118	10489	7816	18305
贵阳—贵定	11751	11886	23637	11485	11843	23328
贵定—台江	8377	7929	16306	8358	8156	16514
台江—三穗	6745	6064	12809	6781	5385	12166
三穗—铜仁	6920	4167	11087	6823	3860	10683
龙里—都匀	2985	998	3983	3158	975	4133
都匀—榕江	3534	1888	5422	3794	1915	5709
榕江—黔桂界雷洞主线	2761	1467	4228	3035	1384	4419
从江—黎平	1790	552	2342	1806	562	2368
都匀—黔桂界新寨主线	5144	6780	11924	5123	6576	11699
独山—荔波	2156	3226	5382	2121	2966	5087
赤水—仁怀	3605	1384	4989	3728	1490	5218
遵义汇川区高坪镇—绥阳	5665	703	6368	5512	765	6277
遵义—思南	6142	2406	8548	6256	3025	9281
思南—镇远	3797	1102	4899	3927	1041	4968
贵阳—惠水	6979	1697	8676	7008	1736	8744
安顺—六枝	3629	1429	5058	3583	1387	4970
盘县—水城	2991	1064	4055	2946	1070	4016
毕节—周家院主线	3113	1262	4375	3101	1234	4335
惠水—断杉	3205	1061	4266	3221	1149	4370
大方—黔西	6962	3124	10086	6860	2827	9687
黔西—织金	1936	817	2753	1923	751	2674

续上表

路段起止点	正向		小计	反向		小计
	客车折算交通量（辆/日）	货车折算交通量（辆/日）		客车折算交通量（辆/日）	货车折算交通量（辆/日）	
麻江—瓮安	7460	4018	11478	7176	3981	11157
遵义绕城（顺时针）	4461	1675	6136	4541	1980	6521
思南—铜仁	3976	4231	8207	4108	4551	8659
铜仁北—铜仁大兴	4951	6490	11441	5166	6791	11957
铜仁—黄板	2531	1365	3896	2569	1156	3725
贵阳南环线（顺时针）	5678	4091	9769	5611	4047	9658
镇宁—魏旗站	8979	6072	15051	9092	5882	14974
凯里北—丹寨	2081	562	2643	2061	543	2604
黎平—瓦寨	1737	528	2265	1723	515	2238
瓮安—湄潭	3401	2484	5885	3540	2563	6103
百宜—闵孝镇	4681	5766	10447	4678	5779	10457
红枫—九洞天	3451	960	4411	3449	1004	4453
毕节—法窝	5212	2384	7596	5264	2400	7664
六枝—滥坝	3672	1332	5004	3629	1273	4902
凯里东—雷山主线	2340	406	2746	2318	356	2674
重安—余庆	2064	623	2687	2126	636	2762
合兴—沙子	992	315	1307	994	332	1326
余安高速立交—望谟西	1467	560	2027	1615	665	2280
黔西东—小寨坝	825	256	1081	835	243	1078
盘州东—兴义东	1851	1361	3212	1857	837	2694
黔西—曹关	8432	3631	12063	7976	3313	11289
羊昌—喇叭	3690	740	4430	3620	779	4399
龙宫北—桐木岭	3423	2857	6280	3503	2961	6464

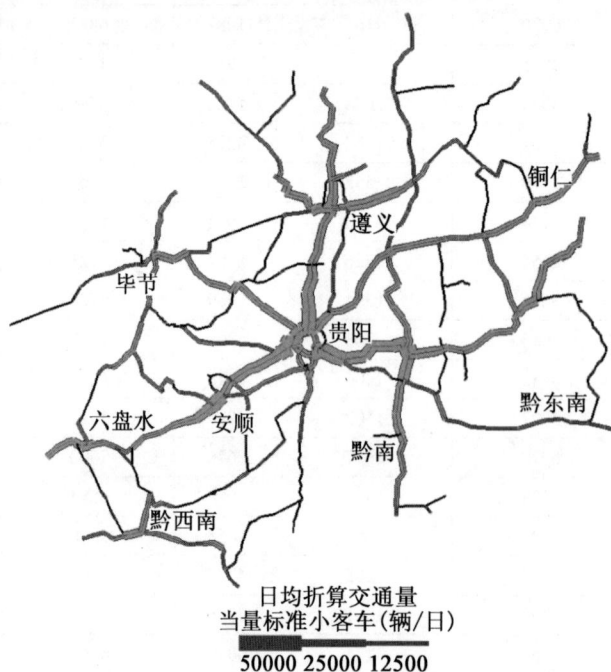

日均折算交通量
当量标准小客车(辆/日)
50000 25000 12500
图4-60　2018年贵州省高速公路日均交通量

附　　录

附录1　各省(自治区、直辖市)高速公路收费系统数据库信息类型

2018年高速公路运输量统计主要数据来源更加完善,见附表1。

2018年度各省(自治区、直辖市)收费系统数据库信息　　　附表1

	车　型	客车车型	货车车型	货车轴型	货车轴重	货车总重	货车轴数
北京	●						
天津		●		●		●	
河北		●		●	●	●	
山西		●		●	●	●	
内蒙古		●				●	●
辽宁		●				●	●
吉林		●				●	●
黑龙江		●		●		●	
上海		●	●				
江苏		●		●	●	●	
浙江		●				●	●
安徽		●		●		●	
福建		●		●	●	●	
江西		●		●	●	●	
山东		●		●	●	●	
河南		●		●	●	●	
湖北		●		●	●	●	
湖南		●		●		●	
广东		●	●	●	●	●	●
广西		●				●	●
重庆		●		●	●	●	
四川		●				●	●
贵州		●		●	●	●	
云南		●				●	●
陕西		●		●	●	●	
甘肃		●				●	●
宁夏		●		●	●	●	
青海		●		●	●	●	
新疆		●				●	●

注:1.表中●项表示数据库中有该项信息;

2.海南省高速公路因不设收费站,无数据库信息。

附录 2　各省(自治区、直辖市)客车收费车型划分标准

北京、天津、河北、山西、内蒙古、辽宁、吉林、黑龙江、上海、江苏、浙江、安徽、江西、福建、山东、河南、湖北、湖南、广西、四川、贵州、云南、陕西、宁夏、青海、新疆等省(自治区、直辖市)执行交通行业标准《收费公路车辆通行费车型分类》(JT/T 489—2003),见附表 2,广东省见附表 3。

收费客车车型划分(JT/T 489—2003)　　　　　　　　　　　　　　附表 2

车型	I	II	III	IV
座位数	≤7	8 ~ 19	20 ~ 39	≥40

广东省收费客车车型划分　　　　　　　　　　　　　　附表 3

车型	I	II	III	IV
轴数	2	2	2	3
轮胎数	2 ~ 4	4	6	6 ~ 10
车头高度(m)	<1.3	≥1.3	≥1.3	≥1.3
轴距(m)	<3.2	≥3.2	≥3.2	≥3.2

注:广东省 2018 年 6 月 26 日起调整收费标准为交通行业标准《收费公路车辆通行费车型分类》(JT/T 489—2003)。

附录 3　运输结构主要数据说明

在统计运输指标时,没有包括香港、澳门特别行政区和台湾省相关数据。各省(自治区、直辖市)(不含海南省)已通车而相关数据未进入收费系统数据库的路段运输量也未计入。

高速公路运输结构指标性数据的处理和统计学测试等项参见《2008 中国高速公路运输量调查分析报告》。

高速公路运输量统计调查工作采取统一核算方式。派专人到各省(自治区、直辖市)高速公路管理部门和业主单位采集收费系统数据库数据和相关资料。全部数据汇总后,集中进行处理、核算和分析,撰写调查分析报告。

统一核算方式有助于提高高速公路运输量统计数据的质量,增强运输经济运行分析的可信度。同时,可以减轻各省(自治区、直辖市)被调查部门和单位的工作量。

1. 高速公路运输与国民经济

(1)每万元国内生产总值(按现价计算)的高速公路货运量

$$= \frac{年度全国高速公路货运量(吨)}{年度国内生产总值(按当年价格计算)(万元)}$$

(2)每万元国内生产总值(按现价计算)的高速公路货物周转量

$$= \frac{年度全国高速公路货物周转量(吨公里)}{年度国内生产总值(按当年价格计算)(万元)}$$

(3)全国平均每人高速公路乘车次数

$$= \frac{年度全国高速公路客运量(人次)}{年度全国总人口}$$

(4)全国平均每人高速公路乘行距离(公里)

$$= \frac{年度全国高速公路旅客周转量(人公里)}{年度全国总人口}$$

2. 高速公路基础设施

(1)通车里程(公里)是指高速公路已建成通车的里程。

(2)车道里程(公里)是指用于车辆通行的主线车道的长度,用于反映公路的综合通行能力。

(3)平均车道数(条) = $\dfrac{车道里程(公里)}{通车里程(公里)}$。

3.高速公路交通状况

(1)货车在行驶量中比例(%) = $\dfrac{货车行驶量(车公里)}{行驶量(车公里)}$。

(2)道路负荷以设计轴载当量轴次计。

在取得车辆轴重数据的省(自治区、直辖市),绝大部分可按照交通行业标准《公路沥青路面设计规范》(JTG D50—2017)计算各个路段的道路负荷。

4.高速公路旅客运输

(1)客运量(亿人)。

为避免重复计算,全国高速公路客运量只汇总各省(自治区、直辖市)的省(自治区、直辖市)内客运量和出省(自治区、直辖市)客运量。有27个省(自治区、直辖市)(里程占全国高速公路通车里程的95.20%)可以同时求取高速公路客运量和旅客周转量两项指标;其他省(自治区、直辖市)可以求取高速公路旅客周转量指标。通过27个省(自治区、直辖市)的高速公路旅客周转量在全国高速公路旅客周转量中所占的比例,放大推算全国高速公路客运量。

(2)客运密度(万人公里/公里)。

$$客运密度(万人公里/公里) = \dfrac{旅客周转量(万人公里)}{通车里程(公里)}$$

客运密度是指每公里高速公路上通过的旅客人数。客运密度分布是把各个路段的客运密度汇总在某一干线、某一省(自治区、直辖市)或全国高速公路路网上。

(3)旅客平均行程(公里)。

$$旅客平均行程(公里) = \dfrac{旅客周转量(亿人公里)}{客运量(亿人)}$$

旅客平均行程是指旅客在高速公路网中的旅行距离,是旅客完成一次旅行总距离的一部分。由27个省(自治区、直辖市)(里程占全国高速公路通车里程的95.20%)的旅客周转量除以省(自治区、直辖市)内客运量和出省(自治区、直辖市)客运量之和得到的。

(4)省(自治区、直辖市)内旅客平均行程(公里)。

省(自治区、直辖市)内旅客平均行程(公里),由27个省(自治区、直辖市)(里程占全国高速公路通车里程的95.20%)的省(自治区、直辖市)内旅客周转量除以省(自治区、直辖市)内客运量得到的。

(5)跨省(自治区、直辖市)的旅客平均行程(公里)。

跨省(自治区、直辖市)的旅客平均行程(公里),由27个省(自治区、直辖市)(里程占全国高速公路通车里程的95.20%)的跨省(自治区、直辖市)旅客周转量除以出省(自治区、直辖市)的客运量得到的。

(6)客车平均速度(公里/小时)。

$$每辆客车的速度 = \dfrac{客车行驶距离(公里)}{运行时间(小时)}$$

这里的运行时间是指出口时刻与入口时刻之差,包括行驶时间、服务区(或停车区)休息时间、路边暂停时间以及出口交费等待时间。

客车平均速度由河北、辽宁、吉林、江苏、浙江、山东、福建、江西、山西、河南、湖北、湖南、广西、贵州、安徽、重庆、四川、陕西、甘肃等19个省(自治区、直辖市)数据计算出的。

(7)高速公路客运结构分析。

①≤7座客运车辆在客车车数中的比例(%)。

②≤7座客运车辆人数在客运量中的比例(%)。

③≤7座客运车辆完成的周转量在旅客周转量中的比例(%)。

未执行交通行业标准《收费公路车辆通行费车型分类》(JT/T 489—2003)的省份,统计时把I型客车划入≤7座客运车辆项目内。

④客运车辆平均座位数和乘坐率。

大多数省(自治区、直辖市)执行交通行业标准《收费公路车辆通行费车型分类》(JT/T 489—2003),通过对收费站的调查,求取各个车型客运车辆的平均座位数和乘坐率:

$$车型客运车辆的平均乘坐率(\%) = \frac{该车型客运车辆乘客数}{该车型客运车辆座位数}$$

⑤轿车平均乘坐人数(人/车)。

$$5座轿车的平均乘坐人数(人/车) = \frac{轿车乘客数(人)}{轿车数(车)},在收费站调查求得。$$

5. 高速公路货物运输

(1)货运量(亿吨)。

各省(自治区、直辖市)高速公路货运量包括省(自治区、直辖市)内货运量、出省(自治区、直辖市)货运量、进省(自治区、直辖市)货运量和穿越货运量。

为避免重复计算,全国高速公路货运量只汇总各省(自治区、直辖市)的省(自治区、直辖市)内货运量和出省(自治区、直辖市)货运量。有27个省(自治区、直辖市)(里程占全国高速公路通车里程的95.20%)可以同时求取高速公路货运量和货物周转量两项指标;其他省(自治区、直辖市)可以求取高速公路货物周转量指标。通过27个省(自治区、直辖市)的高速公路货物周转量在全国高速公路货物周转量中所占的比例,放大推算全国高速公路货运量。

(2)货运密度(万吨公里/公里)。

$$货运密度(万吨公里/公里) = \frac{货物周转量(万吨公里)}{通车里程(公里)}$$

货运密度是每公里高速公路上通过的货物量。货运密度分布是把各个路段的货运密度汇总在某一干线、某一省(自治区、直辖市)或全国高速公路路网上。

(3)货物平均运距(公里)。

$$货物平均运距(公里) = \frac{货物周转量(亿吨公里)}{货运量(亿吨)}$$

货车平均运距仅指货物在高速公路网中的运输距离,是货物完成一次运输过程总距离的一部分。由27个省(自治区、直辖市)(里程占全国高速公路通车里程的95.20%)的货物周转量除以省(自治区、直辖市)内货运量和出省(自治区、直辖市)货运量之和求出。

(4)省(自治区、直辖市)内货物平均运距(公里)。

省(自治区、直辖市)内货物平均运距(公里),由27个省(自治区、直辖市)(里程占全国高速公路通车里程的95.20%)的省(自治区、直辖市)内货物周转量除以省(自治区、直辖市)内货运量求出。

(5)跨省(自治区、直辖市)的货物平均运距(公里)。

跨省(自治区、直辖市)货物平均运距(公里),由27个省(自治区、直辖市)(里程占全国高速公路通车里程的95.20%)跨省货物周转量除以出省(自治区、直辖市)货运量求出。

(6)货车平均速度(公里/小时)。

$$每辆货车的速度(公里/小时) = \frac{货车行驶距离(公里)}{运行时间(小时)}$$

这里的运行时间是指出口时刻与入口时刻之差,包括行驶时间、服务区(或停车区)休息时间、路边暂停时间以及出口交费等待时间。

货车平均速度由河北、山西、黑龙江、江苏、山东、福建、湖北、湖南、河南、江西、重庆、贵州、陕西等13个省(自治区、直辖市)数据求出。

（7）高速公路货运结构分析。

①货车轴型构成。

货车轴型构成是指各种轴型货车在高速公路网的货车车数、货车行驶量以及完成的货物周转量中的占比。轴型按轴数、轮胎数、单一车体和汽车列车划分为2轴4胎、2轴6胎、3轴和4轴单车以及半挂列车4大类。

②货车空驶状况。

货车空驶状况用空车走行率来衡量：$空车走行率（\%）= \dfrac{空车行驶量（车公里）}{重车行驶量（车公里）}$

③货车超限运输状况。

车辆的轴载质量限值按国家标准《道路车辆外廓尺寸、轴载及质量限值》（GB 1589—2016）规定选取，见附表4。

汽车及挂车单轴、二轴组及三轴组的最大允许轴荷限值　　　　　　　　　　附表4

类　　　型			最大允许轴荷限值（kg）
单轴	每侧单轮胎		7000
	每侧双轮胎	非驱动轴	10000
		驱动轴	11500
二轴组	轴距＜1000mm		11500
	轴距≥1000mm，且＜1300mm		16000
	轴距≥1300mm，且＜1800mm		18000
	轴距≥1800mm（仅挂车）		18000
三轴组	相邻两轴之间距离≤1300mm		21000
	相邻两轴之间距离＞1300mm，且≤1400mm		24000

按照行政治超的限值规定，车辆总质量的限值为：

2轴货车　20吨；

3轴货车　30吨；

4轴货车　40吨；

5轴货车　50吨；

6轴货车　55吨。

分别按两种规定的限值，计算超限0～30%（含30%），30%～50%（含50%），50%～100%（含100%）以及＞100%的超限运输车辆在货车总数中所占的比例（超限率）。

6．县乡运输量比例（%）

县乡运输量比例是指从县级及县级以下地区内的高速公路收费站进入的客运量和货运量分别与总客运量和总货运量之比。

所列指标根据河北、山西、辽宁、江苏、浙江、安徽、江西、福建、山东、河南、湖北、湖南、广西、陕西、甘肃、贵州16个省（自治区、直辖市）（里程占全国高速公路通车里程的59.97%）统计得到。其中江苏省长江以南地区、浙江省杭州、嘉兴、湖州、绍兴、宁波五市全部辖区都列入城市区域。

7．省（自治区、直辖市）的穿越车流状况

省（自治区、直辖市）的穿越车流是指起止点都不在省（自治区、直辖市）域高速公路网内的车流。穿越车流与被穿越的省份社会经济发展并无直接关系，但这部分车流的畅通影响全国高速公路网整体平稳有序的运营。

8．道路负荷分布

按照《公路沥青路面设计规范》（JTG D50—2017）的规定，省（自治区、直辖市）的道路负荷分布是把各个路段的标准轴载当量轴次汇总在省(自治区、直辖市)高速公路路网上。

9. 交通量分布

按照交通运输部办公厅《关于调整公路交通情况调查车型分类及折算系数的通知》(厅规划字〔2010〕205 号)文件,规定了公路交通情况调查机动车车型分类和公路交通情况调查机动车型折算系数参考值,而《公路工程技术标准》(JTG B01—2014)在此基础上将大型车的折算系数修订为2.5,其中与高速公路有关的车型划分见附表5。

公路交通情况调查机动车型折算系数参考值 附表5

一级分类	二级分类	额定载荷参数	轮廓及轴数特征参数	当量标准小客车换算系数
小型车	中小客车	额定座位≤19 座	车长 <6m,2 轴	1.0
	小型货车	载货量≤2 吨		1.0
中型车	大客车	额定座位 >19 座	6m≤车长≤12m,2 轴	1.5
	中型货车	2 吨 < 载质量≤7 吨		1.5
大型车	大型货车	7 吨 < 载质量≤20 吨	6m≤车长≤12m,3 轴或4 轴	2.5
特大型车	特大型货车	载质量 >20 吨	车长 >12m 或4 轴以上;且车高 <3.8m,或车高 >4.2m	4.0
	集装箱车		车长 >12m 或4 轴以上;且 3.8m≤车高≤4.2m	4.0
	拖挂车	—		4.0

将公路交通情况调查机动车型折算系数参考值与附表2——交通行业标准《收费公路车辆通行费车型分类》(JT/T 489—2003)对照后,高速公路客车交通量的当量标准小客车换算系数按照附表6折算。

高速公路客车的当量标准小客车换算系数 附表6

收 费 车 型	座 位 数	车型二级分类	当量标准小客车换算系数
Ⅰ 型	≤7	中小客车	1.0
Ⅱ 型	8 ~19	中小客车	1.0
Ⅲ 型	20 ~39	大客车	1.5
Ⅳ 型	≥40	大客车	1.5

在附表2 中一些省(自治区、直辖市)收费客车车型划分与 JT/T 489—2003 虽有差别,但也可参照交通行业标准进行划分。

将高速公路的货车轴型分类与公路交通情况调查机动车型折算系数参考值对比后,高速公路货车交通量的当量标准小客车换算系数按照附表7计算。

2018 年高速公路货车的当量标准小客车换算系数 附表7

轴 型	轴 数	二 级 分 类	当量标准小客车换算系数
	2 轴 4 胎	小型货车	1.0
	2 轴 6 胎	中型货车	1.23

轴　型	轴　数	二　级　分　类	当量标准小客车换算系数
	3 轴单车	大型货车	2.5
	4 轴单车	大型货车	2.5
	4 轴半挂列车	特大型货车、拖挂车、集装箱车	4.0
	5 轴半挂列车		
	6 轴半挂列车		

　　省(自治区、直辖市)的交通量分布是把各个路段客车、货车(含重车和空车)的当量标准小客车车次汇总在省(自治区、直辖市)高速公路路网上。

致　　谢

　　《中国高速公路运输量统计调查分析报告》(以下简称《报告》)已经出版11年,为社会公众披露了中国高速公路运输状况。《报告》得到了交通运输部综合规划司统计处、交通运输部交通科学研究院信息中心的大力支持。在此,表示衷心的感谢!

　　2018年《报告》在编制的过程中,分阶段完成了高速公路联网收费数据库的采集,处理分析了107.89亿辆次的通行数据。结合对各省(自治区、直辖市)高速公路收费站进行的实际抽样调查数据,顺利完成了《2018中国高速公路运输量统计调查分析报告》撰写工作。

　　为此,长安大学运输科学研究院全体成员付出了相当大的精力与汗水,特别感谢米良、马健、宁晓萌、胥大为、史成君、王博慧、王毅萌、韩玉琦、黄胜、乔敏等人在汇总、处理分析高速公路联网收费数据及收费站实际抽样调查中的辛勤工作,通过他们的严密审查和验证,保证了数据的真实性和可靠性。

长安大学运输科学研究院

2019 年 7 月 10 日